权威·前沿·原创

皮书系列为
"十二五""十三五"国家重点图书出版规划项目

街道蓝皮书

BLUE BOOK OF
SUB-DISTRICT OFFICE

北京街道发展报告 No.2
天桥篇

THE DEVELOPMENT OF BEIJING'S SUB-DISTRICT OFFICES No.2:
TIANQIAO CHAPTER

主　编／连玉明
执行主编／朱颖慧　邢旭东　张俊立

社会科学文献出版社
SOCIAL SCIENCES ACADEMIC PRESS (CHINA)

图书在版编目(CIP)数据

北京街道发展报告.No.2.天桥篇/连玉明主编．——北京：社会科学文献出版社，2018.11
（街道蓝皮书）
ISBN 978-7-5201-3685-3

Ⅰ.①北… Ⅱ.①连… Ⅲ.①城市道路-城市建设-研究报告-西城区 Ⅳ.①D669.3

中国版本图书馆CIP数据核字（2018）第240289号

街道蓝皮书
北京街道发展报告 No.2 天桥篇

主　　编／连玉明
执行主编／朱颖慧　邢旭东　张俊立

出 版 人／谢寿光
项目统筹／邓泳红　郑庆寰
责任编辑／郑庆寰　程丽霞

出　　版／社会科学文献出版社·皮书出版分社（010）59367127
　　　　　　地址：北京市北三环中路甲29号院华龙大厦　邮编：100029
　　　　　　网址：www.ssap.com.cn

发　　行／市场营销中心（010）59367081　59367083

印　　装／三河市龙林印务有限公司

规　　格／开本：787mm×1092mm　1/16
　　　　　　印　张：16　字　数：239千字

版　　次／2018年11月第1版　2018年11月第1次印刷

书　　号／ISBN 978-7-5201-3685-3

定　　价／128.00元

皮书序列号／PSN B-2016-548-12/15

本书如有印装质量问题，请与读者服务中心（010-59367028）联系

版权所有 翻印必究

北京国际城市发展研究院社会建设研究重点项目
北京市社会发展研究中心西城区街道发展研究重点项目
北京国际城市文化交流基金会智库工程出版基金资助项目

街道蓝皮书编委会

编委会主任 卢映川 王少峰

编委会副主任 王 飞 郁 治

编　　　委（按姓氏笔画排序）

马光明 王 毅 王中峰 王书广 王乐斌
王其志 尹一新 史 锋 白 杨 毕军东
刘 倩 许晓红 许德彬 孙广俊 孙晓临
苏 昊 李 婕 李 薇 李丽京 李健希
吴立军 何焕平 陈 新 陈振海 周 沫
庞成立 宫 浩 贾冬梅 高 翔 高兴春
海 峰 桑硼飞 彭秀颖 彭启宝 谢 静
魏建明

《北京街道发展报告 No.2 天桥篇》
编　写　组

总　策　划　李　薇　连玉明　朱颖慧

主　　　编　连玉明

执 行 主 编　朱颖慧　邢旭东　张俊立

副　主　编　姜思宇　翟萌萌

核心研究人员　（按姓氏笔画排序）

　　　　　　　　王　琨　王苏阳　王彬彬　邢旭东　朱永明
　　　　　　　　朱盼盼　朱颖慧　刘　征　米雅钊　李　帅
　　　　　　　　连玉明　吴　佳　张　南　张　涛　张俊立
　　　　　　　　陈　慧　陈盈瑾　陈惠阳　郎慧慧　孟芳芳
　　　　　　　　赵　昆　姜思宇　贾冬梅　高桂芳　唐　平
　　　　　　　　康晓彤　翟萌萌

主编简介

连玉明 著名城市专家,教授、工学博士,北京国际城市发展研究院院长,全国政协委员,北京市朝阳区政协副主席。兼任北京市人民政府专家咨询委员会委员,北京市社会科学界联合会副主席,北京市哲学社会科学京津冀协同发展研究基地首席专家,基于大数据的城市科学研究北京市重点实验室主任,北京市社会发展研究中心理事长,北京奥运功能区首席规划师,北京新机场临空经济区发展规划首席战略顾问。2013~2017年,在贵阳市挂职市长助理,兼任贵州大学贵阳创新驱动发展战略研究院院长、大数据战略重点实验室主任。

研究领域为城市学、决策学和社会学,近年来致力于大数据战略研究。著有《城市的觉醒》《首都战略定位》《重新认识世界城市》《块数据:大数据时代真正到来的标志》《块数据2.0:大数据时代的范式革命》《块数据3.0:秩序互联网与主权区块链》《块数据4.0:人工智能时代的激活数据学》《块数据5.0:数据社会学的理论和方法》等,主编《大数据蓝皮书:中国大数据发展报告》《社会管理蓝皮书:中国社会管理创新报告》《街道蓝皮书:北京街道发展报告》《贵阳蓝皮书:贵阳城市创新发展报告》《临空经济蓝皮书:中国临空经济发展报告》等。主持编制了北京市西城区、朝阳区、门头沟区和贵州省贵阳市"十三五"社会治理专项规划。

摘 要

构建超大城市有效治理体系是首都发展要务。作为首都功能核心区,西城区带头以"四个意识"做好首都工作,坚持深入推进科学治理,全面提升发展品质的主线,不断加强"四个中心"功能建设,努力提高"四个服务"水平,城市治理能力和城市发展品质取得重大突破。街道作为基层治理的排头兵和主力军,发挥着不可替代的作用。西城区 15 个街道立足自身发展实际,统筹区域各类资源,构建区域化党建格局、加强城市精细化管理、提升公共服务水平、完善综合执法体系、精准指导社区建设,探索基层治理创新实践,积极为超大城市基层治理创新"过险滩""闯路子",不断为基层治理增加新的内涵和提供可复制、易操作的鲜活经验,对于国内大城市基层治理创新具有极强的理念提升价值和路径借鉴意义。

《北京街道发展报告 No.2 天桥篇》立足天桥地区独特的老北京民俗文化特色,深入分析了街道按照市、区要求,以深入推进科学治理、全面提升发展品质为主线,推动城市精细化治理的一系列举措;总结了天桥街道试点"多居一站"、创新社区治理、培育社会组织、推动军民共建、整治背街小巷、开展志愿服务、创建平安社区、强化基层党建等典型经验。

在此基础上,本书认为,天桥街道应坚持以人民为中心的思想,认真贯彻落实党的十九大精神和北京新版总规要求,结合基层治理的新形势和区域文化特色优势,高点站位、规划先行,科学谋划街区功能布局,深化街道管理体制机制改革,推进城市治理重心下移、职能下沉,突出精细化、智慧化,形成高效率的治理体制和治理机制,真正做到"街道吹哨、部门报到"。

目　录

代前言　以文化引领区域发展……………………………………… 001

Ⅰ　总报告

B.1　天桥：探索提升城市基层治理水平之道………………………… 001
　　一　治理之要：提升城市基层治理水平有利于构建
　　　　超大城市治理体系……………………………………………… 002
　　二　治理之本：提升城市基层治理水平有利于满足人民
　　　　日益增长的美好生活需要……………………………………… 005
　　三　治理之道：天桥街道提升城市基层治理水平实践探索……… 011
　　四　治理之惑：提升基层治理水平必须正视五大制约因素……… 016
　　五　治理之策：新形势下提升城市基层治理水平的建议………… 021

Ⅱ　数据报告

B.2　天桥街道基于常住人口的地区公共服务调查报告……………… 026
B.3　天桥街道基于工作人口的地区公共服务调查报告……………… 041

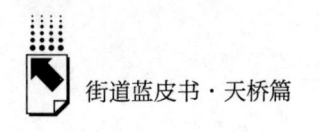

Ⅲ 理论报告

B.4 城市精细化管理的路径探究 …………………………… 061
B.5 议行分设社区治理模式下"多居一站"的探索与实践 …… 079
B.6 传统文化保护中的社会组织作用研究
　　——以天桥民俗文化协会为例 ……………………… 093

Ⅳ 调研报告

B.7 关于天桥街道素质教育开展情况的调研 ………………… 107
B.8 关于天桥街道军民共建工作的调研 ……………………… 121
B.9 关于天桥街道社会治理创新空间建设的探索与思考 …… 134
B.10 关于天桥街道群租房整治的调研 ………………………… 145

Ⅴ 案例报告

B.11 开展社区志愿服务活动的天桥实践 ……………………… 155
B.12 天桥街道以"八大举措"推进平安社区创建 …………… 167
B.13 天桥街道创新党建工作统领街巷治理的实践与探索 …… 180
B.14 天桥街道推进社区治理和服务创新的实践 ……………… 192
B.15 天桥街道以"党建+"激发基层活力 …………………… 205

Abstract …………………………………………………………… 216
Contents ………………………………………………………… 218

代前言　以文化引领区域发展[*]

陈　新[**]

城市文化是城市发展的动力和助推器，对于提升城市发展价值和品位，以形成地域特色，增强城市吸引力、辐射力和凝聚力具有重要的意义。天桥街道拥有丰富的民俗文化，是西城区发展文化创意产业、发挥文化中心功能的重要地区，通过传承和创新，天桥文化在北京社会发展和城市建设中发挥了积极作用。

天桥有"酒旗戏鼓天桥市，多少游人不忆家"的美誉，明清时期便形成了文化演艺雏形，民国时期天桥地区成为北京演艺行业集散地，成就了以"八大怪"为代表的民间表演艺术，也涌现了相声大师侯宝林，评剧大师新凤霞、赵丽蓉，北京琴书泰斗关学曾等艺术名家，成为天桥重要的非物质文化遗产。现在，天桥被规划为演艺功能区，着力打造"北京的天桥，世界的舞台"，全面整合国内外演艺资源，打造集演艺总部、文艺演出、文化展示、休闲体验、文化商务等功能于一体，具有国际水准的首都演艺中心区，使天桥地区成为展现首都文化名城魅力的重要区域。

一　依托地域文化资源打造特色文化街区

天桥是老北京民俗文化摇篮，是许多民间艺术发祥地，是一个具有丰富

---

[*] 根据蓝皮书课题组对陈新的访谈整理。
[**] 陈新，中共北京市西城区委天桥街道工作委员会书记（2016年8月至今）。

民俗文化历史底蕴的地区。天桥在历史上是北京中轴线上一座南北方向的"锣锅桥"，是明清两朝皇室举行天子祭天、祭先农经过的桥，意为"天子之桥"，故称天桥。天桥从一个地域名称到一个行政区域名称，从元朝到现在有600多年发展史，拥有丰富的文化资源。

一是民俗文化独树一帜。天桥绝活儿杂技项目有飞杠、舞叉、车技、摔跤、顶技、银枪刺喉、飞刀、爬竿、蹬技、开砖、抖空竹、举刀、拉弓、打弹弓、练皮条子、耍中幡、吞宝剑、吞铁球、钻刀圈、穿火圈、上刀山、耍石锁、硬气功、魔术、鞭技、柔术、扛竿等，体现了老北京民俗文化特色。为继承、发展和创新天桥民俗文化传统，天桥街道采取积极措施挖掘和保护天桥民间文化遗产，天桥中幡、天桥摔跤成功申报国家级非物质文化遗产项目，北京琴书成功申报市级非物质文化遗产项目，同时"拉洋片""什不闲—莲花落""竹板书"等天桥民间艺术，被列入区非物质文化遗产项目和天桥民俗文化档案。

二是酒店文化特色鲜明。天桥地区位于二环以内，交通便利，紧邻天坛、前门大街等旅游热点地区，再加上区域内拥有多家演艺场所，人流量较大，为发展旅游酒店业创造了有利条件。目前天桥地区共有宾馆酒店20余家，其中规模以上的酒店4家，是各具特色的文化、演艺主题酒店，包括京剧文化主题的前门饭店（四星级）、民国特色主题的东方饭店（三星级），潇湘大厦正在打造的具有湖湘文化特色的主题饭店等。由于酒店文化特色鲜明，焕发异彩，在提高自身产业附加值的同时，极大增强了天桥地区的文化氛围和文化魅力，引领了北京新潮流。

三是商业文化氛围浓厚。老天桥地区是历史上传统的商业区，天桥市场曾经是北京最负盛名的平民市场，各种商业叫卖声此起彼伏，民国初期更成为北京最繁华的商业区。老天桥小吃响彻京城内外，是北京传统小吃的典型代表，有豆汁儿、焦圈、艾窝窝、豌豆黄、驴打滚、爆肚儿、面茶、羊杂碎、烧羊肉、炸灌肠、冰糖葫芦、奶油炸糕、卤煮等，还有"茶汤李、白水羊头"等老天桥土生土长的名小吃。目前，天桥地区各地特色餐饮和小吃遍布大街小巷，各种商品物美价廉，形成氛围浓厚的商业文化。近年来，为培育天桥地区经济增长点，天桥街道积极营造良好的商业氛围，促进了天桥地区商业的繁荣与发展。

四是演艺文化源远流长。天桥地区聚集了多个演艺场所和演出团体，演艺产业发展迅速，成为地区经济社会发展亮点与北京传统文化摇篮和标志。天桥剧场、梨园剧场、德云社、天桥杂技剧场、湖广会馆、张一元天桥茶馆、市工人俱乐部等北京乃至全国知名的演出场所都位于天桥及周边地区，中国芭蕾舞团、北京杂技团、北京京剧院、风雷京剧团等国内一流表演团体都聚集于此演出。以梨园剧场京剧为代表的戏剧，以天桥剧场芭蕾舞为代表的舞蹈，以德云社相声为代表的曲艺，加上天桥杂技剧场的杂技、首都电影院中华店的电影，形成天桥地区种类较为齐全的演艺产业和错位竞争的良性格局。梨园剧场获得北京旅游紫禁杯"最佳晚间活动场所"称号。德云社的相声红遍全国，天桥剧场因其芭蕾舞已成为欣赏高雅艺术消费群体的主要场所，北京杂技团屡获国内外大奖。

二 天桥演艺区建设助推地区和谐稳定

作为首都核心演艺区、国家音乐产业基地和中国民间文化艺术之乡，北京天桥演艺区是《北京市国民经济和社会发展第十二个五年规划纲要》重大产业项目，是西城区贯彻习近平总书记系列讲话精神的重要举措。自启动建设以来，天桥演艺区贯彻"建设社会主义文化强国，增强国家文化软实力"思想，按照首都"文化中心"功能定位的要求，以促进文化的繁荣发展为己任，在传承天桥百年文脉基础上，大力推动天桥演艺区起步区项目建设，在持续完善区域功能配套、调动文化机构发挥自身社会效益等方面，取得了实质性进展和阶段性成果。天桥艺术中心、天桥艺术大厦等一批重点项目依次落成，规划编制工作成果丰硕，城市环境品质稳步提升，文化氛围日渐浓厚，专门服务于艺术家团体和个人的天桥演艺联盟、重在传统文化保护与传承的天桥民俗文化协会先后成立，一批优秀原创剧目纷纷完成创排，精品演出层出不穷，向着"首都文化中心，百姓艺术殿堂"目标前进。

一是服务民生，以区域建设带动居民生活水平提升。"民生改善"是天桥演艺区建设的工作原则之一。近年来，香厂新市区保护与发展规划方案征集、南中轴路微循环等一批涉及民生改善、交通疏解的项目顺利完成，北部片区住房与环境改善、新泰安里与板章路商住楼文保腾退、北纬路与永安路拓宽工程等取得了新进展，天桥地区交通规划等专项规划的研究也已委托专业机构正式启动。道路通畅了、环境变好了、生活水平提高了，这是天桥地区居民们最直观的感受。2017年，为了解决社区居民办事不便，文化、养老等基础设施配套不足等问题，天桥演艺区启动了天桥市民中心项目的策划建设工作，规划建设一个总建筑面积超过2万平方米，整合天桥社区综合服务中心、养老服务中心等于一身，集政府服务功能和民众文化娱乐功能于一体的多功能公共服务平台，打造为民、惠民、便民、利民的民心工程。同时，对于停车难等民生问题，采取积极措施进行疏导，以深入摸排、管理挖潜、内部增效、全面解决的工作思路，沟通区域各企事业单位，以错时停车的方式解决停车难的问题。例如，北京天桥艺术中心拥有的500多个地下停车位，原本主要供前来观剧的观众和演职人员使用，经协调，现在观众量较少的白天工作时段向友谊医院及周边居民开放，极大地缓解了停车的压力，方便了周边居民和前来就诊的群众。

二是优化环境，提升区域整体品质。北京天桥演艺区所在区域属于城市建成区，基础设施比较薄弱，为了进一步美化亮化区域环境，天桥演艺区先后实施了一批绿化改造提升、环境秩序整治、居民区楼体粉刷等项目，优化区域整体环境氛围的同时，为市民群众提供了更多的休闲空间。在这些项目中，仅珠市口西大街南侧绿地改造项目，就为区域改造提升绿地达21000平方米。2017年全面亮相的天桥历史景观工程则是各项目中最抢眼的一个，该项目北起永安路，南到南纬路，长约600米，宽31.5米，是北京南中轴线上重要的历史文化景观节点。根据史籍记载，沿中轴线复建了一座天桥与两座石碑，修建了自北向南贯穿的御道，结束了天桥有名无桥的历史。为纪念北京建城3060周年，铭记北京中轴线历史，还以"中轴线上的桥"为主题，采用素描手法与高温釉下彩工艺，在天桥历史景观工程地下通道的墙壁上以壁画的形式集中展示北京中轴线上的七组桥，在地下通道的东、西墙采用浮雕手法分别展现天桥两侧的著名历史建筑如天坛、先农坛的文化印记，再现了北京的历史和文化内涵。宽敞的绿地、广场，文化气息浓厚的地下通道，既成为展示天桥地区历史文化的窗口，也成为市民休闲健身的文化乐园。

三是以点带面，促进产业升级转型。为进一步推动非首都功能疏解，优化区域产业结构，围绕建设国际一流和谐宜居之都、推动京津冀协同发展、落实首都城市战略定位精神，天桥演艺区以重点项目为切入点，推进区域非首都功能疏解及业态置换升级。依据区域特点，策划并开展存量资源整合提升项目，以文化演艺等产业要素置换现有非首都功能要素，改造提升现有业态。经前期多方调研、与区域存量资源产权方广泛接触，目前项目进展十分顺利。其中，世纪金工地块和荣贵宾馆地块的改造提升工程已率先启动，涉及空间建筑面积超过4000平方米，通过改造将其原有的住宿业态空间，转型提升成为创意办公空间与多功能小剧场结合的文化空间，引进文化演艺及相关行业企业、机构及大师工作室等入驻，预计明年正式竣工亮相。香厂新市区保护与发展规划的编制也取得了阶段性的成果。目前已完成香厂新市区保护与发展规划设计方案征集，正在研究入选方案及规划综合的思路，探索以片区内街道为基本单元，推动生态环境、基础设施、公共服务、公共空间等专项规划与控制性详细规划相融合，实现控规层面的"多规合一"，构建香厂地区的"统一坐标系"，并扩展至腊竹片区和留学路片区，探寻具有天桥演艺区特色的老城保护与发展之路。

四是文化惠民，与百姓共享发展成果。北京天桥演艺区在加快推进区域建设，持续营造演艺氛围的同时，扛起"文化惠民、文化利民"大旗，利用自身资源优势，引导各文化设施充分发挥社会效益，推动文化艺术的普及与惠民活动的开展，让更多百姓走进艺术殿堂，体会新天桥带来的文化盛宴，不断提高群众参与度与获得感。自天桥演艺区启动建设以来，每年均举办不同主题、形式的惠民文化活动，先后邀请了邹静之、濮存昕、三宝等艺术名家走进市民，组织了昆曲、话剧、音乐剧、杂技、相声等艺术形式的艺术普及讲座，举办了天桥杂技发展历史主题展、"莎翁迷宫"莎士比亚戏剧影像大展等公益主题展览，开展了音乐剧《锦绣过云楼》、音乐会《国乐盛典》等由知名演出团体奉献的数十场专场惠民演出。仅2016年，天桥演艺区就依托区域演艺资源，开展了包括大师讲座、主题展览等百余场公益文化活动，5万余人次参与其中，架起了一座普通群众和艺术爱好者通往艺术殿堂的桥梁。天桥演艺区在为大众提供丰富优质的文化演艺盛宴之外，还注重为非职业艺术爱好者搭建展示平台，支持"北京人家"等非职业团体创排剧目的上演，邀请自发成立的以农民工为主的公益演出团队百花曲剧团等多个非职业演出团体，为他们免费提供场地，让他们展示各自风采。

三 优化"五大环境"提升区域发展品质

为提升城市在功能、文化、生态、宜居、经济、建设、管理等方面品质，天桥街道紧紧抓住天桥演艺区发展重大机遇，全力服务于演艺区建设，实现演艺区建设与产业升级、城市精细管理、民生改善、弘扬特色文化的有机结合，建设具有北京风貌、首都特点、世界品质的首都核心演艺区，积极打造与演艺区相适应的五大环境。

一是打造与演艺区相适应的市容环境。市容环境能够最直接体现演艺区整体风貌，这是一项迫切的任务，天桥地区的老百姓迫切希望改善环境。此外，天桥演艺区作为展示地区和首都良好风貌的窗口，打造良好环境必不可少。为此，街道在2017年统筹推进"疏解整治促提升"专项行动，打好拆违、"开墙打洞"治理的攻坚战，完成17600平方米的拆违任务，实现道路街面沿线违建全部拆除。对福长街、福长街五条、禄长街等6条街巷存在的历史遗留违法建筑，留学路南口、南纬路2号院内违法建筑进行拆除，打造地区无违建示范街。大力整治留学路、香厂路周边环境。采取连线连片的方式开展"开墙打洞"治理工作，整体挤压香厂路片区不宜业态。与天桥演艺区指挥部、天桥盛世公司配合促进业态升级，打造特色经营街。

二是打造与演艺区相适应的安全环境。安全和稳定是地区发展的基础和前提，也是街道的首要责任。今年街道将完善网格化社会面防控体系，落实维稳措施，全力做好重大活动安全稳定和服务保障工作。加强治安志愿者队伍建设，落实志愿者实名制登记制度。推进科技创安，推进北部平房区监控探头安装工作，实现地区高清监控探头全覆盖。完善地区消防网络建设，在"社区24小时微型消防站、楼房胡同消防点、大街门店消防支援点"三级消防网络的基础上，拟建立地区小型消防站，增强北部平房区消防基础设施建设，实现救早、灭小和"3分钟到场"扑救初起火灾的目标。

三是打造与演艺区相适应的服务环境。演艺区的建设对民生改善起到极大的推动作用，保障民生、改善民生是街道工作重中之重。为此，街道在2017年主要开展了三方面服务。第一，推进街道公共服务大厅规范化改造。深化"多居一站"社区管理体制改革，加快推进北片4个社区的"多居一站"建设。进一步丰富、完善社会治理创新基地阵地建设，完善服务大厅公共服务标准化工作机制，提高工作效能，提升群众满意度。第二，完善社会救助体系。建立各项救助需求档案，改变被动救助过多的情况，强化"主动救助"，加强养老政策研究，精细化调查各年龄段老人需求和服务商现状，建立"为老服务6+1"模式，打造覆盖辖区的"一中心两站多点"为老服务格局。通过百家圆梦、地区资源服务助推、便民服务一条街等项目，推进香厂路和永安路两个百姓生活服务中心的打造及规范化提升，深入开展地区便民利民服务。第三，高水平做好社会保障服务。做好"全面两孩"政策衔接工作，通过建立地区孕产妇、特殊群体访视网格化服务体系，开展"五送""三必访"活动。强化社区康复服务，加强地区无障碍设施建设，开展残疾人职业技能培训，解决残疾人的实际困难。加强地区就业、失业管理，以创业带动就业，加大职业指导力度。完善劳动关系三方协调机制，健全基层劳动人事争议调解组织，完善"劳动用工规范一条街"工程，确保地区劳动关系和谐稳定。开展居民安全感调查和满意度调查，有序推进人口抽样调查。推进律师进社区工作，加强普法阵地建设。

四是打造与演艺区相适应的基础设施环境。在逐步完善演艺区功能基础上，全面推进重点项目建设。继续推进北纬路和永安路东口道路拓宽工作；继续推进北部平房区腾退工作，配合推进北部平房区板章路、荣光胡同、大保吉巷等危房腾退工作和泰安里文保楼的腾退保护工作；推动先农坛庆成宫周边文物区腾退工作；推进福长街四、五、六条"城中村、边角地"改造工程；配合完成永内西街北里简易楼改造收尾工作；启动宜兴会馆、华康里腾退工作。

五是打造与演艺区相适应的文明环境。未来的演艺区集演艺、旅游、商业于一身，每天将迎来全国乃至全世界游客，是一个实实在在的体现地区文明程度的窗口。为此，街道将深化精神文明创建各项活动。第一，牢牢把握文明城区创建"三年一检"这个关键，协调地区各方力量，推进创建工作常态化。完善由八个志愿者之家、三个志愿服务岗亭、一个主题公园构成的"831"志愿服务空间布局，继续扩大地区志愿者服务联盟规模。开展好群众性精神文明创建活动，推进文明楼门评选，深化优秀科普项目建设，增强社区居民科学素质和水平。以建军90周年为契机，推进双拥共建活动深入开展，夯实军政军民团结的社会基础和群众基础。第二，策划"记忆天桥"主题系列文化活动。完成天桥文化"一书一片一册"，即完成反映天桥文化的一本书、一部纪录片、一本画册，打造天桥民俗文化活动品牌。举办系列传统民俗节日文化活动和非遗项目进社区活动。推动社区"一居一品"文化品牌建设，开展社区教育大课堂等文化活动，丰富社区文化生活。第三，创建天桥街道全媒体中心。设立官方微信公众号，实现传统媒体和新媒体的融合。开发建设"创·益天桥"百姓自媒体微信平台，开设残联"爱心石哥"、地区工会服务等微信公众号，并将其纳入街道全媒体中心统一管理。

四 天桥文化建设推动地区发展迈向新高度

天桥街道高度重视文化建设，传统文化与现代文化融合，高雅艺术与民俗艺术融合，城市文化与城市发展融合，充分发挥文化引领风尚、凝聚民心、服务社会、推动发展的作用。

一是文化引领风尚。街道通过大力开展群众性文化活动，将社会主义核心价值观融入百姓生活。以学雷锋志愿服务工作为例，1983年街道创建时被誉为"城南新事"的"综合包户"服务，34年来在天桥地区开展得如火如荼，涌现无数"小巷雷锋"。截至2017年底，天桥地区注册志愿者已达8176名，占地区常住人口的15%，拥有李金明贴心人服务队、范进卯燃气灶具维修服务队等62支志愿服务团队，有15个服务种类、108个服务项目。学雷锋志愿服务之所以能在天桥生根、壮大，正是延续了"天桥文化"中那种坚持不懈、扎根群众的精神。

二是文化凝聚民心。多年来，街道和天桥曲艺茶社、天桥评剧团、民俗工艺坊等文化组织和团体携手推动非物质文化遗产保护工作，200多名天桥老艺人回归热土。2014年天桥民俗文化协会的成立更是让老艺人信心饱满："协会让我又找到了'家'的感觉！"80多岁高龄的"小荷花"班秀兰带着女儿、女婿一同加入了协会。作为协会会长的相声表演艺术家孟凡贵说："我生在天桥、长在天桥，我的根在天桥！协会不仅要给老艺人们一个'家'，更要在习总书记文艺座谈会讲话精神的鼓舞和指引下，重新打造'天桥'这块金字招牌！"

三是文化服务社会。以天桥曲艺茶社为代表的百姓大舞台，为百姓展示民俗文化和与名家交流建立了平台，每周日免费向鼓曲票友和观众开放，并举办名家传艺示范讲座、票友交流活动和经典曲目展演，中国曲协主席刘兰芳、姜昆，北京曲协主席李金斗多次参加活动，居民有机会与明星"零距离"接触。同时，天桥曲艺茶社也成为北京曲艺团青年演员的实践基地，在北京新世纪小学开设了北京琴书和相声培训班。除了在本地区组织各种专场演出之外，还安排演员和票友进社区、进部队、进庙会演出等，将天桥绝活儿神技展示给世人。

四是文化推动发展。"天桥文化"这张名片促成了天桥演艺区的落地与发展。天桥艺术大厦和艺术中心的建成，演艺园区规划步步推进，不仅为

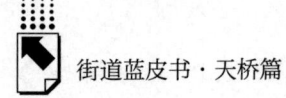

"天桥文化"注入世界流行的新鲜元素,更带动了周边环境提升。从城市景观设计到绿化布置,再到修建地铁、拓宽道路等,区域环境有了极大改观,居民们的满意度也大大提高了。届时,集演艺总部、文艺演出、文化展示、旅游休闲、文化商务等功能于一体的演艺区全面建成,相信天桥地区的经济、文化等发展都会迈上一个新台阶。

总报告

General Report

B.1
天桥：探索提升城市基层治理水平之道

摘　要： 城市是全面建成小康社会、加快实现现代化的"火车头"，是政治、经济、社会、文化各方面活动的中心。城市治理水平是一个城市软实力和竞争力的重要体现。探索与国际一流的和谐宜居之都首善之区相匹配的城市治理体系是北京重要的发展目标，也是西城区全面提升城市品质的重要保障。近年来，天桥街道顺应城市工作要求，坚持以人民为中心，瞄准百姓需求的靶心，找差距、补不足，城市面貌发生了巨大变化，群众对城市治理水平满意度和获得感不断提高。尽管如此，调查表明，天桥街道城市治理水平与首都功能核心区和天桥演艺区的发展要求相比，与领导期望和百姓期待相比，还有不小差距。本报告立足于街道现实基础及发展短板，结合发展新形势、新要求，提出天桥街道提升城市治理水平的重点和方向，以推动区域科学治理，提升城市发展品质。

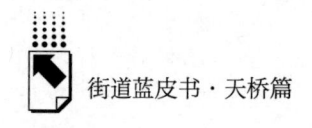

关键词： 天桥街道　百姓需求　城市基层治理

一 治理之要：提升城市基层治理水平有利于构建超大城市治理体系

（一）城市是全面建成小康社会、加快实现现代化的"火车头"

城镇化是人类社会发展必然经历的历史过程，是现代化必由之路。城市现代化与工业化、信息化、农业现代化相辅相成，共同构成现代化建设核心内容，是国家现代化的重要标志。工业革命以来人类社会发展历史生动地表明，城镇化是整个经济社会发展的重要引擎，一个国家要想成功实现现代化，必须高度重视城镇化。

改革开放以来，我国经历了世界上前所未有的规模最大、速度最快的城镇化进程，城市发展已经进入量质并举新阶段。中央城市工作会议指出："城市是我国各类要素资源和经济社会活动最集中的地方，全面建成小康社会、加快实现现代化，必须抓好城市这个'火车头'。"在这次会议上，中央第一次明确提出将城市现代化作为新型城镇化发展方向和目标，即"建设和谐宜居、富有活力、各具特色的现代化城市，提高新型城镇化水平，走出一条中国特色城市发展道路"。

截至2017年底，我国城镇化率达到58.52%，根据世界城镇化发展规律，我国仍处于城镇化快速发展区间。这就意味着，在未来较长的一段时间，我国的现代化将继续表现为以城市为中心的集散与进化。但是，我国推进城市现代化的过程中积累了一系列突出问题和矛盾，例如，忽视"人是城市发展的核心"，忽视城市工作的全局性、系统性、可持续性，这就给城市工作埋下了许多危害与祸患。如果延续传统的发展模式，就很有可能落入"中等收入陷阱"。

因此，抓好城市这个"火车头"，必须深入贯彻中央城市工作会议精神,以习近平新时代中国特色社会主义思想为指引,顺应城市工作新形势、改革发展新要求、人民群众新期待,坚持新发展理念,坚持以人民为中心的发展思想,认识、尊重、顺应城市发展规律,提高城市工作的全局性、系统性、持续性、宜居性,构建共建共管共治共享的城市治理新格局。

（二）探索与国际一流的和谐宜居之都相匹配的超大城市治理体系是北京重要发展目标

建设和管理好首都,是国家治理体系和治理能力现代化的重要内容。2017年9月13日,中共中央、国务院正式批复《北京城市总体规划（2016年—2035年）》（以下简称"新总规"）,这是首都建设和发展史上一件划时代大事,对新时期首都建设和发展具有重大深远的历史意义。新总规深入贯彻落实习近平总书记系列重要讲话精神和治国理政新理念新思想新战略,以习近平总书记视察北京重要讲话精神为根本遵循,从全面建成小康社会、实现中华民族伟大复兴的中国梦的时代背景出发,从推进国家治理体系和治理能力现代化的战略要求出发,在深入总结北京城市发展历史经验基础上,高瞻远瞩、高屋建瓴,对首都城市战略定位和发展管理的战略目标、重点、路径、步骤、措施进行了系统安排部署,提出了很多新理念、新要求、新举措,必将对首都建设发展和科学治理产生巨大而深刻的推动作用。

新总规的一个重要特点就是突出强调提升首都城市品质。好品质、高品质必须靠精细化的城市治理来实现、来维护。新总规提出:"到2020年'大城市病'得到缓解,到2035年'大城市病'治理取得显著成效,到2050年全面形成具有首都特点、与国际一流的和谐宜居之都相适应的现代化超大城市治理体系。"北京市委书记蔡奇指出,加强城市精细化管理是习近平总书记对首都工作提出的一项重要任务,更是超大城市治理的内在要求。蔡奇强调,所谓"精",就是要发扬工匠精神,精心、精治,打造精品;所谓"细",就是要像绣花一样,细心、细巧,细节为王;所谓"化",就是要做

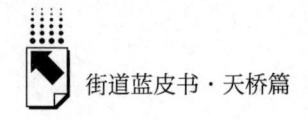

到标准化、专业化、规范化、常态化。

西城区作为首都功能核心区，经过多年的快速发展，城市建设进入相对平稳时期，大拆大建已不可能，更多的是优化功能，向管理要效益。特别是当前区域开发强度和人口规模已经顶破了天花板，人口资源环境的矛盾日益突出，调整疏解非首都功能任重而道远。西城区要建设国际一流的和谐宜居之都首善之区，仅有坚实的经济基础、物质基础是不够的，更要在打造软环境、建设软实力上下功夫，要在城市治理、城市文化、市容环境、市民素质等方面用心用力，做细做实，展现特色，推动城市治理水平不断迈上新台阶。

（三）城市基层治理水平直接影响市民幸福感、获得感

城市基层治理直接面对市民，与市民生活和工作息息相关，治理水平的高低直接影响市民的幸福感、获得感。中央城市工作会议明确指出，做好城市工作的出发点和落脚点，就是"要顺应城市工作新形势、改革发展新要求、人民群众新期待，坚持以人民为中心的发展思想，坚持人民城市为人民"。当前，我国社会主要矛盾已经转化为人民日益增长的美好生活需要和不平衡不充分的发展之间的矛盾。从西城区情况看，这个变化也是非常明显的。市民对美好生活的需要日益广泛，不仅对工作生活的便利性、宜居性、多样性提出了更高要求，而且在民主、法治、公平、正义、安全、环境等方面的要求日益增长。相比较之下，城市的有效供给跟不上，一些工作也还有差距，人口、资源、环境矛盾尖锐突出，人口增长过快、交通拥堵、环境污染、资源紧张等"城市病"已经严重制约了区域可持续发展。要根治"城市病"，迫切需要以改革创新的精神推进城市治理，消除管理漏洞，创新机制手段，实现城市面貌的改善。

城市基层治理工作者应始终站稳群众立场，坚持以人民为中心，坚持把群众小事当作自己的大事，从群众关心的事做起，从让群众满意的事做起，竭尽全力为群众办好事、解难题、谋福祉。要大兴调查研究之风，更多瞄准群众关心的热点难点问题，提出综合解决方案，在疏解整

治促提升过程中较好解决便民菜场、文体活动空间以及停车等市民群众关心、关注的问题。要落实治霾、治水各项措施，积极推进垃圾分类，进一步改善人居环境。

二 治理之本：提升城市基层治理水平有利于满足人民日益增长的美好生活需要

天桥街道位于西城区东南部，辖区面积2.07平方千米。东起前门大街、天桥南大街、永内大街，西至虎坊路、北纬路、太平街，南以永定门护城河为界，北至珠市口西大街。截至2016年底，街道划分为8个社区，有街、巷、条、里、胡同等70条，总户数26474户，户籍人口5.18万人，常住人口4.64万人。近年来，在西城区委区政府的坚强领导和天桥地区广大党员干部群众的共同努力下，地区城市建设和管理工作取得了一定成绩。

为充分了解"十三五"以来天桥地区城市治理现状，天桥街道组织了问卷调查，调查内容主要涉及对地区城市治理状况及治理能力的满意度，目前存在的主要问题以及参与治理的意愿、渠道、方式、努力方向等方面，找出"发挥党建引领作用、提升地区发展品质、推进社会治理创新"等工作中的瓶颈和短板，同时结合地区发展的总体目标和实际情况，对应对风险挑战、进一步提升城市治理水平提出思考和建议。此次调查共发放调查问卷100份，收回100份，全部为有效问卷。调查对象中，男女比例为3:7；在年龄上，55岁以上的人群所占比重较大，占到调研人数的54%；在教育程度上，大专及以上学历的人群达到了54%（见表1）。

总体而言，地区群众对城市治理水平及治理能力比较满意，选择"非常满意"的受访者占50%（见图1），但是，与首都功能核心区和天桥演艺区发展要求、领导期望和百姓期待相比还有差距。

表1 调查样本基本情况统计

单位：人

性别	男		女		
	30		70		
年龄	21~40岁		41~55岁		55岁以上
	29		17		54
学历	小学	初中	高中或中专	大专	本科及以上
	1	24	21	36	18

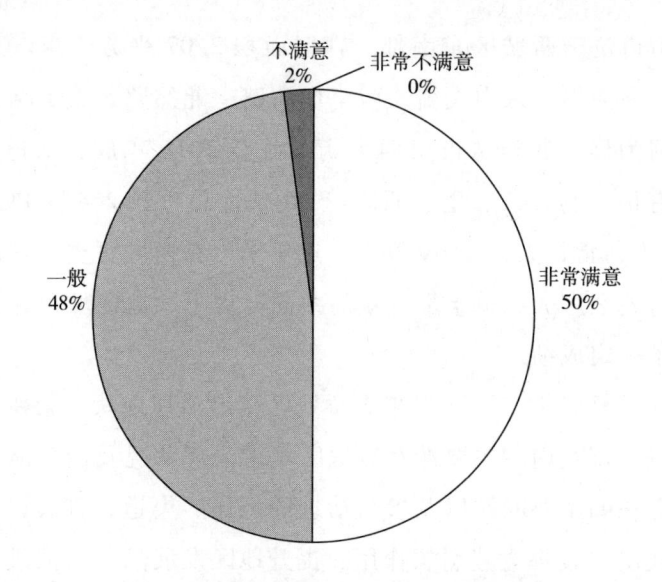

图1 城市治理情况及治理能力满意情况

（一）地区整体发展与区域定位要求有差距

天桥地区地处北京中轴线周边，是中轴线申遗综合整治保护重要节点之一。同时，北京市及西城区发展规划都明确提出，要按照"北京的天桥 世界的舞台"的国际一流标准全力推进天桥演艺区建设，这些定位和要求既为地区发展带来难得的历史发展机遇，又对地区各项工作的发展提出了更高的要求、带来了更大的挑战。与此同时，天桥地区作为老旧居民区，地区基础设施比较薄弱，环境治理方面存在不少痼疾，不符合首都功能核心区定位的业态比较集中,城市文明程度和群众文明素养还有较大提升空间。

问卷调查发现,百姓对地区环境治理反映突出的问题排在前五位的分别是:机动车、非机动车乱停放,共享单车无序停放,环境脏乱差,交通拥堵,占道经营(见图2)。

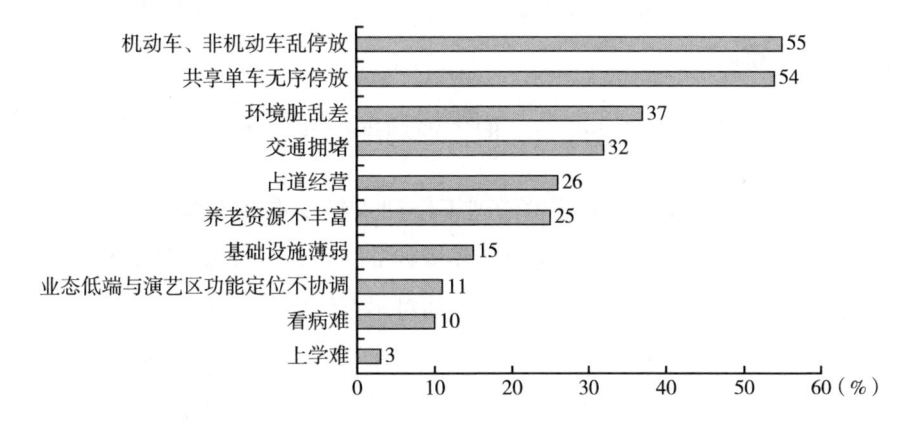

项目	百分比(%)
机动车、非机动车乱停放	55
共享单车无序停放	54
环境脏乱差	37
交通拥堵	32
占道经营	26
养老资源不丰富	25
基础设施薄弱	15
业态低端与演艺区功能定位不协调	11
看病难	10
上学难	3

图2　目前天桥地区城市治理存在的主要问题

从问卷调查情况看,目前天桥地区的基础设施环境、城市市容环境、政务服务环境、市民文明环境等方面与国际一流和谐宜居之都的定位和天桥演艺区未来发展的要求相比,还存在较大差距,要切实增强忧患意识,抓住机遇、迎难而上,推动地区各项事业发展迈上新的更高水平。

(二)现代演艺资源丰富,民俗文化挖掘整理不够

天桥是许多民间艺术的发祥地,明清时期便形成了文化演艺的雏形,民国时期天桥地区成为北京演艺行业的集散地,有"酒旗戏鼓天桥市,多少游人不忆家"的美誉,曾被国家文化部授予"中国民间文化艺术之乡"的荣誉称号。近两年来,随着天桥演艺区的不断发展壮大,天桥地区现代演艺资源日益丰富,初步形成了以天桥剧场的芭蕾舞、首都电影院的电影、天桥艺术中心的音乐剧等为代表的门类较为齐全的演艺产业

和错位竞争的良性格局。但在民俗文化的挖掘整理方面还存在不少短板和不足。比如民俗文化人才流失比较严重，老艺人数量越来越少，不少天桥绝活儿文化的传承面临断档困境，"七夕"天桥会、"天桥杯"鼓曲邀请赛、天桥民俗文化节等文化活动，由于演出规模、持续时间、活动参与人数、商业效益等都十分有限，缺乏精品支撑项目，在国内外日趋活跃的文化市场难以产生品牌效应，对提升天桥民俗文化的影响力不能发挥有效作用。

（三）环境面貌显著改善，但管理精细化程度不高

近年来，街道每年都把环境治理工作列入年度重要工作，投入大量人力、物力、财力致力于解决天桥地区环境脏乱问题，力求为百姓营造一个干净、整洁、亮丽、有序的生活环境。比如对于百姓反映强烈的留学路、香厂路市场问题，街道通过协调各方、共同努力，使"开墙打洞"现象得到了有效遏制，店外经营、占道经营、沿街叫卖、乱停车等乱象得到了有力治理，最终实现了该地区环境和秩序面貌的极大改观，摘掉了市级乱点的"帽子"，群众高兴，上级肯定。但是，城市治理的精细化程度不高。比如，对地区环境建设和秩序管理的长效机制深入研究思考不足，经营者的"门前三包"制度落实情况不理想，自觉维护经营环境和秩序的意识还不强，部门联动、联合执法的威力还未充分发挥等，这些都需要在今后的工作中努力改进提高。

（四）群众参与治理积极性高，但参与途径和渠道少

在城市治理工作中，必须充分重视和调动地区群众参与进来，搭建更多群众参与的平台和载体，营造"人民城市为人民，人民城市人民管"的良好社会氛围。通过调查问卷发现，天桥地区百姓参加城市治理的意愿强烈，"非常愿意"和"愿意"参与的比例达到96%（见图3）。目前天桥地区居民参与地区治理的主要方式为参加志愿服务活动、党员代表会、居民议事会等（见图4）。但是，从总体上看，群众参与城市治理的渠道还不够畅通，

受访者认为参与途径和渠道"一般""比较差""很差"的占到56%（见图5）。因此，引导居民更有序地参与城市治理，形成管理部门与居民单位的良好互动关系，营造共建共管的良好氛围，将是今后天桥地区城市治理的一项重要工作。

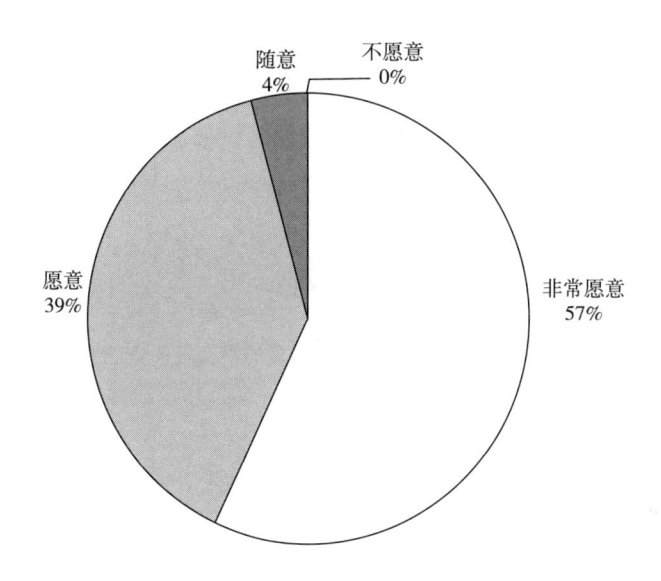

图3　天桥居民参与地区治理的意愿

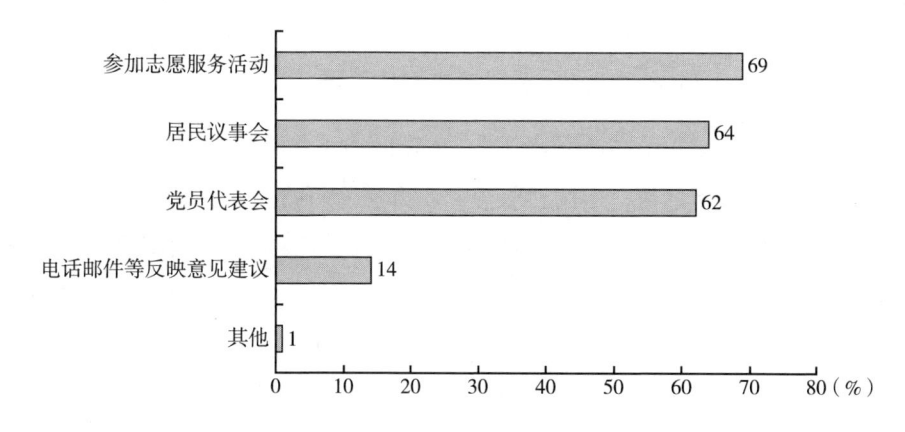

（非常愿意 57%；愿意 39%；随意 4%；不愿意 0%）

图4　天桥居民参与地区治理的主要方式

参与方式	比例(%)
参加志愿服务活动	69
居民议事会	64
党员代表会	62
电话邮件等反映意见建议	14
其他	1

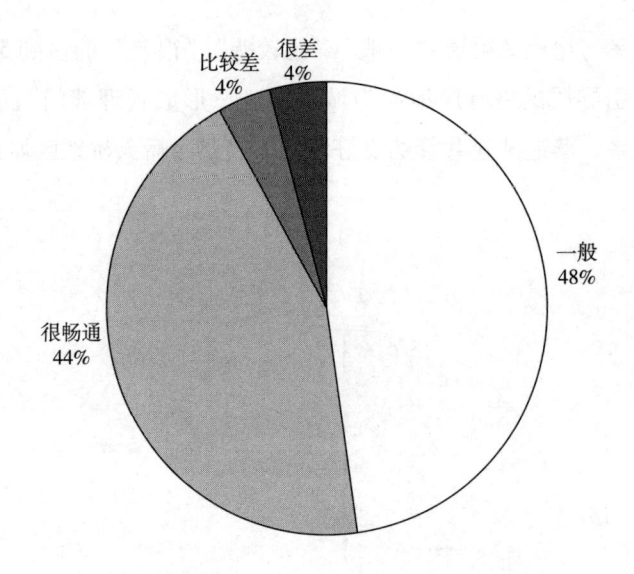

图 5　天桥居民参与地区治理的渠道畅通情况

（五）干部整体素质与现代城市治理要求有距离

推进城市治理体系和治理能力的现代化，形势紧、任务重、标准高，迫切需要一支"特别能吃苦、特别能战斗、特别能奉献"的干部队伍，一支"敢于担当、能于担当、善于担当"的干部队伍，无疑对广大干部队伍的素质和能力提出了巨大挑战。目前来看，街道干部队伍整体素质较高，但与现代城市治理的要求相比还存在较大差距（见图6）。比如，有的干部不愿学习、不会学习，出现了"本领恐慌"，工作能力不足，习惯于常规思维，习惯于靠老经验办新事情，运用新思想、新方法、新技术研究解决新情况、新问题的水平不高；有的干部积极主动作为不够，安于现状，不敢担当，缺少逢标必夺、拼搏奋进的精神；有的干部工作作风不实，懒作为、慢作为、假作为，不仅存在"躲、闪、绕"的问题，还存在跟着"问题跑、上级督"的现象。

上述这些问题的存在充分说明，加强和创新地区社会治理，提高新形势下社会治理的能力和水平刻不容缓，时不我待。天桥地区提升地区治理能力的努力方向见图7。

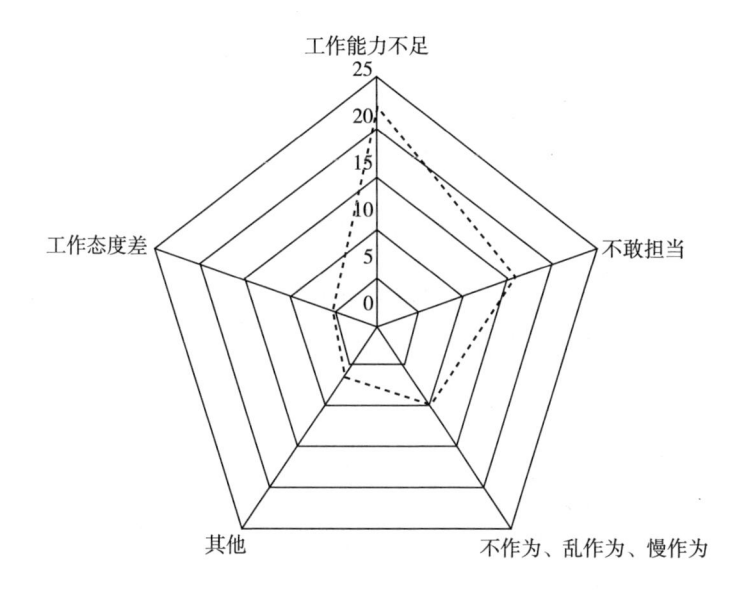

图6 地区干部队伍急需改善的方面

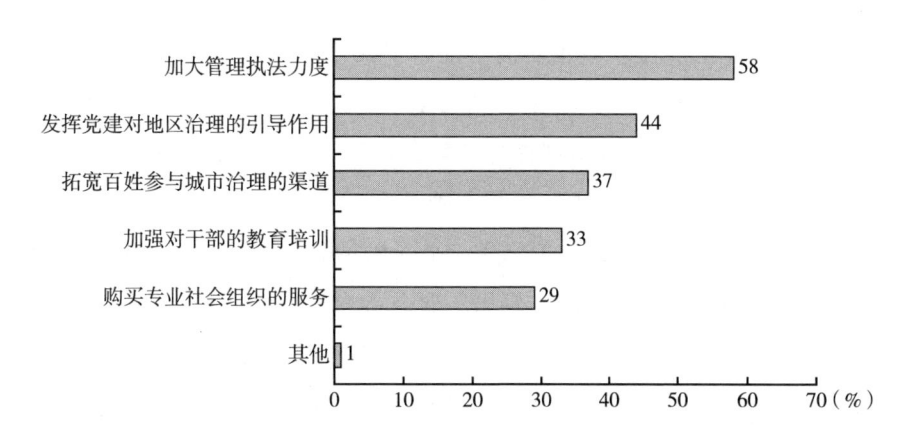

图7 天桥地区提升地区治理能力的努力方向

三 治理之道：天桥街道提升城市基层治理水平实践探索

进入新时代，开启新征程，天桥街道从时代发展和全局发展的高度，把

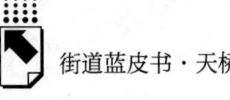

握新要求，跟上新时代，以推动超大城市有效治理为目标，把提升城市品质作为重中之重，不断改进治理方式方法，积极探索适应首都功能核心区发展规律和要求的城市治理之道，有力地提升了区域治理水平。

（一）完善治理之核，充分发挥党建的引领作用

街道党组织是联结辖区内各领域党组织的"轴心"，在城市基层党建中地位至关重要。一是树立和增强"大党建"工作理念。在街道层面成立地区党建工作委员会，在社区层面指导8个社区党委全部建立席位制大党委，积极整合区域内人、物、财等各种资源，形成双向服务新格局。例如，街道与友谊医院开展"守护天使——社区志愿者走进医院"志愿服务活动，利用辖区志愿人数众多的优势为医院提供维持秩序、门诊导医、自助服务等服务，得到了医院和患者的一致好评。再如，虎坊路社区利用大工委工作平台与徐悲鸿中学开展防灾减灾、廉政教育等多项合作，取得了良好的社会效果。二是强化基层党组织政治功能。推进"两学一做"学习教育常态化制度化，开展"红墙意识"大讨论和主题演讲、摄影比赛，推广虎坊路"红旗街巷"、永安路社区街巷治理临时（联合）党支部等"支部建在一线"的成功经验，选取16个党支部为试点，制定"三定、三分、达三效"支部规范化建设推进思路，把每个支部都建成坚强战斗堡垒，真正发挥党支部直接教育、管理、监督党员和组织、凝聚、服务群众的作用（见表2）。三是探索"党群+"融合服务机制。加强基层党建工作与街道社会治理、民生保障、区域重大任务融合发展，合力打造街道"党建桥·桥汇四方"区域化创新党建项目、"五色先锋e家亲"学雷锋金数据服务项目、"红色卫士邻里守望"等服务群众项目，以活动凝聚力量、联结人心，助推地区建设实现更可持续、更高质量的发展。四是统筹推动新兴领域党建工作。采取单独建、联合建、挂靠建的形式灵活设置党组织，建立13个非公党支部、1个社会组织党支部、31个功能型党支部，实现非公经济组织及社会组织党组织覆盖率分别达到90%以上和85%以上的目标，并逐步实现从"有形覆盖"向"有效覆盖"转化。

表2　天桥街道强化基层党组织政治功能典型经验

典型经验	基本介绍
红旗街巷治理工作模式	"网格党支部+红旗街巷+党员四岗十责+六步三级四法"。"四岗"即"环境整治提升、安全隐患排查、文明行为引导、社情民意收集"等四个岗位,"十责"即"广泛宣传、正面引导、思想动员、收集民意、摸清底数、协同巡访、发现问题、及时反馈、协同解决、跟踪督导"等十项职责,"六步"即"收集、归类、办理、反馈、改进、跟踪"等六个步骤,"三级"即按照"社区自办"、"联合响应"和"上报办理"三个处理级别解决问题,"四法"即采取"服务功能解决法"、"自治功能解决法"、"五社融合解决法"和"部门联动解决法"四个方法做到问题协同解决
街巷治理临时(联合)党支部	隶属于街道党工委。支部党员包括街巷长、社区党组织负责人,公安、城管、食药、工商、房管等职能部门参与街巷治理的党员干部,物业公司、驻区单位相关同志,以及社区党员骨干和党员志愿者等。支部书记由党员街巷长、社区党委书记或联系社区的街道处级党员领导干部担任
"三定、三分、达三效"	支部规范化建设推进思路,"三定"即"定责任、定制度、定程序","三分"即"分领域、分类型、分阶段","达三效"即"支部党员教育管理、制度建设、常态化运转"有实效

资料来源:天桥街道党工委、办事处。

(二)聚焦治理之难,全面提升地区环境品质

地区环境品质反映地区治理水平,展现地区发展形象。一是纵深推进"疏解整治促提升"专项行动。2017年,街道采取"连片连线式"工作法,共拆除违法建筑865处、34062.5平方米,完成年度拆违目标的283%,封堵"开墙打洞"199处,完成年度封堵目标的141.13%,规范广告牌匾200余块,增补绿化面积1100余平方米,使天桥地区面貌发生了令人鼓舞的深刻变化,得到了区委区政府和地区百姓的高度认可。二是持续开展背街小巷整治提升行动。制定《天桥街道背街小巷环境整治提升专项行动方案》,任命91名机关干部为街巷长,建立街巷自治共建理事会91个、社区志愿服务团队8个,经市、区验收,新农街、永定门西街两条街巷达到"十有十无"标准。严格按照"规、建、管、服"要求开展工作,挖掘街巷胡同文化内涵,严把工程建设质量关,形成共建、共治、共享和维护街区精细长效管理

的强大合力。三是积极实施街区整理计划。科学制定推进实施街区整理的"时间表"和"路线图",细化街区功能,实现科学研判、统筹谋划、规划建设、管理服务有机衔接的工作流程,通过城市设计、街区设计、街区修补和有机更新,实现城市风貌、街区风貌的和谐统一,打造传统文化与现代艺术相结合的9个功能街区。

（三）夯实治理之基,积极推进社会治理创新

提升社会治理现代化水平,扎实推进社会治理创新,要深入推进理念思路、体制机制、方法手段创新。一是深化"多居一站"试点东经路服务站建设。继续深化东经路服务站的全科受理、全程规范、全时服务,以及精细化管理、信息化办公、便民化服务的建设。通过优化流程,增加承接事项,信息化办公软件系统二期开发建设聘请30位站风监督员,持续推进"一站式"服务品质。二是推进天桥街道社会治理创新空间建设。利用天桥小区北里3号楼地下腾退空间,建立900平方米的社会治理创新空间。规划百姓读书、老人休闲、儿童创玩乐学、众创发展基地4个主题空间,打造居民需求信息采集、志愿公益服务提供、社会组织活动、民俗文化互动4个功能中心。三是大力推进社区"参与式协商"。制定《天桥街道民生工作民意立项实施办法》,通过民意立项开展永安路道路改造、腊竹小广场环境提升、徐悲鸿门前路环境整治等工作。制定《天桥街道参与型协商社区民主自治探索工作指导手册》,组织开展"以建设有文化内涵胡同"为主题的议事协商观摩会,建立协商共识落实和反馈机制,提高社区居民参与协商能力。

（四）做强治理之要,提升干部队伍能力水平

重点要做强四支队伍。一是做强机关干部队伍。通过开展"凝心 聚力 创新超越"教育活动,依托北京邮电大学等专业机构系统培训,组织部分机关社区干部赴上海和台湾学习考察,加大干部选拔交流力度等措施,拓宽了干部视野,提升了干部能力,激发了干部潜能,迸发了干部活力。二是做强社区工作者队伍。选优配强社区班子,组织社区书记、主任赴上海学

习考察基层党建、社会治理、城市建设等先进经验。分层次、分类别开展对社区专职工作者的培训，完善社区专职工作者日常考勤、年终考核等制度，提高社区专职工作者队伍的综合素质、履职能力和职业化水平，增强社区专职工作者队伍的凝聚力和战斗力。三是做强街巷长队伍。建立街巷长队伍工作台账，加强街巷长队伍培训，讲清"十有十无"创建标准，讲清业务流程，讲清职责内容。开展街巷长观摩交流，实地深入走访，学习先进经验，查找工作不足，补齐工作短板。发挥示范引领作用，大力宣传信访办主任张春江等街巷治理中的先进典型，以身边榜样引领促进工作提升。四是做强志愿者队伍。街道相继制定了《关于推进社区志愿服务的意见》《社区志愿服务管理办法》《天桥街道突出贡献社区志愿者分级奖励回报实施办法》等一系列志愿者招募、注册、培训、服务、管理制度，培育了范进卯燃气灶具维修服务队、李金明贴心人服务队、太平街社区萤火虫志愿服务队等享誉地区的品牌服务队，地区志愿者规模不断发展壮大。截至2017年底，网络实名注册志愿者达8176人，占地区常住人口的17%以上。仅2017年一年，开展志愿服务活动400多场，参与志愿者近万人次，受益群体达5万余人次，对地区各项事业发展做出了突出贡献。

（五）拓展治理之源，积极培育发展社会组织

社会治理的本质是社会化，就是要在法律的框架下，将与广大人民群众切身利益相关的事务交给人民群众协商解决，并且特别注重让人民群众通过基层自治组织和社会组织参与决策和治理的全过程。一是建立健全社会组织管理服务体系。2017年，天桥街道共做好130支社区社会组织备案和5支注册类社会组织年检管理，建立社会组织公益项目发展基金，助推12支社区社会组织队伍提高规范化服务水平。引进常青藤可持续发展研究所、睦邻社工事务所、天桥民俗文化协会、毛众文化工作室等专业社会力量，协助社区开展社区治理和服务。二是培训社区文化民间组织。以"四个一流"为目标打造5支天桥街道文化团队，举办"猜灯谜·打擂台"、"端午诵读汇"、天桥街道民俗文化节等节日文化活动，实现社区设施共享社会化、服

务公益化、功能综合化、经营市场化、管理专业化。三是提升社会动员能力。建立街道级社会化参与统筹平台、社区居委会社区服务基础平台、社会力量专业化支撑平台、社区社会组织参与实施平台等四级社会组织参与社区治理和服务的责任网络体系。成立公益自治组织"乐融街坊会",动员斜街商户成立自管会,共同维护街区环境。

四 治理之惑:提升基层治理水平必须正视五大制约因素

就天桥街道乃至西城区而言,提升区域治理水平,需要在自身落实层面寻找原因,但也无法回避一些根本性普遍性问题,概括起来有体制机制、标准体系、理念方式、社会参与和治理手段等五大制约因素需要正视。

(一)体制机制固化制约管理责任落实

一是当前城市治理体制不利于提高管理效率。城市健康持续发展基本原则是"规划在前、建设在中、管理在后",需要先按照城市功能进行科学分区,然后才是后续的建设、运营和管理。当前,城市治理正处于由原来的"重建设管理轻前瞻规划"向"规划建设管理一体化发展"转变的进程中。由于城市治理理念相对滞后,地区规划、建设、管理还存在很多衔接不到位的问题,致使后期管理服务缺位。比如,天桥地区老旧小区普遍面临的停车难问题、部分节点的道路拥堵问题、机动车非机动车的乱停放问题等,都与缺乏长远规划密切相关。此外,在当前的体制下,城市的规划、审批、建设和管理分属于不同的部门负责,且各部门之间的信息并不对称,造成管理部门经常处于事后管理的状态,环境秩序的治理成本增加,不利于提升城市治理的效率。

二是城市治理的机制存在"肠梗阻"。在经济社会快速发展的背景下,城市治理的事务也变得日益复杂。街道承担着越来越多的城市治理事务和责任,但街道与专业部门还在一定程度上存在权力与责任不对等、事权与财权不一致的问题,职能关系尚未完全理顺。比如,根据相关规定,街道没有执法权,遇到问题时只能协调相关的职能站、队、所解决,但受体制所限,街道行政级别不高,协调力度有限,对专业部门的统筹和监督缺乏实质性的约束,造成街道进行自主管理的主动性受到制约,尤其是在开展综合执法和联合执法时统筹力度不够,不易形成及时有效的解决复杂问题的工作合力。

(二)标准体系不够完善制约城市精细化管理

一是现行管理标准不完全适应区域定位和特点。天桥街道处于首都功能核心区,管理标准必须体现首善之区管理的严格性和示范性,也要充分考虑区域的实际情况。第一,管理标准距离首善标准还有一定的距离。目前西城区城市治理的标准主要参照《北京市市政市容管理条例》及相关行业的作业与管理标准,具有一般性和普遍性,标准层级较低,并不能充分反映首都功能核心区的区位特点。第二,管理标准对街巷胡同管理的指导性不够。天桥街道的街巷胡同占很大比重,与居民生活有紧密的关系。然而,在背街小巷环境整治提升专项行动过程中,各街巷普遍存在人口密度较大,市政基础设施和公共服务设施比较薄弱,停车难、停车乱,私搭乱建、乱堆物料等现象,居住条件较差,成为街巷环境建设管理的难点。而造成这一问题的一个重要因素是目前北京市通用的环境建设标准没能考虑到街巷胡同的特殊性,影响了管理资源配置和管理制度落实。

二是缺乏城市综合管理标准体系。城市管理属于块管理,具有综合性和交叉性的特征。因此,以行业管理为依据的管理标准难以实现无缝隙管理。这主要体现在四个方面:第一,行业管理标准注重管理和作业的规范性和标准性,容易产生"一刀切"的问题,对特殊区域不能区别对待;第二,由于各行业的管理标准都立足于本行业自身的发展利益,导致同样的问题各行业之间的标准落差较大;第三,行业标准是依据行业管理作业制定的,容易造成行业之间出现管理真空;第四,行业管理标准注重管理过程,忽视问题解决,特别是对新出现的问题缺乏及时有效的应对举措。因此,必须制定以区域整体管理为基础的综合管理标准，从而实现区域环境秩序全覆盖、无缝隙管理的目标。目前，西城区在推进城市精细化治理的过程中，已经制定了街巷胡同环境标准、重点大街环境标准等具有综合管理特征的标准体系，有效补充了行业管理标准，但还需要继续完善和深化，形成城市治理全面系统的标准体系。

三是分类分级管理有待进一步深化完善。近年来西城区率先推行环境分类分级管理，对城市不同区域的管理重点、管理服务要求和管理资源配置进行分类管理，体现了城市差异化管理理念，增强了管理目标的指向性。但分类分级的标准层级相对简单，量化考核评价指标建设不足，城市分类分级管理的执行标准与城市治理需求、城市管理强度、城市环境容量、社会容忍度、社会协同度、市民满意度等指标的结合还不够充分，在分类分级管理推进上缺乏系统性。

（三）治理理念和方式落后制约治理体系构建

一是城市治理手段和方式相对单一。城市治理的相关部门和人员习惯于沿用传统的方式管理城市，管理手段和管理方式相对单一，主要还是政策引导、财政供给、行政命令等，运用大数据、云计算、物联网等现代科技和信息手段参与城市治理明显不足，治理效果也不够理想，容易出现反弹回潮。

二是主要依靠要素投入推进城市精细化管理。精细化管理的实质是内涵式、高效率、高效能管理。目前，街道推进城市精细化管理主要采取外延发展的方式，也就是通过不断增加管理人力和物力投入，来弥补环境建设中的短板和疏漏，完成环境建设的目标和管理考核的任务。但是，这种依靠要素投入推动城市精细化管理的方式，面临管理资源约束越来越紧的局面，管理的边际效用逐渐降低，管理空间逐渐收窄，并且专业部门和一线管理者也会处于高压力、超负荷的运转状态，不利于长远发展。当前，城市治理精细化越来越需要依靠改革推动，通过体制机制改革、管理流程再造和管理方式创新，释放管理能量，实现管理效果。

三是缺乏激励机制。城市治理内容纷繁复杂，工作难度较大，一线工作人员长期处于重压力、高强度的工作状态。但是，目前政府对城市治理运行动力问题关注不够，激励机制还有待健全。第一，缺乏针对个人的物质激励。目前，北京市城管委等机构的不同职能部门分别设立了城市治理专项奖励资金，由首环办集中统一下发。但是，奖励资金实际上成为区城管委和街道的工作投入，激励功能较弱。第二，城市治理专业部门和属地一线人员的职业发展空间有限，需要出台相关晋升发展政策，进一步调动其积极性。第三，城市治理监督流程不合理，社会监督评价机制建设滞后。

（四）社会动员不充分制约参与活力和共治水平

一是社会资源对城市治理的贡献率有待提高。城市治理不是政府一家的事，需要政府和社会合作来完成。近年来，西城区通过推广街规民约、居规民约、门前三包、"参与型"社区民主协商、社会单位资源开放等方式，有效调动了社会参与的积极性。但是，对比现代城市治理的要求，城市治理社会评价参与率、社会组织参与城市治理公共项目的增长率、社会单位资源对辖区居民开放率、社区基层社会动员能力指数、城市治理决策听证参与率等一些城市治理社会化的重要指标相对较低，还需要进一步提升。

二是履行社会责任的机制有待进一步健全。有效提升城市治理社会参与度，最重要的是明确各个参与主体的责任。目前，社会参与的责任机制建设还有很大的改善和提升空间。第一，政府对引导社会力量参与城市治理缺乏制度规范，对培育参与主体缺乏政策支持，对社会资源在城市治理中发挥作用的效果缺乏评价体系。第二，人大代表在城市治理决策、城市公共事务的社会沟通、城市治理监督评价中的作用没有充分发挥。第三，社会主体参与城市治理主要停留在政府号召层面，还没有形成约束力。比如，社会单位"门前三包"责任制的外延和内涵创新拓展不够，市民承担城市环境维护的责任机制还不健全，社区在城市环境秩序维护中的责任制度不完善，市民公共文明行为管理制度还比较欠缺，等等。

三是基层组织的社会动员能力还需培养提高。社会动员能力是现代城市治理的一项基本能力，尤其是在城市应急管理中具有不可替代的作用。街道和社区承担着联系辖区单位、社会组织、社区居民及其他社会资源的责任，是开展社会动员的责任主体。但是，城市治理目前还没有形成有效的社会动员体系，促进驻区社会单位资源向社会开放的引导和激励手段不足，社会组织培育的项目支持还不能满足需要，社会参与机制、参与途径和参与范围都没有根本性突破，社会参与社区治理、城市管理的活动载体有待进一步丰富。

（五）网格功能发挥不足制约治理能力提升

一是网格数据对精细化管理服务的功能支撑有待加强。网格系统是城市治理的基础数据平台，但其服务范围和服务功能还需要进一步拓展。一方面，网格系统对管理对象的数据信息采集不够充分；另一方面，对网格数据的分析利用还不够。数据信息没有充分运用到城市管理的监测、预警、决策等精细化管理过程中，数据价值有待进一步开发。

二是网格在"三网融合"中的功能定位有待拓展。过去，网格系统主要是作为环境事件问题发现机制和处置机制，限制了网格系统作用的充分发挥，数据收集范围和数据类型局限性大，网格系统的服务范围不广，对解决城市治理全局性、综合性问题贡献率不高。社会网格、综治网格融入城市治理网格，将网格的功能由监督员责任区扩展到管理单位和权属单位的责任区，不仅拓宽了网格原有的服务功能和范围，增加了网格的社会服务属性，也给城市网格化管理带来了新的挑战。因此，必须充分发挥综合网格系统的作用，进一步调整和规范网格的运行模式。

三是网格在"全响应"模式中的载体功能有待强化。在"全响应"模式下，由于缺乏固化属地责任和专业责任的体制架构，网格在固化管理责任中的制度建设不足。一方面，虽然专业部门工作职责和服务资源向属地街道下沉，社区服务网格和管理网格成为各类专业部门的责任管理区，但网格系统在固化属地权属责任方面的功能尚未得到充分发挥，各站、队、所的数据无法接入街道全响应指挥调度系统，街道只能通过例会或者电话随时联系调取数据。另一方面，不同层级的功能定位差别性还不清晰，实际运行难以避免管理服务链条过长、管理责任不清等问题，难以充分发挥不同层级网格系统的优势功能，不利于管理和服务效率的提高。

五　治理之策：新形势下提升城市基层治理水平的建议

（一）高点站位、规划先行，科学谋划街区功能布局

一是围绕落实习近平总书记两次视察北京重要讲话精神和新总规工作要求，不断提升城市规划建设管理水平。首先，要紧紧抓住疏解非首都功能"牛鼻子"，突破平房院内违建、老旧小区综合整治等难点问题，把加强棚改和文保腾退、推进自愿登记式疏解和改善居住条件、促进历史遗留问题解决等作为重点，推动区域功能和空间布局不断优化。其次，要继续大力推进城市精细化治理，围绕"背街小巷"整治提升，深入实施三年行动计划，不断深化"街巷长"制，全面推行准物业化管理，积极推动胡同街巷焕发新的风采。最后，要深入推进街区整理，围绕历史文化的保护、街区风貌的重塑和生活服务配套的完善，细化街区单元，加强城市设计，有步骤地推进每一片街区的整体提升，切实把老城的风韵展现出来。

二是坚持"精明增长"，建设"紧凑城市"，落实"多规合一"，统筹好地区空间、规模、产业三大结构，统筹好生产、生活、生态三大布局，做到地区服务保障能力与功能定位相适应、人口资源环境与功能定位相协调、城市布局与功能定位相一致。同时，积极主动对接、回应、满足人民群众对美好生活的向往，加大地区基础设施建设力度，加快产业优化升级，合理布局生活服务业网点，提高城市工作的全局性、系统性、宜居性，让群众共享发展成果，使人民的获得感、幸福感、安全感更加充实、更有保障、更可持续。

三是切实强化城市资产管理意识，提高资产管理能力和水平，积极引领各类资源要素科学配置，带动城市整体价值提升，实现城市规划、建设、管

理的良性循环。新总规的颁布实施，标志着首都城市发展已经从大规模开发转向渐进式有机更新，从追求建设总量扩张转向总量严控下的精致发展，这就要求城市工作必须强化规划调控，从偏重单个项目的资本运作转向注重系统的城市资产管理。要算清城市资产账、历史账，管好房产、空间等城市资产和历史文化等无形资产，强化资源精细管理和投向精准调控，加强资产资源掌控，注重长期平衡，更好地调控功能、业态，实现更高水平发展。

（二）理顺治理机制，激发城市治理活力

一是加快完善党委领导、政府主导、社会协同、公众参与、法治保障的社会治理体制，按照市、区要求，以深入推进科学治理、全面提升发展品质为主线，深化街道管理体制机制改革，实现城市治理的重心下移、职能下沉，创新街道社区治理模式，真正做到"街乡吹哨、部门报到"（见表3），形成高效率的组织体系。

表3 北京市推进"街乡吹哨、部门报到"的14项举措

序号	举措
1	加强党对街道乡镇工作的领导
2	制定完善街道党工委和办事处职责清单
3	完善基层考核评价制度
4	推进政府职能部门向街道乡镇派出机构的管理体制改革
5	建立城乡实体化综合执法中心
6	推进城乡"多网"融合发展
7	综合设置街道各类机构
8	科学核定街道人员编制
9	倡导党员参与社区（村）建设
10	推行"街巷长"机制
11	建立"小巷管家"队伍
12	整合协管员队伍
13	持续推进社区减负工作
14	强化街道自主经费保障

资料来源：北京市委《关于党建引领街乡管理体制机制创新实现"街乡吹哨、部门报到"的实施方案》。

二是进一步解放思想、简政放权,形成多元共治、良性互动的治理格局。一方面,要进一步简政放权,大力培育发展社会组织,促进专业社会工作和志愿服务的蓬勃发展,鼓励和引导企业和社会组织参与社会治理,提供公共服务,充分发挥多元主体协同、自治、自律、互律的作用,不断提高城市治理的市场化、专业化水平。另一方面,要完善基层群众自治机制,加强社区服务能力建设,畅通公众参与城市治理的渠道,建立健全公众参与城市治理的平台和机制,完善民生工作民意立项、社区议事厅等制度,提升群众自我管理、自我服务、自我教育和自我监督的能力。

三是坚持把法治作为科学治理基本方式,不断提高运用法治思维和法治方式推进转型发展、维护社会和谐稳定的能力。在城市治理过程中,要更加注重以法规、制度、标准管理城市,注重运用法治思维和法治方式化解社会矛盾,把法治化落实到城市规划建设管理的各个方面。要坚持依法治理城市乱象,加强法治宣传教育和公共文明建设,推动法制宣传教育向社会各领域、各行业延伸,教育引导党员干部带头厉行法治,带头依法办事,不断提升市民守法意识和文明素质,积极营造全社会尊崇法治、践行法治的良好环境。

(三)突出精细化、智慧化治理,提升城市治理能力

一是以大数据建设为抓手,推进城市治理手段创新。首先,要善于获取数据。要加强城市治理信息网络建设,建立规范高效的动态采集机制,及时准确掌握地区人、地、物、事等各类基础信息。其次,要善于分析数据。要在丰富的数据基础上,加强动态分析和综合研判,在虚拟的数字城市中构建算法模型,计算出更科学、更合理的城市运行和建设方案。最后,要善于运用数据。要以数据集中和共享为途径,打通信息壁垒,形成覆盖地区、统筹利用、统一接入的数据共享大平台,加快"智慧天桥"的建设步伐,让百姓少跑腿、数据多跑路,构建多渠道、便捷化、集成化信息惠民服务体系。

二是将网格化和分类分级管理作为城市精细化管理的基础,以街道综合执法指挥中心建设为契机,搭建网格化管理信息系统,不断完善综治执法平台机制,推进城市智能化管理。同时,提升干部利用数据推进

各项工作的本领，重塑政府治理模式，推动公共服务从以行政决策为主导转变为以大数据驱动决策为主导，从供给导向转变为需求导向，从碎片化供给转变为多元协作供给。

（四）发挥民俗文化特色优势，增添城市治理文化底蕴

文化是城市的灵魂，一个城市的魅力和吸引力，主要来自文化。天桥地区是北京民俗文化的重要发祥地之一，民俗文化底蕴深厚，资源丰富，为地区城市治理注入了源源不断的活力。

一是要依托天桥民俗文化协会做好"记忆天桥，文化天桥"口述历史征集、寻访天桥老艺人、筹建天桥印象博物馆等工作，促进优秀绝活儿文化的保护与传承。广泛开展天桥民俗文化宣传、推广、演出活动，全力打造好"天桥杯"鼓曲邀请赛、天桥民俗文化节等品牌活动，形成民俗文化演出交流的长效机制，全面展示天桥民俗文化的魅力。

二是要综合运用政策、资金等措施积极支持毛众文化工作室等民间艺术团队的发展壮大，让民俗文化走到百姓身边、融入百姓生活，让百姓重拾文化记忆、增强文化自信，实现百姓对丰富精神文化生活的向往。

三是要打造传统节日文化活动精品，在春节、元宵、清明、端午、七夕、中秋、重阳等重要传统节日时点开展主题教育活动，推进节日文化进机关、进社区、进校园、进军营、进街巷、进胡同等活动，不断提高天桥节日文化活动的影响力和吸引力。

参考文献

《中央城市工作会议在北京举行》，《人民日报》2015年12月23日，第1版。
中共北京市委、北京市人民政府：《北京城市总体规划（2016年~2035年）》，首都之窗，2017年9月29日。
彭国华、欧阳辉：《城市是现代化建设"火车头"——访北京大学教授、中国区域科学协会会长杨开忠》，《人民日报》2016年2月21日，第5版。

卢映川:《在西城区落实〈北京城市总体规划（2016年~2035年）〉动员部署大会上的讲话》，2017年10月14日。

陈新:《天桥地区城市治理的实践与探索》，2018年1月8日。

西城区政府:《"十三五"时期西城区提升城市精细化管理水平的实践与思考》，2015年12月1日。

彭勃:《从"抓亮点"到"补短板"：整体性城市治理的障碍与路径》，《社会科学》2017年第1期，第3~10页。

数 据 报 告
Data Reports

B.2
天桥街道基于常住人口的地区公共服务调查报告

摘　要： 享有公共服务是公民生存发展的需要，也是生活品质的基础保障，从居民对地区公共服务的获得感和满意度来评价生活质量状况具有重要意义。本报告通过问卷调查方法，对西城区天桥街道8个社区常住人口开展社区公共服务与居民生活质量问卷调查，从中了解街道组织开展公共服务情况和居民满意度评价，得出总体结论并针对存在问题提出解决建议。

关键词： 天桥街道　社区居民　公共服务　生活质量

为了了解天桥街道居民对地区公共服务的获得感和满意度状况，我们在2015年1月针对街道开展的基本公共服务需求的问卷调查基础上，结合居民的满意度调查,进行了此次问卷调查。本报告所涉及的调查对象是天桥街道8个社区的常住人口。调查时间为2017年5月。共有134人参与此次调查,其中有效问卷82份,有效回收率为61.2%。

一 调查样本情况

(一)调查样本基本情况

调查对象中,男女比例约为0.5∶1;年龄在35岁以下的21人,36~55岁的45人,56岁及以上的16人(其中65岁以上老年人为7人);从婚姻状况看以已婚为主,占86.6%;从政治面貌看,党员、群众分别为25人和53人,群众占64.6%;常住人口中,有87.8%的是西城区户籍,非京籍占2.4%;在本市自有住房者68人,占82.9%;从受教育程度看,本科或大专的人群占比最高,为72%;家庭组成结构方面,57.3%的家庭是三口之家,所占比例最高(见表1)。

表1 调查样本基本情况统计

单位:人

性别	男	28		女		54	
婚姻状况	已婚	71		未婚		11	
年龄	25岁以下	26~35岁	36~45岁	46~55岁		56~65岁	65岁以上
	0	21	23	22		9	7
政治面貌	党员	民主党派		团员		群众	
	25	1		3		53	
户籍	本区户籍	本市其他区户籍				非本市户籍	
	72	8				2	
住所	本区自有住房	本市其他区自有住房		本区非自有住房		本市其他区非自有住房	
	54	14		11		3	
学历	博士研究生	硕士研究生		本科或大专		高中或中专以下	
	0	4		59		19	
家庭人数	四口以上	四口		三口	二口		一口
	14	11		47	9		1

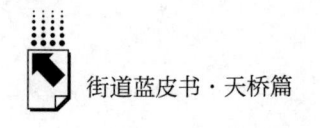

（二）样本家庭收入情况

从家庭收入情况看，调查显示，人均月收入为3400~8699元的被调查居民数量最多，比例为46.3%；其次是1890~3399元的居民，占比为31.7%；而人均月收入水平在15000元及以上的有4人。我们取人均月收入的区间平均值，可以得出天桥街道居民年均收入的估算值（见表2）。如果比照西城区15个街道的平均值64855.2元的标准，可以发现，天桥街道的平均值为62771.0元，处于较低水平。在参与调查人员中，人均月收入低于3400元的人群值得关注，占到总数的42.7%。这35人中，人均月收入在最低工资标准线1890元以下的有9人，其中符合低保家庭收入标准（家庭人均月收入低于800元）的有2人。

表2 天桥街道样本收入情况估算

单位：元，人

人均月收入	800以下	800~1889	1890~3399	3400~8699	8700~14999	15000及以上
居民年均收入	9600	16140	31740	72600	142200	180000
人数	2	7	26	38	5	4

注：居民年均收入由人均月收入的区间平均值乘以12个月估算得出。其中"15000及以上"的区间平均值按照15000计算。

二 公共服务供给及居民满意度状况

（一）公共教育资源评价：超八成受访者认为幼儿园便利度低

对于天桥街道教育资源配置方面，被调查者的评价差异性很大。由于街道面积较小，教育资源相对不足。调查显示，有30.5%的受访者认为教育资源配置"总体均衡"，认为"局部均衡"的占45.1%，还有13.4%的受访者表示"基本失衡",表示"说不清楚"的有11%（见图1）。由此可见,多数受访者对天桥地区的教育资源状况并不乐观。

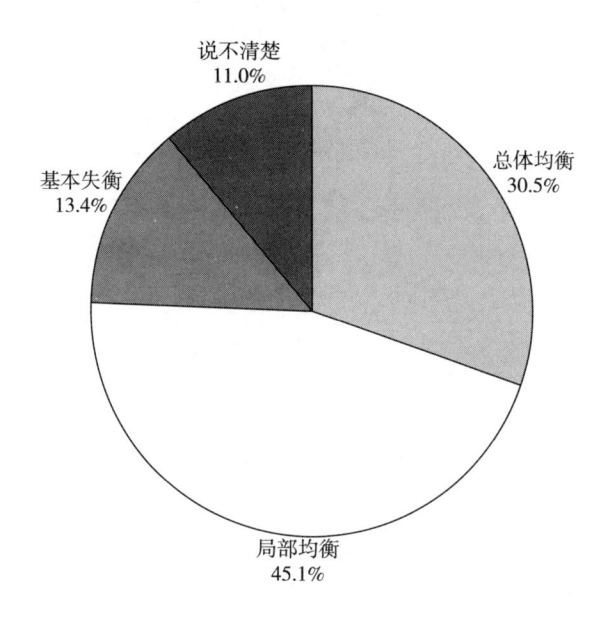

图1　天桥街道教育资源配置满意度情况

此次问卷特别就学前教育资源进行调查,在问及"您及周边的孩子上幼儿园方便不方便?"这个问题时,只有14.6%的受访者的回答是肯定的,有9.8%的受访者表示"很难",表示"不方便"的受访者占43.9%,认为"不是很方便"的达到31.7%（见图2）。超过80%的受访者对辖区幼儿园的布局和供给表示不满意,可见学前教育问题不容忽视。

（二）公共文化服务评价：对公共文化设施和场馆的服务满意度不足五成

调查问卷以"您知道您家附近的图书馆、文化馆、博物馆、美术馆等公共文化服务设施分布情况吗?"这一问题来了解受访者对街区公共文化资源的知晓度。结果显示,23.2%的受访者表示"了解",2.4%的受访者表示"不了解",超过七成的受访者表示"部分了解"。在对这些文化设施提

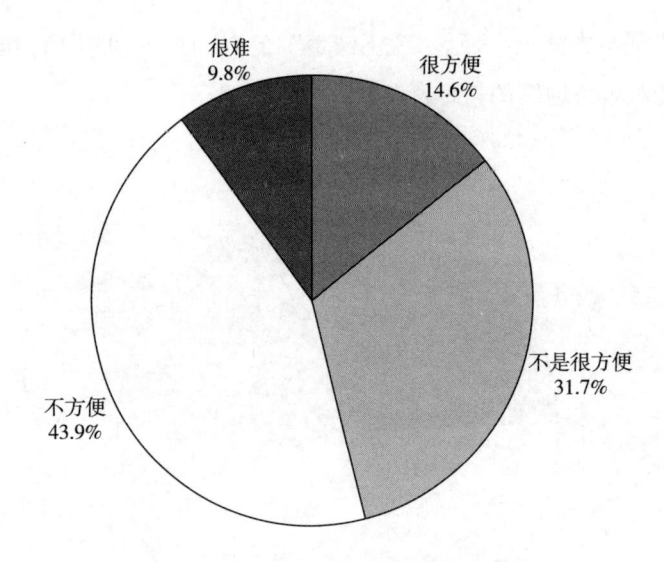

图 2　天桥街道幼儿园便利度满意度情况

供服务的满意度调查中，表示"满意"或"很满意"的只有41.5%，表示服务"一般"的占48.8%，还有9.7%的人表示"不满意"（见图3）。

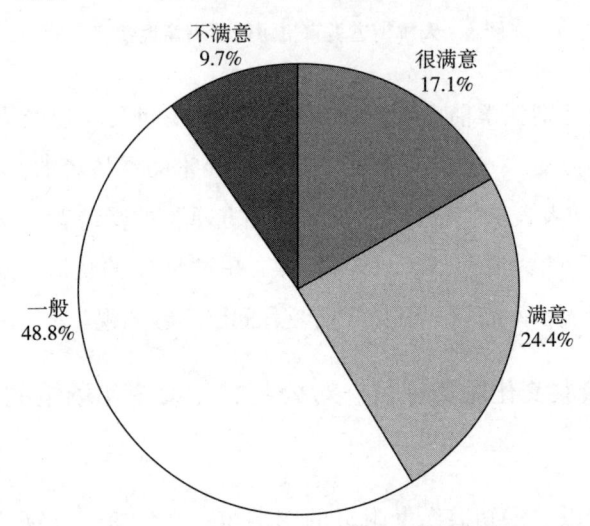

图 3　天桥街道公共文化服务满意度情况

从服务项目参与度看，调查显示，参与"免费的电影放映"的受访者人数占75.6%，所占比例最高；参与"戏剧、音乐会等文艺演出"和"书画展览、摄影展等"的比例分别为 63.4% 和 57.3%；另外，9.8% 的受访者表示"以上都没去过或参加过"（见图 4）。

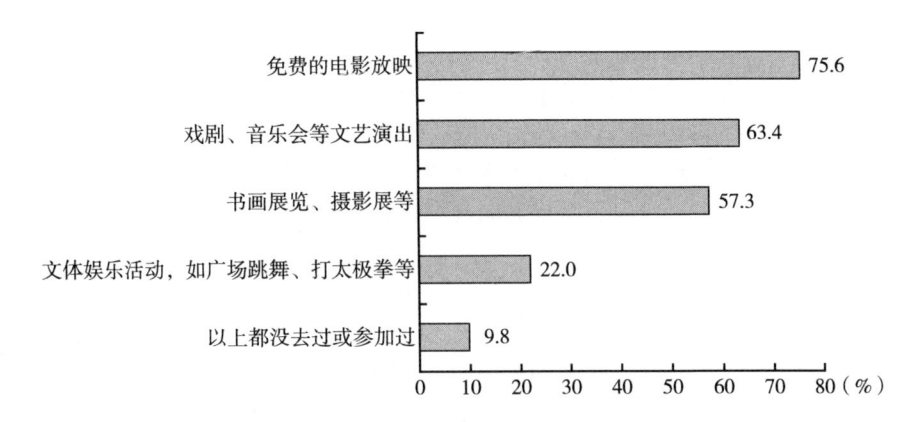

项目	比例(%)
免费的电影放映	75.6
戏剧、音乐会等文艺演出	63.4
书画展览、摄影展等	57.3
文体娱乐活动，如广场跳舞、打太极拳等	22.0
以上都没去过或参加过	9.8

图 4　天桥街道公共文化活动参与度

（三）社区服务评价：85.4% 的居民对社区群众文化服务的满意度最高

在社区文化教育体育服务方面，受访者对"社区群众文化服务"的满意度最高，达到 85.4%；对"社区科普服务""社区居民阅览服务"的满意度相对较高，但分别只有 39.0% 和 29.3%；对社区体育服务的整体满意度普遍

项目	比例(%)
社区群众文化服务	85.4
社区科普服务	39.0
社区居民阅览服务	29.3
社区教育培训服务	28.0
社区群众性体育组织建设服务	24.4
社区体育设施建设服务	22.0
社区中小学生社会实践服务	19.5
社区早教服务	17.1
社区群众体育健身服务	15.9
社区健身宣传培训服务	4.9
社区居民体质测试服务	4.9
其他	3.7
说不好	2.4

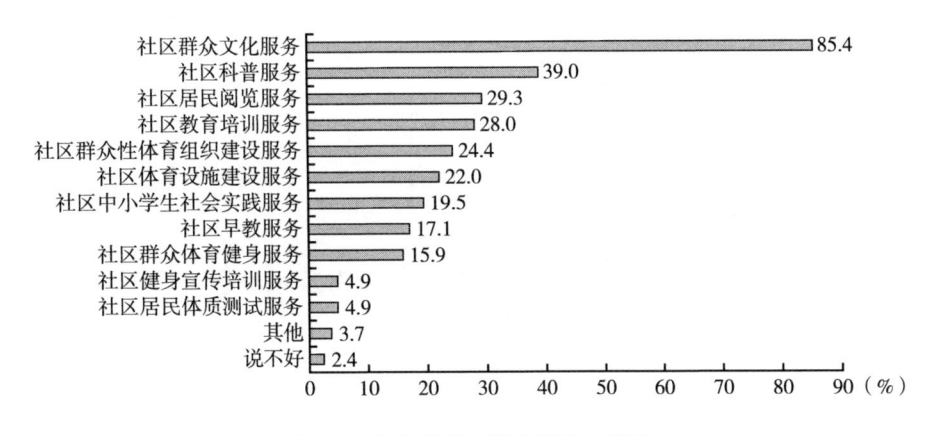

图 5　天桥街道社区服务满意度情况

不高（见图5）。在最不满意的服务项目中，对"社区早教服务"不满意的占36.3%，对"社区中小学生社会实践服务"不满意的占30.0%，还有27.5%的受访者对"社区居民体质测试服务"不满意。

（四）就业（创业）服务评价：平均参与率超过35%

调查显示，在就业（创业）指导和就业（创业）服务方面，参与度最高的是"社区职业介绍和岗位推荐服务"，所占比例为63.4%；参与"社区专场招聘会"的受访者达到五成，为50.0%；此外，分别有45.1%、43.9%的受访者选择了"社区就业困难人员再就业服务"和"社区劳动就业政策咨询服务"选项；其他四项就业（创业）指导和服务项目的参与度均在18.3%~37.8%；另外有4.9%的受访者表示"不清楚"（见图6），说明没有这方面的需求。由此可见，关于就业（创业）服务，街道社区工作做得较为扎实，有39.0%的受访者表示接受过"社区推荐"。

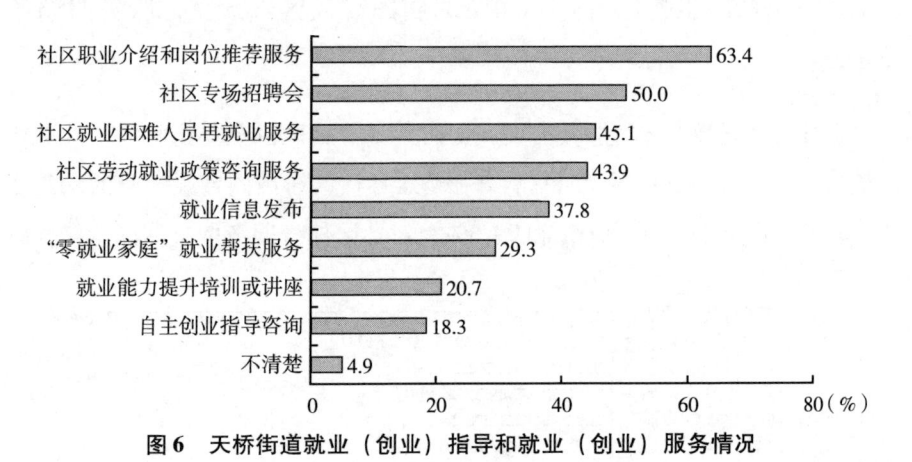

项目	百分比(%)
社区职业介绍和岗位推荐服务	63.4
社区专场招聘会	50.0
社区就业困难人员再就业服务	45.1
社区劳动就业政策咨询服务	43.9
就业信息发布	37.8
"零就业家庭"就业帮扶服务	29.3
就业能力提升培训或讲座	20.7
自主创业指导咨询	18.3
不清楚	4.9

图6 天桥街道就业（创业）指导和就业（创业）服务情况

（五）为老服务评价：超过55%的受访者表示满意

对于社区提供的为老服务项目，问卷中所涉及的10大类服务均不同程度地受到欢迎，其中"生活照料""医疗保健""日托服务"需求排在前三位，分别达到73.2%、65.9%和47.6%；"参与社会活动"选项较低，仅占15.9%（见图7）。

图中数据（天桥街道社区为老服务项目需求情况）：

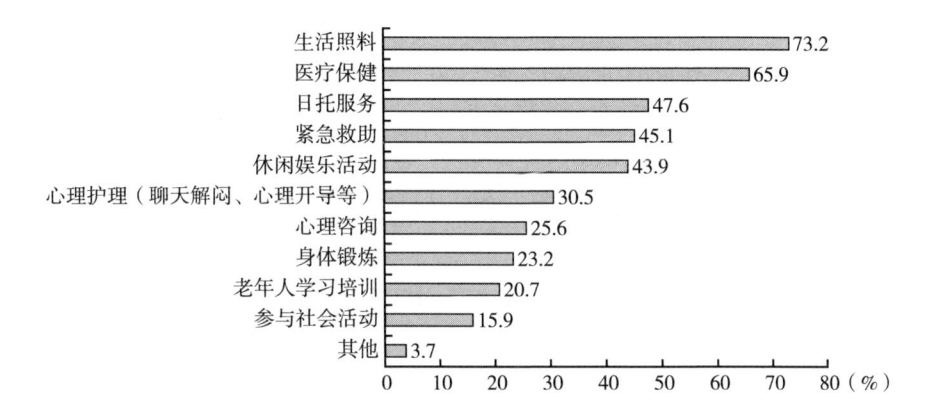

- 生活照料 73.2
- 医疗保健 65.9
- 日托服务 47.6
- 紧急救助 45.1
- 休闲娱乐活动 43.9
- 心理护理（聊天解闷、心理开导等）30.5
- 心理咨询 25.6
- 身体锻炼 23.2
- 老年人学习培训 20.7
- 参与社会活动 15.9
- 其他 3.7

图7　天桥街道社区为老服务项目需求情况

天桥街道积极探索养老服务新模式，在推进养老照料中心建设的同时，还联合中加枫华敬老院、慈善义工协会等社会组织，启动了"虎坊路社区无围墙敬老院项目"，涵盖了生活照料、健康管理、精神慰藉、专业护理等多种服务。在对现有为老服务项目的满意度方面，有57.3%的受访者表示"满意"或"很满意"，有39.0%的受访者表示"一般"，但仍有3.7%的受访者表示"不满意"（见图8）。

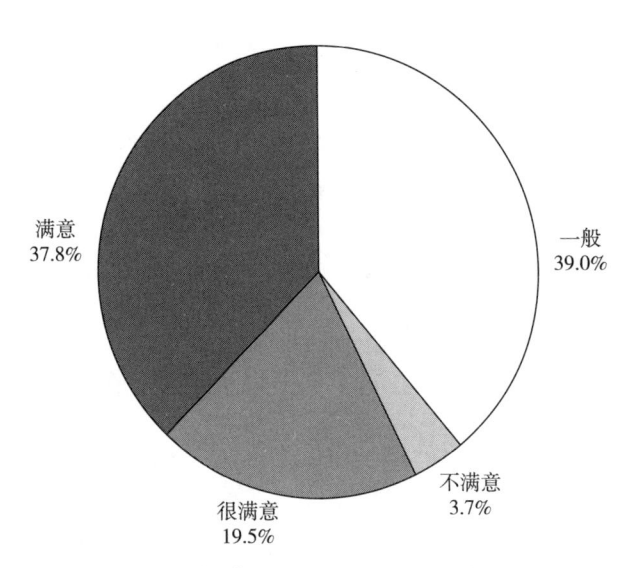

图中数据（饼图）：
- 满意 37.8%
- 一般 39.0%
- 很满意 19.5%
- 不满意 3.7%

图8　天桥街道社区为老服务项目满意度情况

（六）残疾人专项服务评价：超六成受访者认为专用设施不够完善

问卷调查结果显示，有34.2%的受访者表示所在社区的残疾人专用设施"比较完善"或"非常完善"；而认为不够完善，"有部分专用设施"的受访者达到50.0%；此外，还有15.8%的受访者表示"基本没有"（见图9）。

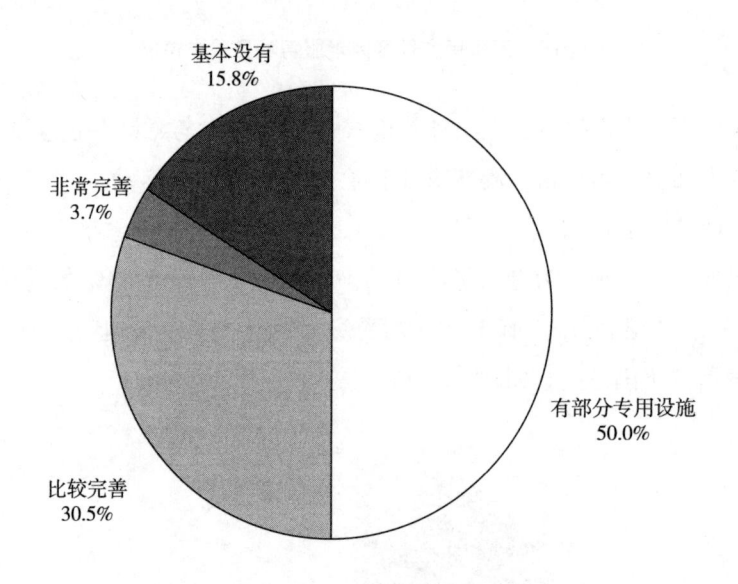

图9　社区残疾人专用设施完善度情况

从社区残疾人服务项目供给情况来看，"康复照料""法律援助""日常生活"等方面的服务供给排在前三位。80.5%的受访者选择了包括知识讲座、康复咨询、免费健康体检、建立电子健康档案等在内的"康复照料"，52.4%的受访者选择了"法律援助"，另有47.6%的受访者选择了涉及卫生清洁、洗衣做饭、买菜买粮、家电维修、房屋修葺、看病就医、帮助外出、突发应急等内容的"日常生活"服务。数据反映，受访者对"慈善捐赠""心里抚慰"方面的服务供给评价偏低（见图10）。

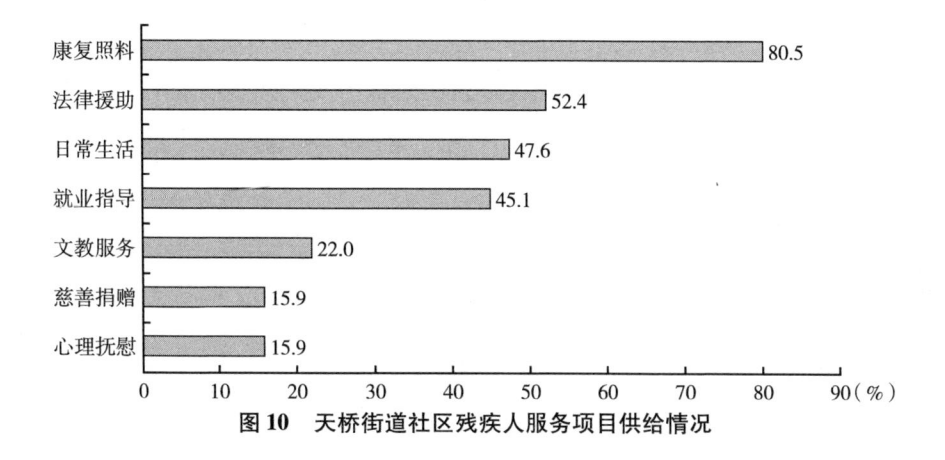

图10 天桥街道社区残疾人服务项目供给情况

- 康复照料 80.5
- 法律援助 52.4
- 日常生活 47.6
- 就业指导 45.1
- 文教服务 22.0
- 慈善捐赠 15.9
- 心理抚慰 15.9

（七）便民服务评价：商场购物最为稀缺

对"最后一公里"社区便民服务的便利度情况调查显示，18个选项中，85.4%的受访者认为"超市便利店"最为便利，认为"早餐""公共厕所"便利的分别为48.8%和39.0%。而在最不便利评价中，排在前四位的是"商场购物"（38.2%）、"体育运动场所"（34.2%）、"幼儿园、小学"（27.6%）、"维修服务"（23.7%）（见图11）。据了

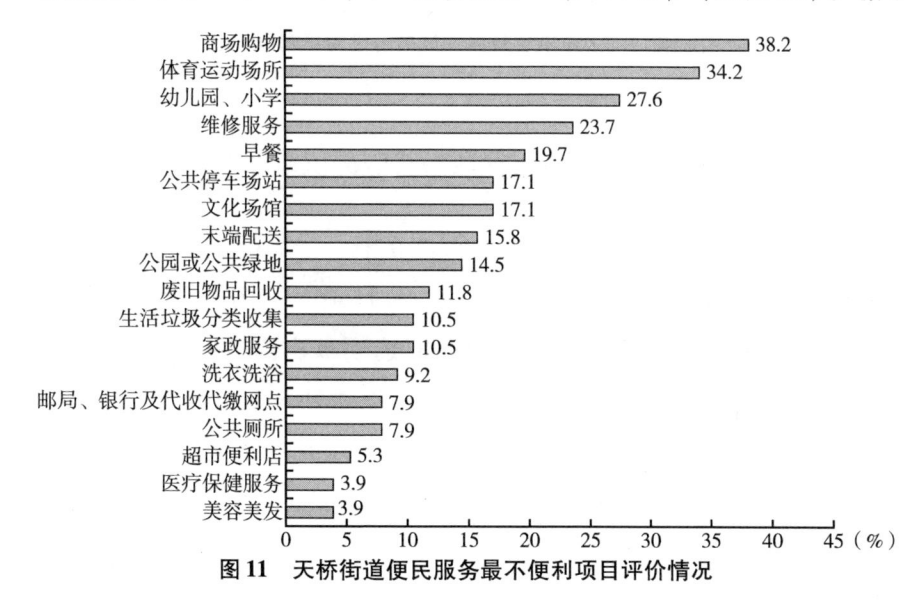

图11 天桥街道便民服务最不便利项目评价情况

- 商场购物 38.2
- 体育运动场所 34.2
- 幼儿园、小学 27.6
- 维修服务 23.7
- 早餐 19.7
- 公共停车场站 17.1
- 文化场馆 17.1
- 末端配送 15.8
- 公园或公共绿地 14.5
- 废旧物品回收 11.8
- 生活垃圾分类收集 10.5
- 家政服务 10.5
- 洗衣洗浴 9.2
- 邮局、银行及代收代缴网点 7.9
- 公共厕所 7.9
- 超市便利店 5.3
- 医疗保健服务 3.9
- 美容美发 3.9

解，天桥街道地区面积小，人口密集，绿地空间问题、停车问题、道路问题等长期得不到实质性改善。在对社区现有便民服务的满意度调查中，有57.3%的受访者表示"很满意"或"满意"，41.5%的受访者表示"一般"（见图12）。

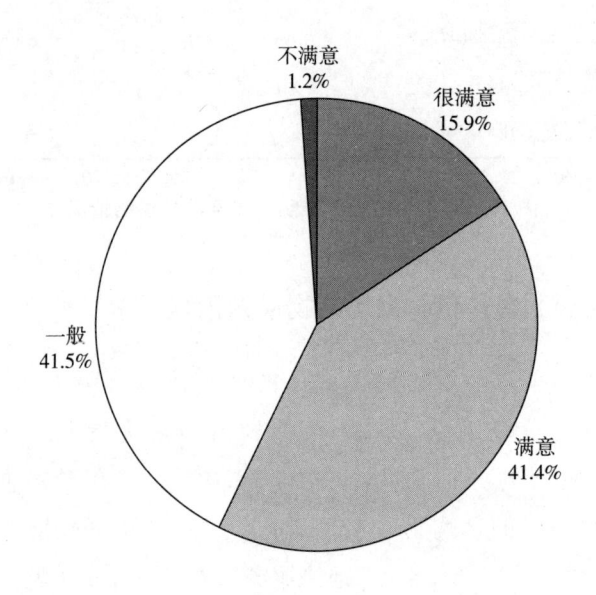

图12　天桥街道社区便民服务满意度情况

（八）公共安全服务评价：社区治安服务供给最好

在社区公共安全服务项目供给状况调查中，"社区治安服务"的供给状况最好。调查显示，在12个选项中，排序最靠前的是"社区治安服务"供给，占59.8%，此后超过四成的选项依次为"社区法律服务""社区禁毒宣传服务""社区消防安全服务""社区治安状况告知服务""社区矫正服务"，分别为58.5%、58.5%、48.8%、48.8%、42.7%（见图13）。总的来看，对于社区公共安全问题，天桥街道十分重视，服务领域较宽，供给相对均衡。

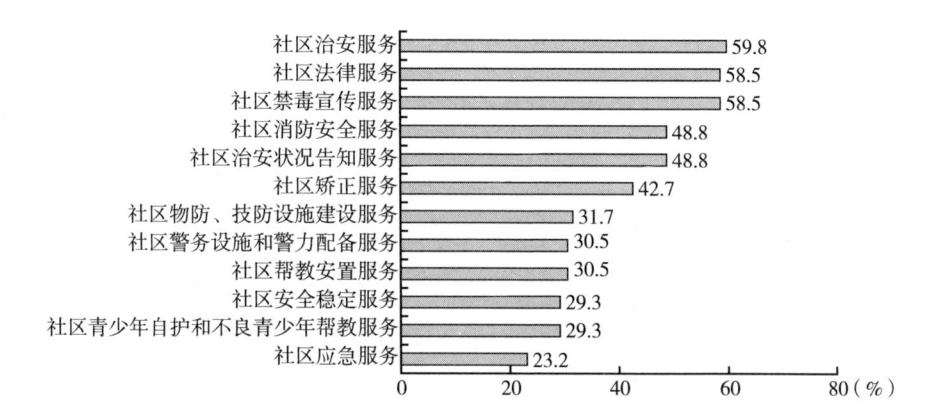

图13 天桥街道社区公共安全服务项目供给状况

项目	百分比
社区治安服务	59.8
社区法律服务	58.5
社区禁毒宣传服务	58.5
社区消防安全服务	48.8
社区治安状况告知服务	48.8
社区矫正服务	42.7
社区物防、技防设施建设服务	31.7
社区警务设施和警力配备服务	30.5
社区帮教安置服务	30.5
社区安全稳定服务	29.3
社区青少年自护和不良青少年帮教服务	29.3
社区应急服务	23.2

（九）信息基础设施服务评价：受访者普遍对推进智慧化、便利性基础设施投入表示支持

随着信息技术的迅猛发展和快速应用，人们对智慧化、便利化的信息基础设施的需求日益上升。在问卷调查中，按照需求程度，居民的选项由高到低分别为"社区便民服务在线办理""社区生活服务信息查看""社区政务信息查看""加强智慧社区信息基础服务设施建设""社区停车缴费智能化"（见图14）。

项目	百分比
社区便民服务在线办理	62.2
社区生活服务信息查看	59.8
社区政务信息查看	46.3
加强智慧社区信息基础服务设施建设	39.0
社区停车缴费智能化	26.8

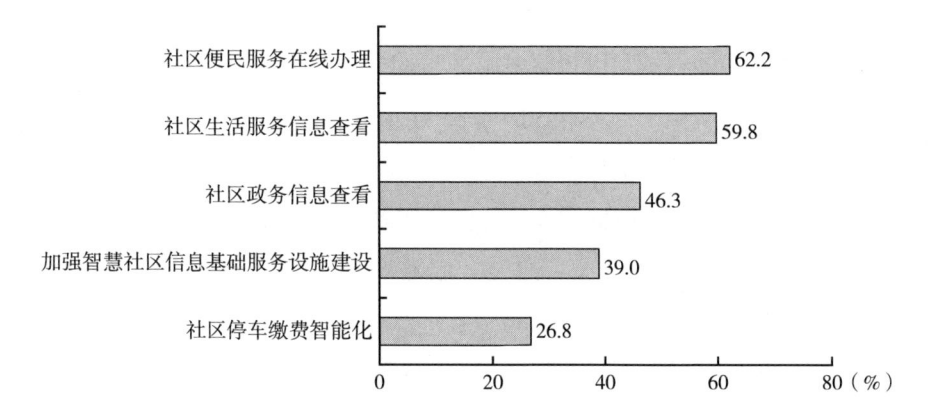

图14 天桥街道社区信息基础设施服务需求情况

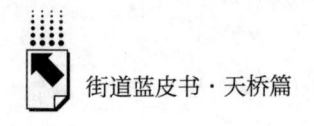

三 基本数据结论

天桥街道受调查居民有四成人员收入水平远低于全区平均水平，家庭支出结构中基本生活类消费居主导地位，文化体育类消费次之。此次调查，围绕公共教育资源、公共文化服务、社区服务、就业（创业）服务、为老服务、残疾人专项服务、便民服务、公共安全服务和信息基础设施服务等九个方面进行评价，得出以下数据结论。

第一，在公共教育资源评价方面，被调查者的评价差异性很大，对天桥地区的教育资源状况并不乐观，特别是对学前教育机构的供给并不满意，超过八成的受访者认为幼儿园便利度低。

第二，在公共文化服务评价方面，对街区公共文化资源分布的知晓度超过九成，但对其提供的服务满意度总体上刚过四成。在具体项目中，居民对"免费的电影放映"项目的参与度最高，占75.6%。

第三，在社区服务评价方面，受访者对"社区群众文化服务"的满意度较高，达到85.4%；分别有36.3%、30.0%、27.5%的受访者对"社区早教服务""社区中小学生社会实践服务""社区居民体质测试服务"不满意；此外，受访者对社区体育服务的整体满意度普遍不高。

第四，在就业（创业）服务评价方面，街道较为重视，居民参与度最高的是"社区职业介绍和岗位推荐服务"和"社区专场招聘会"，所占比例均超过五成，分别为63.4%和50.0%；另外，有39.0%的受访者表示在就业服务中接受过"社区推荐"。

第五，在为老服务评价方面，"生活照料""医疗保健""日托服务"等服务项目最受欢迎；对现有的为老服务项目，超过55%的受访者表示"满意"或"很满意"。

第六，在残疾人专项服务评价方面，分别有34.2%的受访者认为社区残疾人专用设施"比较完善"或"非常完善"，有50.0%的受访者认为"有部分专用设施"；从社区残疾人服务项目供给情况来看，"康复照料"

"法律援助""日常生活"最受欢迎,"康复照料"占比达到80.5%。

第七,在便民服务评价方面,超过八成的受访者认可"超市便利店"的分布情况,认为最不便利的是"商场购物"(38.2%)、"体育运动场所"(34.2%)、"幼儿园、小学"(27.6%)和"维修服务"(23.7%)。

第八,在公共安全服务评价方面,社区服务项目供给较为丰富,在12个选项中,对"社区治安服务"的供给最好,占59.8%,另外,对"社区法律服务""社区禁毒宣传服务""社区消防安全服务""社区治安状况告知服务""社区矫正服务"的供给也超过四成。

第九,在信息基础设施服务评价方面,人们对智慧化、便利化的信息基础设施的需求普遍较高。"社区便民服务在线办理"的选项需求情况达到62.2%。

综上所述,我们进一步梳理出公共服务调查中的14个重点选项,需要街道予以关注(见表3)。

表3 天桥街道公共服务重点选项调查数据

单位:%

序号	需重点关注的调查选项	调研占比
1	便利度最差的公共教育资源选项"幼儿园"	85.4
2	参与度最高的公共文化服务选项"免费的电影放映"	75.6
3	满意最高的社区服务选项"社区群众文化服务"	85.4
4	满意最低的社区服务选项"社区居民体质测试服务"	4.9
5	参与度最高的就业(创业)服务选项"社区职业介绍和岗位推荐服务"	63.4
6	满意度最高的为老服务选项"生活照料"	73.2
7	满意度最低的为老服务选项"参与社会活动"	15.9
8	满意度最高的残疾人专项服务选项"康复照料"	80.5
9	满意度最低的残疾人专项服务选项"心理抚慰"	15.9
10	便利度最高的便民服务选项"超市便利店"	85.4
11	便利度最差的便民服务选项"商场购物"	38.2
12	供给最好的公共安全服务选项"社区治安服务"	59.8
13	供给最差的公共安全服务选项"社区应急服务"	23.2
14	需求度最高的信息基础设施服务选项"社区便民服务在线办理"	62.2

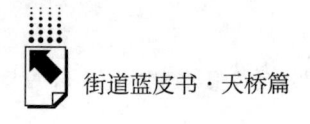

四 对策建议

天桥街道区域面积仅有2.07平方千米，地区可开发利用空间小、交通路网规划滞后，由此带来了公共文化、学前教育、养老等设施不足，交通不畅和停车困难，绿化面积缺口大等问题。尽管天桥街道探索"居站分设、多居一站"的社区治理模式，将社会福利、住房保障、就业服务、为老服务、爱心助残、人口计生等6大类69个代理代办事项全面梳理进站，为居民提供全方位的公共服务，但是街道可调控的资源有限，各项公共服务缺口仍然不小，居民的生活环境也没有从根本上得到改善。有鉴于此，提出以下建议。

（一）合理利用腾退空间，全面提升居民生活品质

在"疏解整治促提升"的大背景下，持续推进违法建筑拆除和背街小巷整治工作，充分利用疏解腾退空间补足公共服务功能短板，通过资源优化配置全面提升社区文化、生态、宜居及管理、建设品质，并以信息化建设为依托，推进网格管理工作，确保随时发现问题、及时解决问题。

（二）优化公共服务供给结构，满足居民需求

由于政府主导的公共服务模式缺乏供需双方的联动互动，因此公共服务供给质量和效率不高，需要创新公共服务供给方式，优化公共服务供给结构。可以通过市场化和社会化改革引入多元供给主体，有效提高公共服务供给效能；完善政府购买服务机制，鼓励和扶持社会力量积极参与，打通公共服务"最后一公里"，有效扩大服务半径。

（三）促进生活性服务业提质增效，提高居民生活便利度

以便民、利民、惠民为宗旨，推动规范化的生活性服务业网点建设。进一步加强对不规范经营网点整治工作，积极构建便民商业服务体系，实现社区便民菜店、便利店、早餐店等生活必备的商业网点规范化建设，以及基本便民业态的全覆盖，提高商品和服务质量，使居民享受到安全、放心、方便的服务。

B.3
天桥街道基于工作人口的地区公共服务调查报告

摘　要： 工作人口是区域发展的重要参与者和推动者，为其提供便利、持续、优质的公共服务，对优化地区发展环境和服务水平，提高街道服务区域发展的能力具有重要意义。为此，课题组在2015年1月对辖区工作人口首次进行公共服务调查之后，再次就企业工作人口对天桥地区的公共服务供给、参与和获得情况进行了问卷调查。本报告通过对社区服务机构认知度、地区服务参与度、地区生活便利度、地区基本公共服务满意度、社区公共服务需求度五个方面进行分析，在对调查情况进行纵向比较的基础上，得出总体结论并针对存在的问题提出具体建议。

关键词： 天桥街道　公共服务　工作人口

天桥街道内有中央、市、区属单位182家，以及天桥剧场、天桥杂技剧场、德云社、梨园剧场等11个北京乃至全国知名的演出场所，服务企业发展、做好工作人员公共服务保障任务重大。本报告所涉及的调查对象是在天桥街道辖区内纳税情况较好的一些企业的工作人员，包括中高层管理人员和普通员工，调查时间为2017年5月。有221名工作人员填写了本次问卷，其中有效问卷123份，有效率为55.7%。

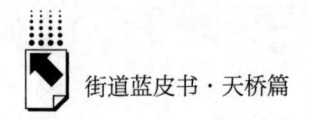

一 调查样本情况

调查对象中,中高层管理人员和普通员工的比例为0.8∶1,男女比例为0.8∶1,在本单位工作三年以上的占比62.6%,本科或大专学历的占绝大部分,为66.7%,硕博高端人才占8.9%。年龄分布在36~55岁的工作人口比例达到52.0%,是企业劳动力的中坚力量。从户籍分布来看,本市户籍人口达到80.5%,其中本区户籍人口占比为57.7%,本市其他区户籍人口占比为22.8%。从居住地情况看,在西城区居住人员占55.3%,其中,拥有自有住房的工作人员约占八成。从家庭结构来看,三口之家居多,占49.6%。从员工收入来看,70名普通员工中,家庭人均月收入在5000元以下的占比为71.4%,10000元及以上的占比11.4%,但仍有2人表示家庭人均月收入低于北京市最低工资标准1890元;53名中高层管理人员中,月收入在5000元以下的占比仍有49.1%,月收入在5000~9999元的占28.3%,20000元及以上的占9.4%(见表1)。

表1 调查样本基本情况统计

单位:人

性别	男		54		女		69
年龄	25岁以下	26~35岁	36~45岁	46~55岁	56~65岁		65岁以上
	12	38	37	27	5		4
户籍	本区户籍		本市其他区户籍			非本市户籍	
	71		28			24	
居住情况	本区,自有住房	55		本市其他区,自有住房			40
	本区,非自有住房	13		本市其他区,非自有住房			15
工作年限	三年以上		一年到三年			一年以下	
	77		29			17	
学历	博士研究生	硕士及研究生		本科或大专			高中或中专以下
	0	11		82			30
家庭构成	四口以上	四口	三口		二口		一口
	18	22	61		14		8

续表

收入情况	普通员工家庭人均月收入					
	1890元以下	1890~3399元	3400~4999元	5000~9999元	10000~19999元	20000元及以上
	2	23	25	12	7	1
	中高层管理人员月收入					
	5000元以下	5000~9999元	10000~19999元	20000~29999元	30000~49999元	50000元及以上
	26	15	7	1	3	1

二 社区服务机构认知度

（一）街道办事处服务事项：近九成的受访者有一定的认知度

对于街道办事处对企业的服务事项的认知程度，46.3%的受访者表示"知道"，41.5%的受访者表示"知道一些"，而表示"不知道"的受访者占比仅为12.2%（见图1）。由此可见，企业对天桥街道的服务企业事项认知度较高。这与天桥街道对企业的服务意识较强是分不开的。

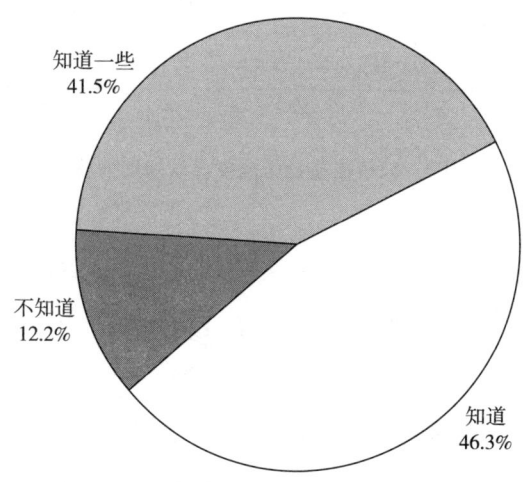

图1 天桥街道服务企业事项认知度情况

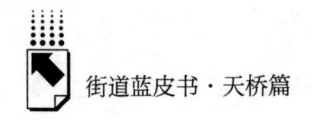

（二）社区居委会：企业对社区的认知度有所下降

调查显示，关于社区居委会的办公地点、服务项目、领导姓名和相关活动，仅有5.7%的受访者表示"以上都不知道"，而接近六成的受访者都做了肯定回答，说明人们对社区居委会的了解比较多，认知度较高。其中，82.1%的受访者"知道办公地点"，61.8%的受访者"参加过活动"，59.3%的受访者"了解服务项目"，52.0%的受访者"知道领导姓名"（见图2）。而上次（指2015年1月的首次调查，下同）的这四个调查数据分别为96.6%、75.3%、87.6%、80.9%，四组数据均有所下降，其中，"知道领导姓名"下降了28.9个百分点，"了解服务项目"下降了28.3个百分点（见图2）。这表明，社区服务企业的力度需要加大，双方互动的频度也需要加强。

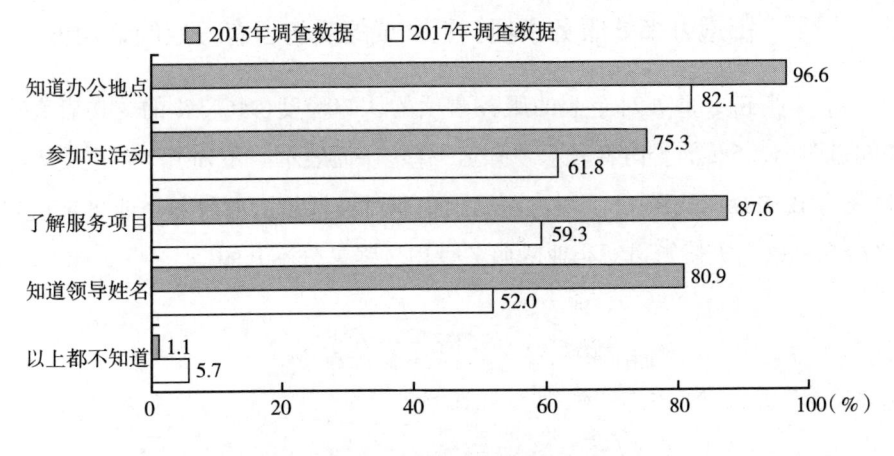

图2 天桥街道社区居委会认知度情况

三 社区服务参与度

（一）社区服务项目：受访者参与度整体有所下降

此次问卷再次重申了上次的问题，从10个方面进行了调查，结果显示，企业工作人员参与社区服务项目的频度整体有所下降。社区服务选项"都未参与"的人数从上次的7.9%上升到12.4%，其余9个选项也均有不同程度的变化。从具体服务项目看，参与或享受过"法律服务"的受访人数依然排在首位，占比从上次的62.9%下降到45.5%；以下排列的三个选项依次是"图书阅览"（33.1%）、"家政服务"（29.8%）和"棋牌娱乐"（26.4%），均超过了25%，其中，"图书阅览"下降到第二位，较上次调查下降了36.6个百分点，"家政服务"则上升了5.1个百分点。同样，本次调查中"婚姻介绍"仍然排在最后一位，参与度由6.7%下降到现在的5.8%（见图3）。这说明，街道为驻区企业工作人员提供服务的效果需要进一步提高。仍有12.4%的人未参与社区服务，表明社区服务供给仍有一定的提升空间。

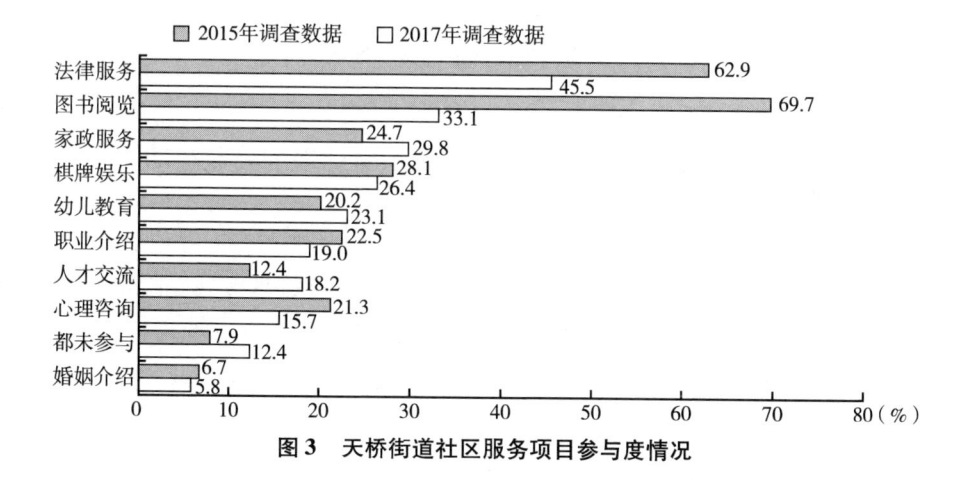

图3 天桥街道社区服务项目参与度情况

（二）社区文化活动：参与者从93.1%下降至88.6%

对街道组织的文化活动参与度的调查显示，23.6%的受访者表示"经常参加"，"偶尔参加"的占65.0%，较上次的调查数据63.2%和29.9%，都有明显的变化；而"从来没有"的数据由上次的6.9%上升至11.4%，上升了将近5个百分点（见图4）。这三组数据充分说明，天桥街道的文化活动参与度较以往有较大变化，活动开展的影响面在降低。当然也需要注意从未参与过任何活动人群的需求，丰富活动内容，扩大宣传渠道。

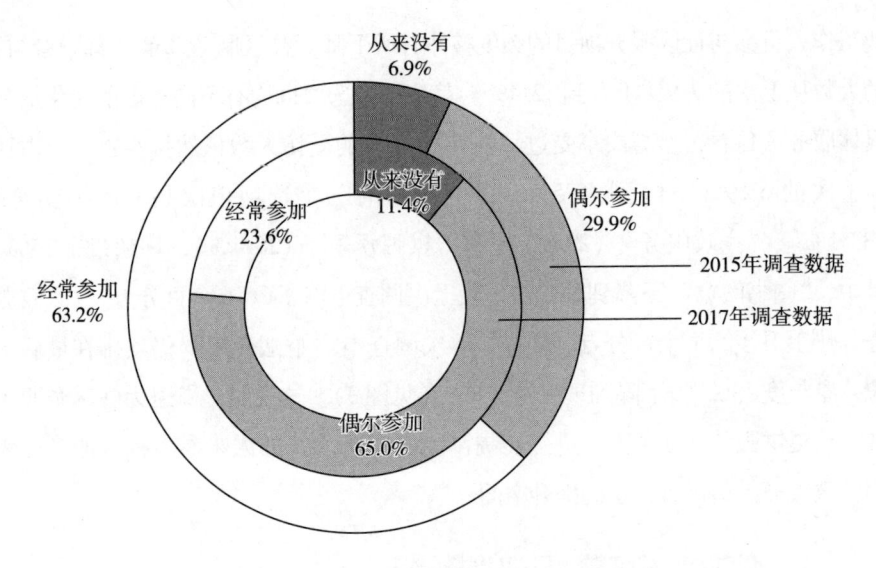

图 4　天桥街道文化活动参与度情况

（三）社区公益事业：全部受访者表示愿意参加公益活动

此次问卷再次调查了企业工作人员对街道或社区组织的公益活动的参与意愿，结果显示，在"公益培训""文艺演出""助老助残""治安""绿化"五个选项中，全部受访者都有不同选择，而且所有选项的占比都有一定的变化（见图 5）。相应比例分别由上次的 40.9%、34.1%、47.7%、

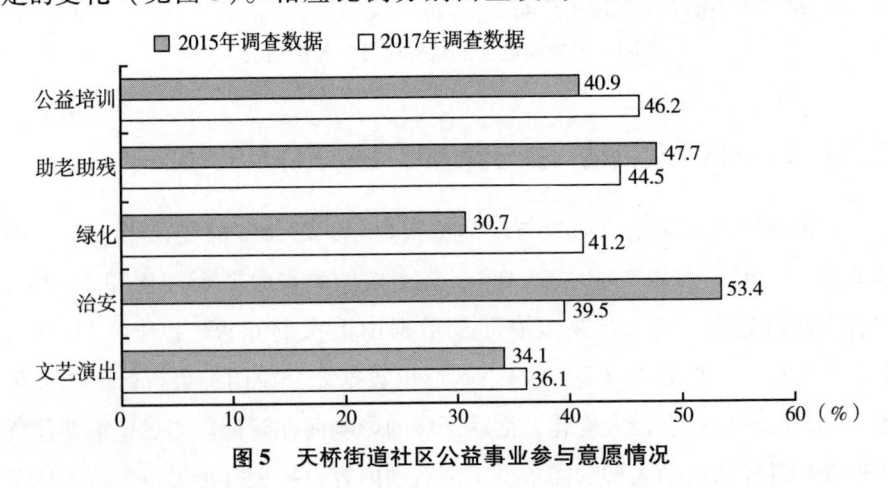

图 5　天桥街道社区公益事业参与意愿情况

53.4%和30.7%变化为46.2%、36.1%、44.5%、39.5%和41.2%,除"助老助残""治安"外均有所上升。这说明驻区企业工作人员对公益活动的参与意愿很高,街道社区应多策划组织相关公益活动,以便于人们参与到公益行动中来。

四 地区生活便利度

(一)停车资源情况:停车难问题变得越发突出

对停车资源情况的调查显示,88.6%的受访者认为单位周边停车条件不好,其中32.5%的受访者认为已经严重影响工作,这一数据较上次调查的22.7%提高了9.8个百分点,认为停车问题"很好,没有"影响工作的受访者由上次的8.0%上升至11.4%(见图6)。这组数据表明,天桥地区的停车难问题变得更为突出。面对驻区企业的切身诉求,解决好停车难问题已十分迫切。

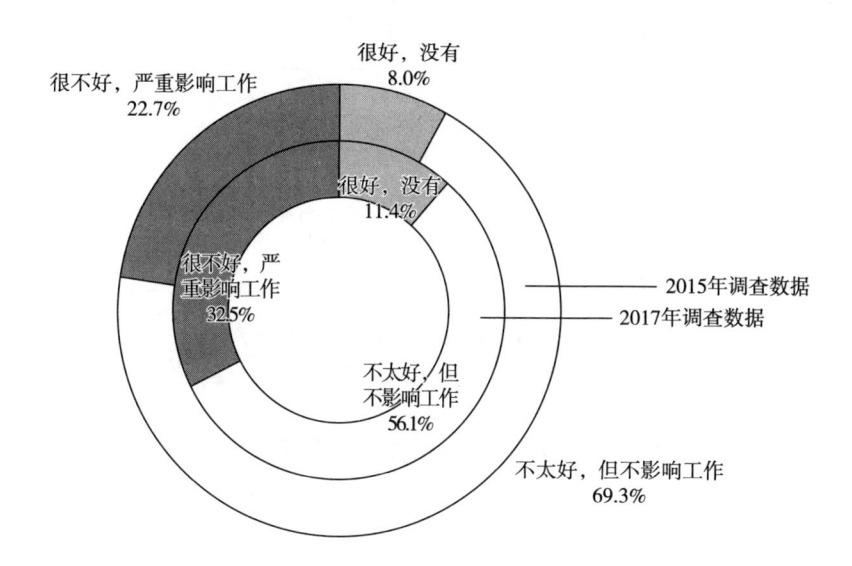

图6 天桥街道停车条件便利度情况

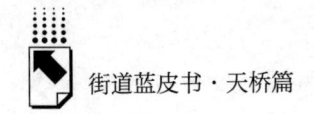

（二）交通便利度：40.7%的受访者表示"最后一公里"步行时间超过10分钟

西城区位于首都功能核心区，地铁、公交等交通系统便利完善，在绿色出行理念的倡导下，公共交通成为区内企业通勤的首要选择。对公交车或地铁下车后"最后一公里"步行时间的调查显示，有40.7%的企业工作人员表示下车后需步行10分钟以上，其中步行11~15分钟的占比为28.4%，15分钟以上的占比为12.2%（见图7）。而上次调查时这两个数据分别为23.0%和16.1%。由此可见，公共交通出行方面没有太大改观。从这个角度看，共享单车应是最好的补充。

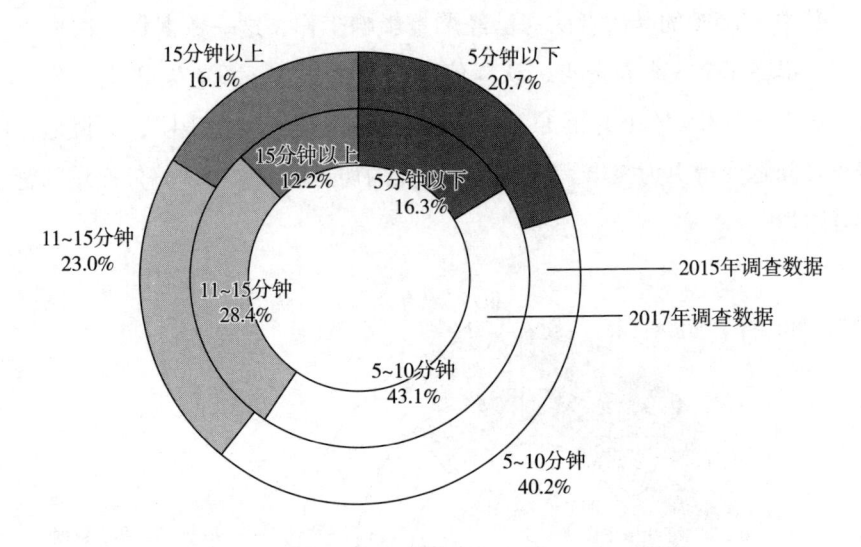

图7　天桥街道"最后一公里"交通便利度情况

（三）早餐便利度：早餐供应点便利度降低

本次早餐便利度同样涉及四个方面的选项，调查结果显示，74.0%的受访者表示不能够方便地在周边找到早餐供应点，其中表示"基本没有""很不方便""稍有不便，多走几步能找到"的分别为15.4%、4.1%和54.5%

(见图8）。这三个数据上一次调查时分别为3.4%、5.6%和53.9%。由此可见，天桥地区的早餐供应总体不足，且有加重趋势。在"疏解整治促提升"和背街小巷环境治理的形势下，在早餐店变少的同时，确保辖区工作人员的基本生活不受影响应引起高度重视。

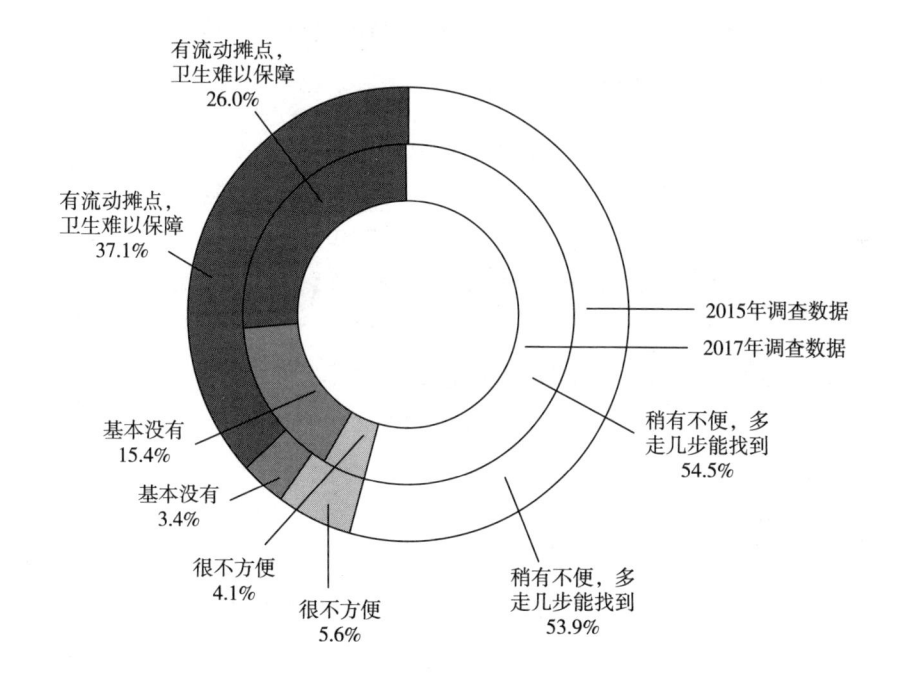

图8 天桥街道早餐供应便利度情况

五 地区基本公共服务满意度

（一）社会保障服务：社会保障服务水平满意度有待提升

社会保障服务具有保基本、促稳定的作用。天桥街道社会保障服务调查结果显示，"医疗保险""就业服务""养老服务"满意度名列前三位，其中"医疗保险"服务满意度最高，为56.6%。从整体来看，除"医疗保险"外，其他选项的满意度评价最高不超过半数（见图9）。与上次调查相比，除"就业服务"外，所有选项的满意度均有所下降，"医疗保险""养老服务""社会救助""社会福利""住房保障""低保"分别下降了1.4个、20.7个、4.2个、12.9个、6.9个、10.2个百分点，"就业服务"上升了1.1个百分点。由此可见，社会保障服务有待加强。此外，"都不满意"的人数占比由5.7%下降到2.5%。

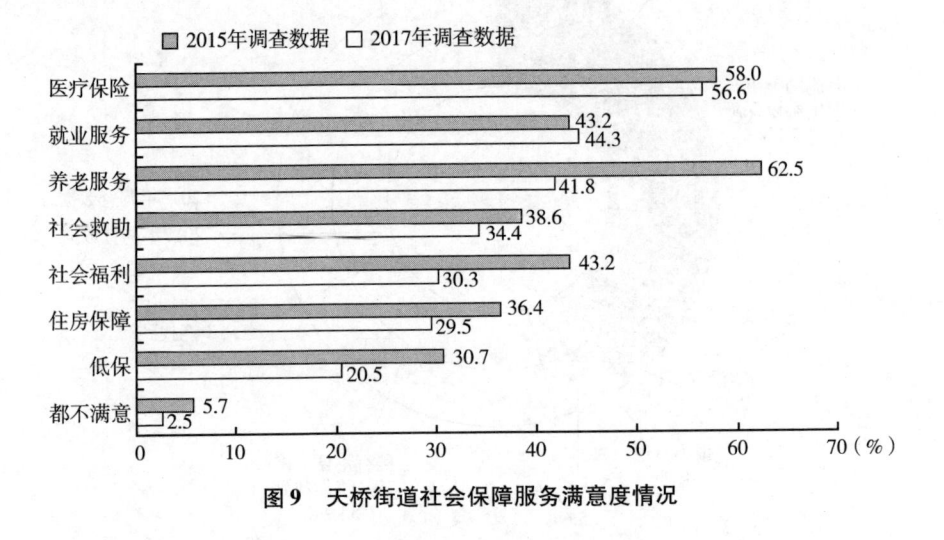

项目	2015年调查数据	2017年调查数据
医疗保险	58.0	56.6
就业服务	43.2	44.3
养老服务	62.5	41.8
社会救助	38.6	34.4
社会福利	43.2	30.3
住房保障	36.4	29.5
低保	30.7	20.5
都不满意	5.7	2.5

图9 天桥街道社会保障服务满意度情况

（二）医疗卫生服务：满意度平均下降7.7个百分点

调查结果显示，人们对天桥地区医疗卫生服务的满意度有所变化，"就医方便""价格合理"两组数据较上次调查分别下降了6.5个、18.2个百分点，分别为65.9%、35.8%，"设施先进"上升了1.5个百分点，达到26.8%，平均降幅达到7.7个百分点。表示"都不满意"的由4.6%上升到7.3%（见图10）。从总体来看，天桥街道的医疗卫生服务需要进一步提高。

（三）公共安全：社会治安满意度下降2.3个百分点

在公共安全的调查中，77.2%的受访者表示对"社会治安"满意，

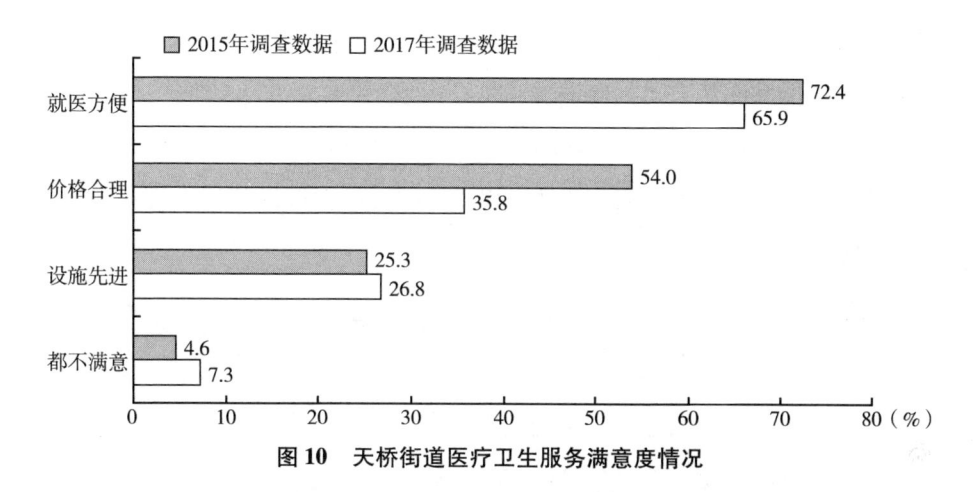

图 10　天桥街道医疗卫生服务满意度情况

类别	2015年调查数据	2017年调查数据
就医方便	72.4	65.9
价格合理	54.0	35.8
设施先进	25.3	26.8
都不满意	4.6	7.3

42.3%的受访者对"流动人口管理"满意，36.6%的受访者对"突发事件处理"满意（见图11）。对"社会治安""流动人口管理""突发事件处理"的满意度较上次调查分别下降了2.3个、7.7个和13.4个百分点。这三个方面"都不满意"的由4.5%上升到9.8%。由此可见，天桥地区的公共安全状况整体有所下降，进一步改善的空间较大。

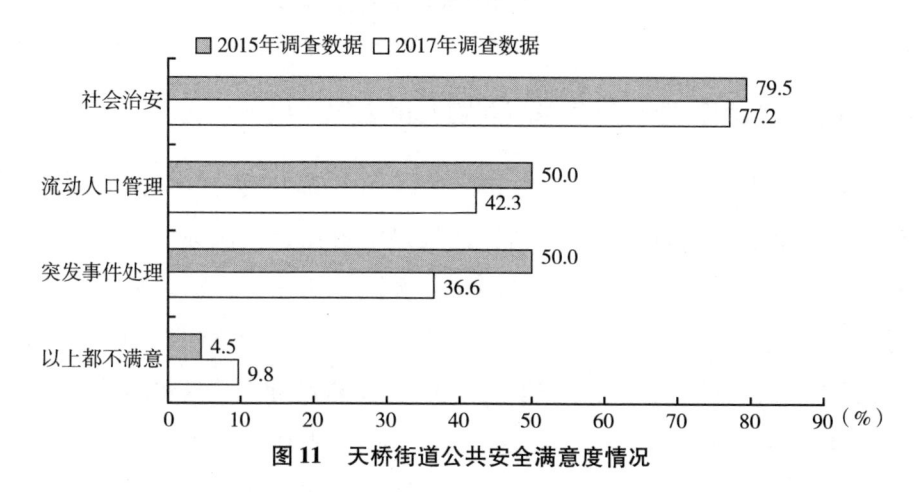

图 11　天桥街道公共安全满意度情况

类别	2015年调查数据	2017年调查数据
社会治安	79.5	77.2
流动人口管理	50.0	42.3
突发事件处理	50.0	36.6
以上都不满意	4.5	9.8

（四）市容环境：五类选项的满意度均不足五成

从调查结果来看，天桥街道在市容环境提升和保持方面整体"不及格"。在满意选项中，46.3%的受访者选择了"生活垃圾定时投放、清运"，42.3%的受访者选择了"低矮面源污染"，选择"扬尘污染治理""雾霾应急举措""厨余垃圾分类收集与利用"的分别为35.0%、28.5%、25.2%，这三个满意度选项不到四成。此外，12.2%的受访者选择"以上都不满意"（见图12）。

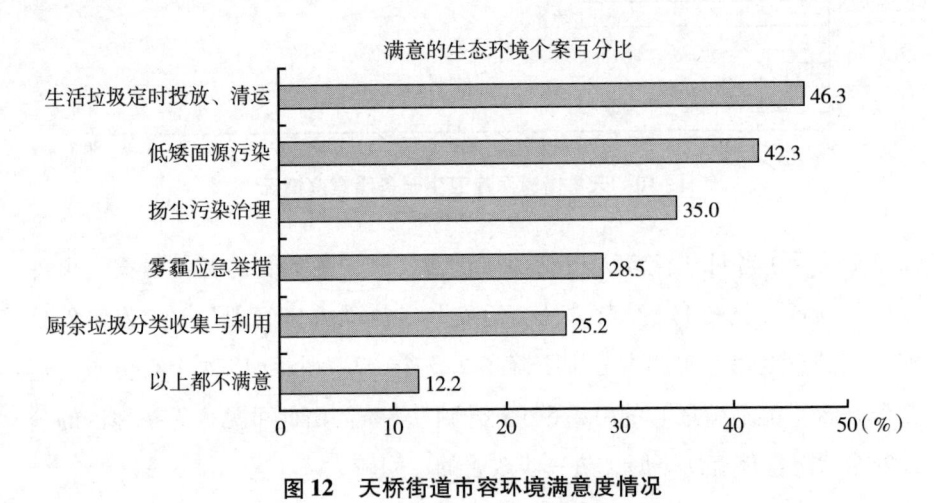

满意的生态环境个案百分比

- 生活垃圾定时投放、清运　46.3
- 低矮面源污染　42.3
- 扬尘污染治理　35.0
- 雾霾应急举措　28.5
- 厨余垃圾分类收集与利用　25.2
- 以上都不满意　12.2

图12　天桥街道市容环境满意度情况

（五）城市管理：街巷保洁问题变得更为突出

从此次调查的情况看，城市管理问题的解决令人忧心忡忡。有53.7%的受访者认为"街巷保洁"问题最为突出，其次为"违章停车"和"私搭乱建"问题（见图13）。与上次调查相比，"街巷保洁""乞讨卖艺"继续呈上升趋势，分别增长了22.7个和4.9个百分点；"门前三包"问题没有明显变化。"违章停车""私搭乱建""绿化不够""游商占道"等问题有所改善，分别由62.1%、54.0%、47.1%、35.6%下降到51.2%、47.2%、39.0%、26.8%，其中"违章停车"改善力度最大。由此进一步证明，绿化和背街小巷治理行动在某些方面取得了一定的成效，但在街巷保洁等方面还存在不小的问题，需要统筹谋划，全面推进。

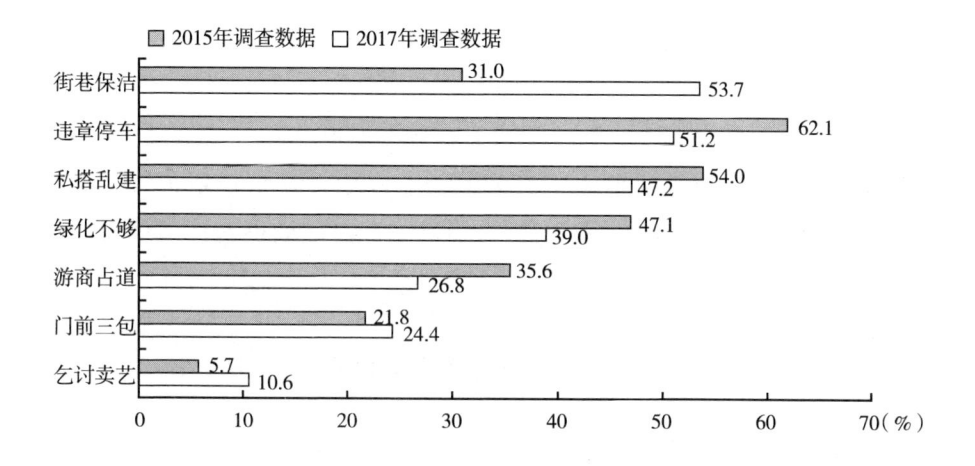

图13 天桥街道城市管理问题情况

（六）公用事业服务：对各选项的满意度呈不同程度的变化

调查显示，天桥地区工作人口对辖区市政公用事业服务的满意度整体有所变化，与上次调查相比，"供气""市容市貌""规划布局"均有不同程度的上升，"供水""供电""通信""邮政""信息化水平"有所下降，对各选项表示"都不满意"的从1.1%降至0（见图14）。从满意度排序看，

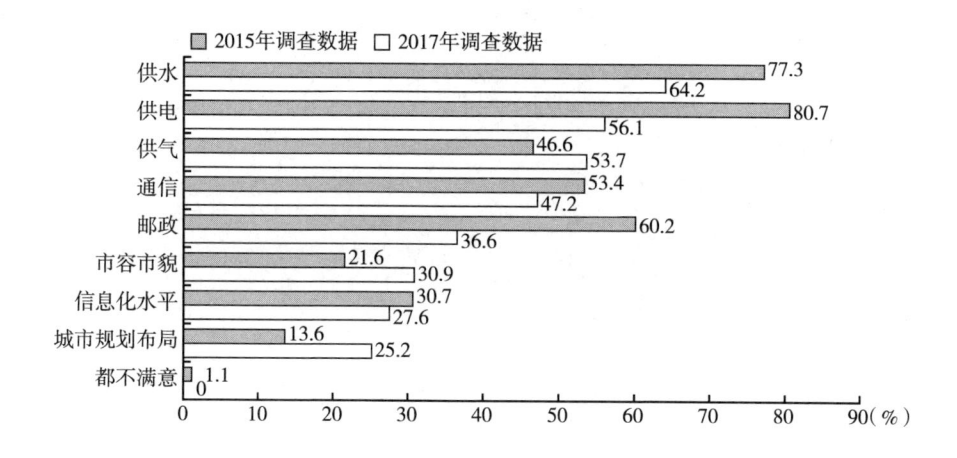

图14 天桥街道市政公用事业服务满意度情况

整体排序与上次相比变化较大,"供水"提升到第一位(64.2%),其他选项排序依次为"供电"(56.1%)、"供气"(53.7%)、"通信"(47.2%)、"邮政"(36.6%)、"市容市貌"(30.9%)、"信息化水平"(27.6%)和"城市规划布局"(25.2%),其中"城市规划布局"满意度提升最快,上升了11.6个百分点。但满意度最低的仍然是"城市规划布局"。

(七)消防安全:防火设施和安全状况有所改善

此次调查显示,57.7%的受访者表示"防火设施很好,会安全逃生",表示"防火设施不好,逃生机会不多"的占0.8%,这两组数据比上次调查分别下降了6.7个和1.5个百分点;表示"防火设施一般,火势不太大的情况下可以"的从上次的33.3%上升到41.5%(见图15)。由此可见,天桥地区防火设施和安全情况满意度有一定程度的改善。

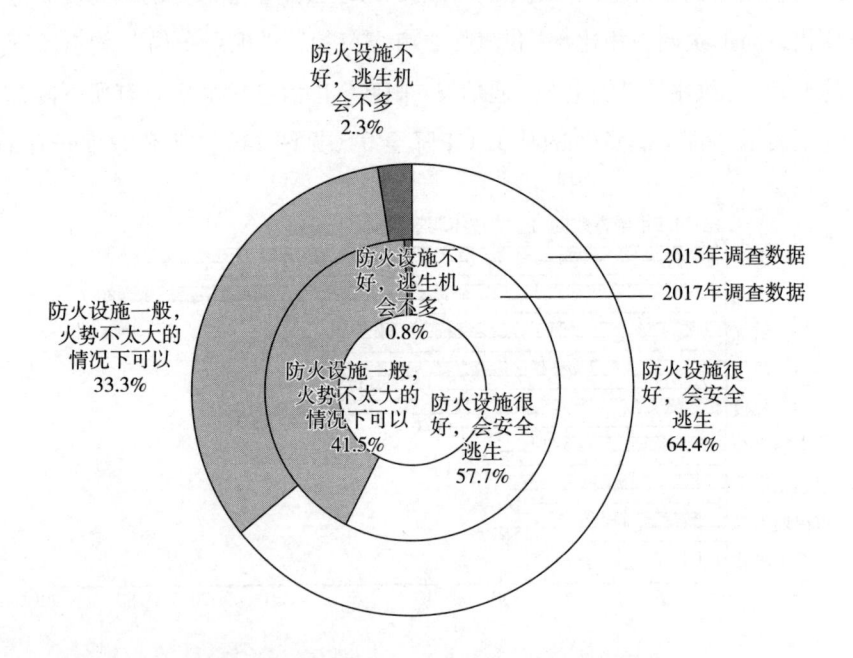

图15 天桥街道消防设施和安全满意度情况

六 社区公共服务需求度

(一)硬件设施需求:对体育健身点的需求最为迫切

公共服务设施是丰富社区文化必不可少的硬件设施。对天桥地区社区最需要的公共服务设施的调查显示,"体育健身点"的需求度最高,为65.5%,较上次调查上升了12.8个百分点;此外,"图书室""公共广告栏""宣传栏"的需求也分别由14.5%、16.4%、9.1%上升到28.6%、16.8%、15.1%(见图16)。而"文化活动室""卫生所"的需求度均呈下降趋势。

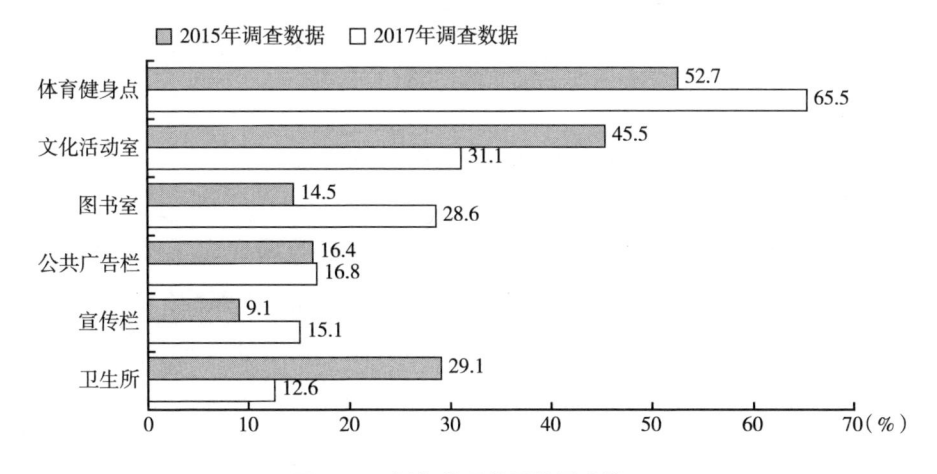

图16 天桥街道硬件设施需求情况

(二)服务项目需求:老年服务、青少年课外服务、法律援助和家政服务需求较大

调研显示,企业工作人员对天桥街道的"老年服务"(45.5%)和"青少年课外服务"(35.8%)的需求度最高,超过30%,"法律援助"(29.3%)和"家政服务"(28.5%)紧随其后,分别排第三、第四位(见

图17）。与上次调查相比,"老年服务"增长了3.7个百分点,"青少年课外服务""法律援助""家政服务"分别下降了0.6个、14.3个、4.2个百分点。由此可见,天桥街道要增加老年人与青少年需求以及法律援助、家政服务方面的供给。

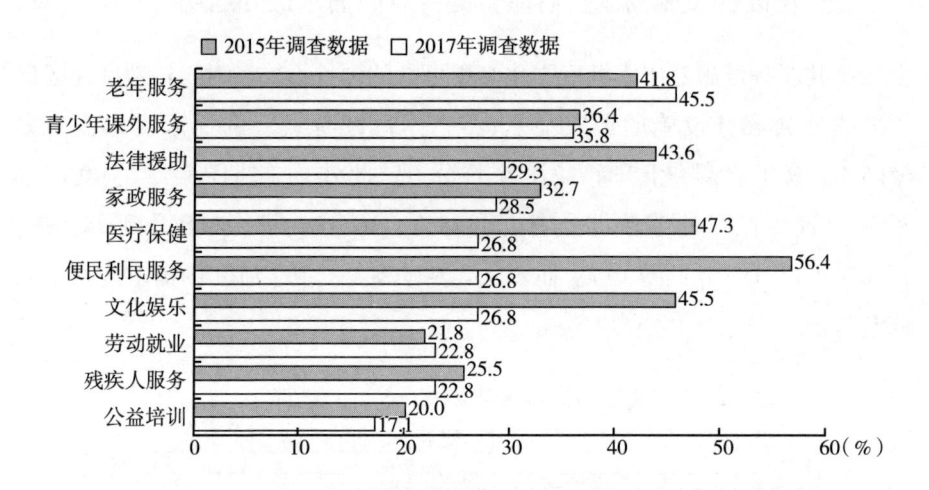

服务项目	2015年调查数据	2017年调查数据
老年服务	41.8	45.5
青少年课外服务	36.4	35.8
法律援助	43.6	29.3
家政服务	32.7	28.5
医疗保健	47.3	26.8
便民利民服务	56.4	26.8
文化娱乐	45.5	26.8
劳动就业	21.8	22.8
残疾人服务	25.5	22.8
公益培训	20.0	17.1

图17 天桥街道服务项目需求情况

此外,相关调查发现,辖区内企业获取信息和服务的主要渠道是网络、微信等,显示出大数据时代人们对互联网的高度依赖性。与此同时,企业与街道社区沟通和联系的平台和渠道有限,需要进一步发挥党对企业的领导作用。

七 基本数据结论

基于对天桥街道驻区单位工作人员的调查,并与上次调查进行比较后,我们从社区服务机构认知度、社区服务参与度、地区生活便利度、地区基本公共服务满意度和社区公共服务需求度等五个方面进行归纳,得出如下结论。

第一,在社区服务机构认知度方面,87.8%的受访者表示对街道办事处企业服务事项"知道"或"知道一些";94.3%的受访者对居委会或多或少了解些，对社区活动参与度整体有所下降。

第二，在社区服务参与度方面，社区服务项目参与度有待提高，87.6%的受访者参与过社区服务项目，其中参与"法律服务"的受访人数最多，占比为45.5%；参与过社区文化活动的受访者由93.1%下降到88.6%；全部受访者表示愿意参加公益活动，其中超过四成受访者愿意参加公益培训活动。

第三，在地区生活便利度方面，停车难问题变得越发突出，其中32.5%的受访者表示停车条件很不好，严重影响工作；40.7%的受访者表示"最后一公里"步行时间超过10分钟，共享单车应是最好的补充；有74.0%的受访者表示不能够方便地在周边找到早餐供应点，早餐便利度问题继续扩大。

第四，在地区基本公共服务满意度方面，社会保障服务项目中，"医疗保险"服务满意度最高，达到56.6%，而"低保"的满意度最低，满意度有所下降；医疗卫生服务中，满意度总体平均下降7.7个百分点，有65.9%的受访者表示"就医方便"；公共安全整体情况呈下降趋势，77.2%的受访者对"社会治安"表示满意；市容环境五类选项的满意度均不足五成，"生活垃圾定时投放、清运"和"低矮面源污染"评价最高，"雾霾应急举措"和"厨余垃圾分类收集与利用"的满意度未达到三成；城市管理中，"街巷保洁"等问题较为突出，"违章停车"大有改善，但问题仍然严重；对公用事业服务各选项的满意度呈不同程度的变化，在满意度排序中，"供水"排第一位，满意度为64.2%，"城市规划布局"排最后一位，满意度仅为25.2%；从消防安全看，防火设施和安全状况总体有所改善，选择"防火设施不好，逃生机会不多"的下降到0.8%。

第五，在社区公共服务需求度方面，硬件设施需求中，对"体育健身点"的需求最为迫切，上升到65.5%，此外，对"图书室"的需求也增加到28.6%；服务项目需求中，"老年服务""青少年课外服务""法律援助""家政服务"需求高企，其中，"老年服务"增长了3.7个百分点，"青少年课外服务""法律援助""家政服务"需求有所下降。

通过对上述结果进行梳理可以看出，虽然存在部分项目服务改善缓慢，服务便利性问题加剧现象，但整体来看，天桥地区的公共服务水平在上升。从具体选项的数据变化看，天桥地区的公共服务亮点较为明显，难点也较为突出，有13个选项值得重点关注（见表2）。

表2 天桥街道公共服务重点选项调查数据比较

单位：%，个百分点

序号	需重点关注的调查选项	2015年1月调查数据	2017年5月调查数据	数据变化情况
1	最积极参与选项"法律服务"	62.9	45.5	-17.4
2	最愿意参与选项"公益培训"	40.9	46.2	5.3
3	满意度最高的社会保障选项"医疗保险"	58.0	56.6	-1.4
4	满意度最高的公共安全选项"社会治安"	79.5	77.2	-2.3
5	便利度最差选项"停车条件不好"	92.0	88.6	-3.4
6	便利度较差选项"吃早餐不方便"	62.9	74.0	11.1
7	满意度最差的城市管理选项"街巷保洁"	31.0	53.7	22.7
8	满意度较差的城市管理选项"违章停车"	62.1	51.2	-10.9
9	满意度较差的城市管理选项"私搭乱建"	54.0	47.2	-6.8
10	需求度最大的公共服务设施选项"体育健身点"	52.7	65.5	12.8
11	需求度较大的公共服务设施选项"文化活动室"	45.5	31.1	-14.4
12	需求度最大的公共服务项目选项"老年服务"	41.8	45.5	3.7
13	需求度较大的公共服务项目选项"青少年课外服务"	36.4	35.8	-0.6

八　对策建议

在"疏解整治促提升"和全面提升区域发展品质的背景下，天桥街道不断提升社区公共行政服务能力、社区社会治理服务能力、社区文化教育活动服务能力，不断提高社区建设管理和服务水平，但停车难、违章停车、私搭乱建、早餐供应不足等问题仍然严峻，体育健身场所、文化活动室、老年服务需求不断加剧，为此，提出以下建议。

（一）合理利用腾退空间

在持续推进违法建筑拆除、"开墙打洞"整治、地下空间和群租房清理等各项工作的同时，贯彻落实好《疏解腾退空间资源再利用指导意见》，将腾退空间用于完善城市功能、留白增绿、增加生活服务网点、改善居民生活环境等方面，做到拆除一片、清理一片、美化一片，坚决防止反弹。如辖区内拆除违建后，可以规划设置停车场，以解决停车难问题，还可以建成便利店、早餐店等生活必备的商业网点，解决早餐供应不足等问题，不断优化提升区域整体功能。

（二）深化街巷长制度

扎实推进背街小巷整治专项行动。深化街巷长制度，建立背街小巷治理长效机制，充分发挥街巷长和自治共建理事会的作用，激发社会单位以及辖区居民的主人翁意识，形成共建共治共享的强大合力，努力实现"共建共享全覆盖、十有十无促提升"[1]的目标。同时，结合当前群众工作的新形

---

[1] "十有"即每条背街小巷有政府代表（街长、巷长）、有自治共建理事会、有物业管理单位、有社区志愿服务团队、有街区治理导则和实施方案、有居民公约、有责任公示牌、有配套设施、有绿植景观、有文化内涵。"十无"即无乱停车、无违章建筑（私搭乱建）、无"开墙打洞"、无违规出租、无违规经营、无凌乱架空线、无堆物堆料、无道路破损、无乱贴乱挂、无非法小广告。

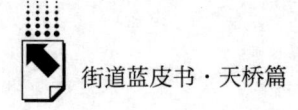

势、新任务，扎实办好群众"家门口"的事，真正帮助群众把各种问题解决好。

（三）完善公共服务供给机制

通过体制机制创新来促进公共服务的有效供给。一是依托互联网信息技术，创新公共服务供给渠道，并实现信息互通、资源共享；二是增加公共服务有效供给，坚持普惠性、保基本、均等化、可持续的原则，针对公共服务的关键领域和薄弱环节，提升公共服务能力；三是全面推进民生工作民意立项，建立健全满意度评价机制，使各项民生工作更加贴近群众需求。

理论报告

Theory Reports

B.4
城市精细化管理的路径探究

摘　要： 城市精细化管理是城市治理的根本内容，事关城市治理的能力和水平，对城市的品质与形象起着决定性作用。习近平总书记在视察北京时强调："城市管理要像绣花一样精细。越是超大城市，管理越要精细。"城市管理的精细化、科学化水平，体现了城市运行是否更有序、更安全、更健康。本报告通过论述城市精细化管理的相关理论，分析新加坡、重庆典型案例，结合天桥街道以治理思维提升城市管理精细化水平的经验和做法，梳理分析城市精细化管理需要突破的瓶颈，提出推进城市精细化管理的路径，为城市管理的进一步精细化提供理论指导与借鉴。

关键词： 天桥街道　城市管理　精细化管理

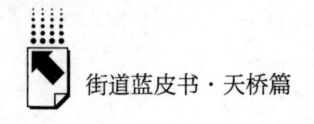

一　城市管理要像绣花一样精细

（一）城市精细化管理的内涵

城市精细化管理是指以精致、细致、深入、规范为内涵，综合运用法律、市场、行政和社会自治等多种方式，通过量化城市管理目标、细化城市管理标准、明确城市管理职责等，使城市管理的各个单元能够精确、高效、协同、持续地运行。城市精细化管理涉及环境、交通、设施、应急（安全）、物业管理等多方面内容，是城市经济和社会发展良性运转的重要保障，也是一项复杂的系统工程。

坚持以人为本的城市发展理念是城市精细化管理的宗旨。城市管理的核心是人，人既是城市管理第一资源，又是管理服务的最重要对象。城市精细化管理要求更关注细节，更注重人的感受，并将这一宗旨贯穿在城市规划、建设、管理、服务的各项工作中，实现全覆盖、全过程、全天候管理。城市精细化管理要致力于满足人民群众对美好生活的期待，通过不断地有效调整，逐步消除城市运行中因空间结构、产业结构、人口结构、社会结构、生态结构等发生变化而引起的各种"城市病"，通过城市管理的社会化、智能化、标准化、法治化，确保城市良性运行、区域经济社会协调可持续发展，推进城区居民生产生活环境条件的改善和提升。

城市精细化管理扬弃了被动、滞后和粗放的传统管理方式，主要包括三个层次：一是精准细化，要对城市管理的资源和对象有完整的基础数据，做到底数清楚，要明确管理的目标和责任，管理的标准要符合国际一流标准；二是精密细致，主要体现在纵向全流程和横向全方位上，要精心设计和实施，要通过权衡关联来实现计划、组织、指挥、协调、控制、激励管理的过程；三是精心细腻，所有城市参与者要有打理好、维护好城市的态度和崇高敬业情怀，以促进城市健康发展。

习近平总书记要求："城市管理要像绣花一样精细。越是超大城市，管理越要精细。"要坚持问题导向，认真落实精治、共治、法治的要求，加强背街小巷整治、违法建筑清理、市容市貌整治和城市秩序管理等，努力实现安全、方便、整洁、有序、舒适五个层次的目标，不断提升城市管理的专业化和精细化水平。

（二）城市精细化管理是城市治理的现实要求

加强城市精细化管理是城市治理的内在要求。当前，城市发展水平不断提高，城市居民对创造高品质和谐宜居生活环境的诉求显著增强，要求城市管理必须朝着精细化、社会化、智能化、规范化方向发展。与此同时，首都城市治理逐渐从街巷胡同走进小区院落，逐渐从容易解决的问题转向深层次难题，逐渐从治标转向治本，逐渐从资源管理转向资产管理，在城市环境、资源、开发、人口等刚性约束情况下，在高标准和严要求的双重压力下，"城市病"问题、社会矛盾问题、管理盲点问题、公共安全问题、阶层分化问题、民生问题等显得较为突出，复杂、不确定性风险和问题考验着城市管理能力和治理水平，加快城市管理的精细化、社会化、智能化、规范化，形成精治、共治、法治、善治的局面，已成为发展和管理转型的内在要求。其中，城市精细化管理已然成为城市治理价值链的质量和核心的有力支撑，成为确保城市安全运行、持续发展的基础和保障。城市精细化管理是运用新的发展理念、新的技术手段，落实以人民为中心的发展思想，适应构建超大城市治理体系要求而采取的必然举措，是对现行城市管理的优化、完善和提升。

城市精细化管理是一项重要的民生工作。城市精细化管理是以人民为中心的新型城市化理念的具体化，是为提升城市运营效率和服务广大市民群众而进行的城市管理模式的创新与升级，是一项具有系统性和长期性的民生工作，目的在于提升广大市民的获得感、幸福感、安全感，让居民生活得更加美好。

城市精细化管理是一种可固化的常态城市管理机制。城市管理涉及面广、层次深，事关城市居民生活的各个方面。城市精细化管理关系到一座城市发展和管理的品质，不仅能够使城市管理和服务成为一个城市的品牌，而且能够有效提升政府的公信力。城市精细化管理是一种可固化的常态城市管理机制，例如，强化城市管理主体责任，通过明确精细化管理的范围、职责、标准和法律责任，理顺条块关系、事项流程和运行机制。

（三）推进城市精细化管理需要树立六种意识

第一，要树立创新意识。陈旧落后的思维惯性和简单粗放的管理方式已然无法与当前城市发展新形势相适应，必须有勇于创新的意识，创新管理的方法。第二，要树立整体意识。城市管理除了对垃圾、停车、摊贩、违建等基础市容进行管理外，更重要的是涉及城市规划、城市建设和城市运行等一系列问题的管理。第三，要树立法治意识。提高政府城市管理法治化水平，提高城市管理行政执法人员素质和执法水平。第四，要树立服务意识。由于方便快捷是城市居民生活中非常关注的问题，所以城市管理过程中的每一个环节都必须考虑群众是否方便，管理服务既要适宜又要适用。第五，要树立科学意识。城市精细化管理必须大大提高运营管理的专业技术含量，处理好经济发展与生态环境的关系，以先进的科学方法为指导，消解私有空间与公共空间、私人利益与公共利益的冲突。第六，要树立互动意识。创建宜居生态城市，是社会各界及全体市民的共同责任和义务。城市精细化管理绝不能单靠政府唱"独角戏"，而要发动市民、依靠市民，尤其在提升城市文明素养方面，要注重调动市民参与的积极性。

二 国内外城市精细化管理的实践与探索

（一）天桥街道：围绕城市管理难点问题推进城市精细化管理

天桥街道位于西城区东南部，具有平房院落多、老旧小区多、历史文化遗存多等特点。辖区面积2.07平方千米，有街、巷、条、里、胡同等70条，中央、市、区属单位182家。北京市及西城区"十二五"规划的重点项目——"北京天桥演艺区"项目于2011年正式启动。随着地区经济社会发展、演艺区建设的不断深入，在提升城市形象、优化城市环境等方面，对地区城市建设也提出了更高层次的要求。为了打造与演艺区相适应的环境，近年来，街道围绕城市管理、环境治理、老旧小区治理等中心工作推进城市精细化管理，取得了显著成果。

探索违建聚集街巷"连线、连片"集中拆除模式。违法建筑是城市管理的顽疾。街巷中位置相邻、用途相近、成因相似的违法建筑，其搭建人普遍存在一定的攀比心理和观望心态，如果只拆除其中一部分，容易产生对抗情绪和复建行为。近年来，天桥街道一直在实践中不断探索违建聚集街巷的有效治理模式，逐步形成了"连线、连片"式集中拆除方法，有效消除了商户的侥幸心理，同时实行"零补偿"原则，实现了聚集违建全歼灭。友谊医院西墙外的违法建筑，是医院在20世纪80年代初单位开办"三产"的风潮中搭建的，后因企业破产、屡次转租、房屋置换、债务纠纷等原因，所有人及使用人多次变更，大部分房屋被外地零散商户占据，经营种类繁杂。面对这个复杂问题，天桥街道不躲、不绕、不推，敢于拔钉子、解难题，制定了分两个阶段实施拆除的方案，采取"连线、连片"式的方法，集中拆除了绵延整条西经路的12处14间违法建筑，建筑面积共1103平方米，并带动了腊竹胡同、万明路、寿长街、禄长街头条等周边街巷的违建治理，形成了"成线、成片"式的治理效果和治理模式，从根源上改变了街巷的面貌，逐步实现了新生违法建筑"零增长"及违法建筑台账"全部清零"的"两个目标"，截至2016年底，街道共拆除违法建筑343处，拆除面积7977.53平方米。

形成"成线、成片"提升区域整体环境的块治理效果。一是将拆违与后续的设计美化相结合，启动违建拆除后环境改造提升工程，"成线、成片"提升区域整体环境。以拆违和环境整治为契机，推动友谊医院及其周边环境实现"园林式"改造升级。天桥街道挖掘特色历史文化元素，并将其融入环境建设之中。首先，将北纬路、西经路、东经路、永安路等四条大街分别打造成四季花、海棠、连翘、丁香景观大道。其次，开展胡同外立面粉饰、院门修缮、便道铺装、广告牌匾规范、临街住户门窗更新等工作，对绿地进行补植、补种和改造提升，打造同演艺区相符的景观胡同。最后，配合西经路环境建设，一举拆除万明路违法建筑29处240平方米，规划恢复万明路原有面貌，打造"民国风情街"。二是将胡同整治与居民自治相结合，积极推进辖区单位共同参与，引入专业管理，从机制上改变环境清理模式。将原由物业负责的天桥市场斜街、福长街等街巷移交给环卫中心负责，多年来群众反映的环境问题得到根治，一举摘掉市、区城市环境建设委员会办公室挂账乱点的"帽子"。新建成的精品小区——禄长街小区，成立首支"社区睦邻友善文明劝导队"，以社区志愿者、辖区单位为主要成员，负责维护街巷卫生秩序，对商户的不文明行为进行劝导，做到建管结合，取得初步效果。通过对几条大街的"成线、成片"治理，基本实现了区域的大板块环境提升。

以区属产权地下空间违规使用为突破口整治地下空间。天桥街道按照全区统一部署，认真落实西城区《关于清退违规使用区属普通地下室的通知》要求，整合各方力量联合出击，深入开展天桥小区地下空间清退工作。通过三项措施，天桥小区地下空间问题得到了彻底解决。一是民主协商，充分听取居民意见，调动居民积极性，争取居民的理解和支持。二是掌握情况，对于天桥小区17处地下空间出租房屋，组织相关人员开展逐户走访，采集核实房屋、承租人、居住人员等基本信息，建立基础工作台账。进行一日一会商，每日与承租人约谈，随时掌握承租人思想动态。三是联手检查，协调多部门经常性地对地下空间开展"拉网式"联合执法检查。截至2016年底，17处地下空间841间房屋，已全部完成清退，房内隔断全部拆除完毕，疏解人口1503人，率先完成了西城区最大的一处区属产权地下空间整治工作。

多部门合力破解老旧小区管理难题。天桥北里小区于2002年完成回迁，共有8栋楼、49个楼门，分为西院、中院和东院三个院落，存在人口数量多、建筑设计有缺陷、居民物业沟通不畅等问题，小区管理问题日益严重，成为群众矛盾最集中的地区。2014年，天桥街道积极协调区环境办、区园林局、天桥派出所、天桥城管分队、天桥防火办、东经路消防中队、天宝物业公司等10余个部门和单位，大力开展天桥北里小区综合整治工作，从四个方面入手，重点解决居民反映最集中的流动人口过多、配套设施残破、环境脏乱差和绿地缺失等4大类27个问题。一是坚持"四个一"原则，即"一个问题、一个解决方案、一个整治小组、一个负责人"，逐个解决群众反映的问题，实行"领导包楼门院、科室包解决方案"，确保各整改方案全面落实。二是注重广泛参与，吸纳街道工作人员、社区工作者和居民代表成立专项整治小组，多次召开居民、党员座谈会，充分听取群众意见，共商共谋、共建共管。三是明确物业管理内容、管理标准和收费标准，实行准物业管理，提升管理服务水平。四是推进社区自治，提升社区建设，探索建立社区"自我管理、自我教育、自我服务、自我监督"的长效机制。街道力争通过整治，逐步解决历史遗留的各种矛盾，推进小区的良性自治。

建立"参与式"协商机制引导居民共同参与物业管理。一是建立社情民意畅达机制。为居民群众提供自下而上建言献策的畅通渠道，利用社区QQ群、社区微信群等形式，进一步激发社区居民共同参与、共同管理社区事务的积极性、主动性、创造性。二是丰富居民议事协商载体。引入专业社工协助培育社区物业管理委员会，依托"五联共建理事会"、"客座小组议事会"、楼院"自管会"等多种形式的社区议事协商制度，讨论、协商、解决社区事务。三是完善社区民主决策机制。对社区重大事项实行听证会、协调会、评议会制度，解决如天桥北里小区环境提升方案、社区自行车棚管理、精品胡同施工设计等问题，不断完善社区自治管理水平。

整体规划建设地区交通微循环系统。为保障地区道路交通安全与畅通，实现了整个地区交通道路微循环系统的规划。对西经路、东经路北段、福长街、新农街等路段实施机动车单向行驶，更改部分公交站点、增设停车位，缓解了友谊医院周边交通压力，有效解决了地区停车难问题。

（二）重庆：高标准提升城市管理和服务品牌

重庆市率先出台全国首个城市精细化管理标准。2017年4月，《重庆市城市精细化管理标准》正式发布并试行，从城市管理的精、细着手，对整个过程进行精细化设计,明确管理目标、标准、程序、分工、职责、奖惩、信息披露等具体要求。《重庆市城市精细化管理标准》涉及九个方面,包括市容环境卫生、市政设施、灯饰照明、城市供排水、城市户外广告、城管执法、智慧城市、市政舆情和安全生产等,通过"全行业覆盖、全时空监控、全流程控制、全手段运用"等高效能管理,实现城市协同运行的有效管理。

聚焦城市精细化管理,全行业覆盖是指辐射市容市貌、环境卫生、道路桥梁隧道、城市照明、供排水等市政管理,以主城发展为契机,带动区、县的发展,并延伸到乡镇;全时空监控是指做到无论昼夜、晴阴、平时节假、大街小巷、主干道与次支干道,都保持一样的精细化管理;全流程控制是指维护和管理时,细化操作、控制、核算、分析和考核的全过程,控制环节、监控细节,确保各环节紧密结合,形成有机闭环,协调发展;全手段运用是指既要提高信息化管理水平,积极发挥"互联网+"、物联网、云平台等载体在城市管理中的作用,又要提高维护管理水平,加大现代化、智能化机械设备在市政管理中的运用(见表1)。

表1 《重庆市城市精细化管理标准》中部分与市民生活密切相关的内容

项目	目标	标准
停车	公共停车场不得擅自停用,要明码标价	公共停车场、建筑物配建停车场不得擅自停止使用或改变用途。停车场按规定明码标价,在收费区域显著位置公示收费项目、收费标准、举报投诉电话等。收费人员应出具相关票据
清扫保洁	主干道每平方米废弃物残留量不超过3克	保洁区域内无暴露垃圾卫生死角,无垃圾收集容器满溢、无积水、无污垢、无地面及设施积尘积垢。主干道每平方米废弃物残留量不超过3克;次干道每平方米废弃物残留量不超过5克。主次干道的一般废弃物滞留时间不能超过10分钟。背街小巷及开放式居民小区,每1000平方米,果皮等垃圾不能超过4片;实行物业管理的居民小区,每1000平方米,果皮等垃圾不能超过2片。环境卫生主管部门在接到群众投诉后,应在2小时内做出响应,并在12~48小时内完成整改
公共厕所	商业繁华地段公厕全天候开放	辖区内商业繁华地段的公厕实行全天候开放;一、二级道路公厕,春冬季每日宜6:30~23:00开放,夏秋季每日宜6:00~24:00开放;三、四级道路公厕每天开放时间不宜低于14个小时。公共场所配设的公厕,其开放时间应与公共场所的开放时间同步。公厕应实行专人专管,每天至少进行一次全面冲洗

续表

项目	目标	标准
行政执法	执法前要先敬礼,用语有规范	市政管理行政执法一般要有两名以上执法人员按照"一敬礼、二亮证、三劝导"的程序,坚持处罚与教育相结合,需进入行政处罚或行政强制程序的,应保护当事人合法权益。执法人员的用语要规范,十项用语规范中,出现了多次"你好""请""谢谢"等词语

资料来源：根据网络资料整理。

重庆市黔江区："四个精细化"提升城市管理水平。一是规划布局精细化。黔江区编制有《重庆市黔江老城区景观照明规划》《"十乱"不文明行为专项整治方案》等一系列城市管理工作规划,确保城市基础设施建设超前控制,城市日常管理有序开展。同时,该区还对既定规划严格执行,杜绝擅自变更规划、拖延节点的行为发生,充分发挥规划对城市精细化管理的指导和调控作用。二是管理空间精细化。科学划分管理空间,细分管理区域。改变了传统的城东、城西等大区域划分方式,将城区空间拉通,划分出若干区域清楚的网格单元,实现城区范围全覆盖,每个网格区域明确一线巡查责任人,并将责任范围相对缩小和固定,实现由粗放管理到精确管理的转变,解决了以往管理空间过大、管理对象不具体、问题发现及处理不及时的问题,为城市精细化管理打下了良好基础。三是管理手段精细化。黔江区注重对城市管理问题的研究和预测,将服务手段前置,强化源头治理。科学设置了3条夜市规范经营摊区,规划烧烤摊位89个,统一餐厨垃圾及污水处理,解决露天烧烤污染问题。在时令果蔬大量上市时,黔江区在城区内规划临时经营摊点6处,引导商贩实行限时、限地规范经营,缓解占道经营果蔬问题。在入城位置建立了3处免费洗车场,增设全自动洗车设备2台,日均冲洗脏车3000余辆,有效控制城区扬尘,杜绝脏车入城。加强完善智慧城管建设,采取现场检查、视频监控和群众投诉相结合的方式,确保第一时间发现问题、处理问题、解决问题。四是配套设施精细化。黔江区抽调专人组建专班,成立污水管网建设工作指挥部,集纳统筹优化管线管理。2017年上半年，黔江区完成何家榜等3个片区污水管网建设项目，金龙花园片区等12个污水管网建设项目正在有序推进，以保障城市地下"生命线"的稳定安全，杜绝"城市看海"等问题出现。同时，黔江区不断完善即坏即修机制，保证城市路面完好、照明充分、绿化美观、市政设施正常投用，进一步提升城市"宜居宜业宜游"水平。

荣昌区构建与精细化管理相适应的基层管理体制。一是将区市政园林局承担的城区环境卫生管理、园林绿化管理、户外广告管理等8个方面109项职能职责全部下放到所属镇街，同时将所有市政管理人员和相应工作经费一并下沉，实现权随事走、人随事调、费随事转。二是梳理公安、环保、水务、交通等21个职能部门权责清单，将城市管理职能由327项整合为128项，明确各部门责任，消除执法缝隙，形成管理合力，为城市管理综合协调提供保障，彻底解决城市管理中部门多头管理、相互推诿等难题。三是在各条街道醒目位置设立街长公示牌，对街长姓名、照片、联系电话、工作职责、管理范围等进行公示，进一步打造市民咨询、求助和反映城市管理问题的"绿色通道"，激发市民参与城市管理的积极性、主动性。2017年以来，全区共收集处理城市管理存在的问题90余条，处理率100%。

（三）新加坡：完善制度体系推动交通管理精细化

新加坡位于马来半岛南端，是一个美丽的花园城市国家，被誉为"花园之国"。新加坡依法管理城市，依法规范服务，严格执法，推进城市精细化管理，在世界上树立了显著的城市品牌。新加坡以交通管理最为出名。这个国土面积只有719平方千米的城市国家路网密度大、结构完善，庞大的城市交通系统中的每一环都设计合理、井井有条。

健全城市管理法规体系。完备的法律制度是新加坡实施法治城市管理的基础，建立健全一套严格、周密、细致、实用、操作性强的法律体系是新加坡城市管理最根本的方法。国家对城市管理中的各个方面，如建筑物、广告牌、园林绿化、交通设施等硬环境都做了具体规定。其主要特点体现在两个方面。一是具有完整性。政府对城市管理的各个领域、各个方面全面立法，在执法工作中提高执法人员依法行政的意识。二是具有较强的可操作性。城市管理法规规定了具体详细的内容、方法和处罚措施，既避免了随意执法，又增加了可操作性。

加强调控政策，减少城市交通压力。新加坡实行限制政策，使机动车保有量与城市交通以及环境承载能力紧密结合，减少了城市交通压力，同时改善了环境。新加坡规定，买车必须先拍到一张"拥车证"，政府每年会根据全国的交通数据以及大气的污染程度控制"拥车证"的发放数量，"买车难"致使人均机动车拥有量与同等收入水平的城市相比处于较低的水平。购车者需先向政府提交申请并交纳投标费1万新元，当成功竞拍到一张有效期为10年的"拥车证"之后，才能够买车、注册。极有限的数量，致使"拥车证"标价一直在上涨。10年期满后，车主如果想继续使用这辆车，还要再支付一定的费用，但这次更新的"拥车证"续期只有5~10年，并且第二次"拥车证"到期后必须重新拍卖获得。

建立优质公共服务设施配套体系。重视城市规划编制和管理的标准化、规范化、科学化，建立完备、安全、便捷、高效、舒适的公共服务设施配套体系，全面提升城市的规划建设水平和生活环境质量。新加坡充分考虑地铁与路面公交一体化、交通标牌和信息告示的设置一体化，地铁站的出口处附近就有公共交通枢纽，地铁与公交"无缝"换乘，形成以地铁和轻轨为主、公交车和出租车为辅的交通系统，快速公交站与地铁站间距400米，步行5分钟到达，发达的轨道交通与路面公交吸引人们采用公共交通的方式出行，保障了出行者对准时和便捷的需求。此外，公交车站都采用港湾式，既提高了上下车的安全性，又减少了公交车辆对路面上其他车辆通行的干扰。近年来，为了进一步提升候车环境，新加坡各个区域在公交车站上不仅配有舒适的座椅和风扇，更将其与城市图书馆和文化展览结合起来，为市民提供更多服务。

实施引导措施，细微处惠及百姓。针对人口密度大的特点，大力发展公共交通，减少市民出行对私家车的依赖。新加坡地铁为规避高峰时段拥挤，对错峰出行出台了一系列实惠措施。采取弹性票价引导市民出行，如对非高峰时段出行的乘客实行现金奖励，在工作日的早晨7：45分之前乘车可享受免费地铁服务等。政府立足低收入家庭和老年人、学生、残疾人群体，充分考虑这些群体对票价的承受能力，在票价制定和票价收费上予以不同程度的优惠。公交系统的票价策略体现了新加坡对百姓出行服务的无微不至。

把宣传教育作为城市管理辅助手段。城市治理的根本是提高资源配置和城市运转效率，提升广大人民群众的生活品质。新加坡政府严格依法管理城市，以各种形式对居民进行广泛的宣传教育，在机关、学校和其他单位，都把遵守法律法规、维护城市环境作为重要的教育内容。通过交通安全宣传网站，向全体市民发布信息。交通安全研讨会每年举行，由不同行业的专业人士和市民参加，定期发布交通安全年度报告。安全教育常识从幼儿园就开始讲授，校园外的交通安全公益广告与公共交通车厢里的交通安全海报、警示标语时常可见。

三 城市精细化管理尚需突破七大瓶颈

（一）缺乏统筹协调长效的良性机制

由于城市管理涉及负责市政、环境、交通、应急管理和城市规划等工作的多个部门，同时也涉及街道属地管理职责，常态管理、统筹推进、沟通协调、联动配合的长效机制尚未健全，还需要加强改进和完善。各专业部门作为管理和执法主体有明确的职责，街道作为区（县）一级政府的派出机构，在辖区内行使政府管理职能，对城市管理履行一定职责。由于城市管理存在较多盲点，受区域资源复杂、产权不明晰、层级多等因素制约，专业部门与街道协同配合不够，缺少合力，在具体工作解决落实上难以直接判断权属，难以协调权属单位快速处置，使城市管理的难度增加。

（二）管理标准体系精细化水平不足

辖区内不同街道、不同功能区域间经济社会发展水平相差较大，城市功能各异，发展要求不同，但是城市管理未充分考虑区域因素，管理标准、管理方法、经费使用比较单一，造成城市管理结果出现差异。精细化管理标准体系是一个城市长效管理的目标系统和基础，是一个全面化的管理模式。目前，城市管理只有部分方面的细化、量化管理标准，包括街景容貌、环卫绿化、便民摊点、广告设置等方面还欠缺具体化的标准界定，没有形成一整套完整、系统、科学的精细化管理标准体系。

（三）城市管理相关法律法规不完善

城市精细化管理离不开完善的法律法规。城市治理是国家治理体系的重要组成部分，推进城市治理体系和治理能力的现代化必须有科学规范的城市治理法律法规做基础。目前，涉及城市管理的多数法律只是原则性的规定，法律条款制定时间久、较笼统，对时下执法工作指导性不强，缺乏可操作性，特别是在处理城市管理遇到的违章等棘手问题时，法规处罚力度不够，缺乏有效的强制手段，造成执法不严，执法的随意性大，违法成本很低，违法现象屡禁不止。

（四）执法力量不能满足实际执法需求

社会经济发展壮大和城市化建设加快，城市地域规模扩展，城区面积不断扩大，城市人口增加，城市服务业、特色产业发展及多样化消费需求给城市带来巨大活力，城市发展过程中不同程度地出现了环境污染、交通拥堵等"城市病"，而执法力量薄弱，增长缓慢，给城市管理带来很大的困难。同时，执法人员良莠不齐，工作繁重、待遇一般、发展空间小、社会深层次矛盾造成的与执法对象的冲突等因素严重影响执法人员的工作积极性和满意度，执法人员数量、质量前景都不容乐观。

（五）缺乏完善的全过程管理和服务

城市精细化管理是一项贯穿始终的全过程管理。只有树立"前瞻性、预见性、计划性"的工作理念，执法人员才能切实做好应对城市治理的思

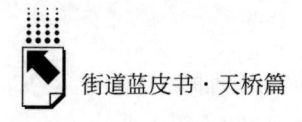

想准备和工作准备。当前，城市管理方式较为粗放，习惯于突击式、运动式管理，把主要精力用于突击检查、集中整治、事后查处，缺乏先进的管理手段、日常监督检查，城市精细化管理全过程不够完善。

（六）社会力量参与的动力机制不足

由于城市管理顽症多倚重末端治理和末端执法，城市治理容易反复。居民和社会力量对参与城市管理较为理性，往往取决于参与需求、预期价值和机制引导。但是，由于缺乏动员社会力量参与城市管理的有效机制，缺乏居民群众了解城市管理的载体平台，居民和社会力量参与城市管理的动力不足，没有形成全民共同参与的局面，成为制约城市管理精细化的瓶颈性问题。

（七）城市规划与建设的联动性不足

不科学的城市规划与城市建设主要体现在规划不合理、建设不配套、布点不均衡、管理不到位，这些单靠城市很难实现"绣花"一样的管理。城市基础设施建设普遍存在滞后性，如便民综合市场、停车场、公共厕所等基础服务设施布局不合理、投入力度小、数量少，给城市建设和管理带来较大的负面影响，既增加了城市管理的难度和成本，又影响了城市管理的质量，同时也给流动摊贩、违法建筑、无照经营等现象带来了生存空间。

四 探索城市精细化管理提升思路

为改善城市管理模式，适应现代化城市发展的需求，必须摒弃粗放式管理方式，推行精细化管理手段，着眼于细微之处，寻求适应城市发展的管理路径，深化城市管理长效机制，解决执法过程中的困难，提高城市管理能力，激发城市运作活力。

（一）坚持规划引领，加强城市精细化管理

贯彻落实《北京城市总体规划（2016年~2035年）》，根据所辖地区的城市文化历史和个性特点进行城市规划设计。处理好城市管理与城市规划、建设的关系，加强特色城市规划，以严格的规划进行城市管理，使城市的发展和历史资源保护、人的发展相结合，城市经济发展与城市环境相结合，不断丰富城市品质内涵。创新城市管理方式和治理机制，以规划设计为引领，做好"疏解整治促提升"，提升城市品质，推动京津冀协同发展。按照管理标准规范化、管理手段信息化、管理机制常态化的要求，实现由末端执法向源头治理转变，发挥规划在城市管理中的引领作用，不断提升城市精细化管理水平。

（二）制定城市管理法，强化法制保障

《行政处罚法》等管理法规制度建设促进了城市的和谐、社会的稳定。但是城市快速发展，出现了现有法律难以解决的更深层次的矛盾，阻碍了我国法治化的进程，需要制定一部法律依据足、按法定程序执法的全国性的城市管理法，改变平常执法活动中"头痛医头，脚痛医脚"局部借法执法的情况，改变参考依据过多、法律体系不稳定不明确的状态，以法治化保障城市精细化管理，规范城市管理的执法范围，细化市容市貌、环境卫生、公共场所及设施等内容，严格规范相关部门和队伍执法的法律程序，切实增强法律法规的支撑能力，以便城市管理执法者合理、合法地运用正当权力。

（三）完善统筹协调机制，推进街区整理

街道应与相关职能部门、驻区相关单位和部分权属主体单位建立联席会议制度、城市管理工作领导小组例会制度、项目规划审批协调制度，加强沟通协调和良性互动，完善城市管理统筹协调机制和齐抓共管机制，强化城市管理综合部门的统筹协调职能，形成城市管理合力，推进街区整理。坚持把街区整理作为助力城市精细化管理、更好展现城市品质提升效果的重要途

径，分片区统筹推进"疏解整治促提升"、背街小巷整治，实行叠图作业、挂图作战方式，推进各项整理措施落图落地。精细划分街区单元，深入开展街区诊断分析。建立街区设计方案库和整理项目库，形成覆盖区域、街道、街区、街巷胡同、老旧小区、平房院落的街区设计体系。持续推进街区整理工作常态化、精细化、长效化，展现共建共治共享的城市精彩面貌。

（四）建立标准化体系，加强分级分类管理

实现城市管理的制度化、规范化、标准化，推进城市更新、城市治理中一些措施更加科学有效的落实，构建一套精细化管理标准化体系，如管理的目标、标准、流程、方法以及监控手段、效果评价、应急处置等，确定管理重点和优先秩序，提升城市环境等重点领域的品质。坚持"条专块统、管理前置"原则，持续推进城市管理粒度、频度、维度精细化，促进治理方式创新。积极推进管理粒度精细化，全面推行国家级城市环境分类分级管理，做实城市管理网格。统筹建立区、街城市治理综合数据库，积极运用大数据、云计算手段，提高城市"智慧运行"水平，推进智慧城市建设。积极推进管理频度精细化，推行公共服务事项"一口受理""一窗通办"，不断优化为民服务和营商环境。积极推进管理维度精细化，强化"人民城市人民管"的意识，健全街巷自治理事会，建立向市民报告工作制度，推动共建共治共享。

（五）加强执法力量，提升执法手段和技术

城市管理执法工作涉及面广、政策性强，不仅需要社会各方面的理解、支持和重视，更需要调动城市管理执法人员的工作积极性，加强执法力量和配置。要增强执法队伍的综合素质，全面提高执法人员的执行力和公信力，有针对性地加强重点区域执法力量，通过设置城管小组、交通小组、环卫小组等治理相关区域内乱搭建、乱摆摊、乱停车、乱丢垃圾等环境脏乱差问题。注重新技术运用，建立全新的城市管理体系，弥补执法力量的不足。采取先进手段和管理方法，加快城市部件、事件全面感知系统建设，解决执法

工作中现场情况不明、调查取证难等问题，为完善城市全面精细化管理提供智能化、信息化保障。

（六）强化管理服务过程，抓好源头管理控制

要在建管并举、条块结合的协同治理体系上关口前移，从源头抓好谋划、预防、治理，消除问题产生的根源，构建源头预防、过程控制和末端治理的长效管理机制，全面提升城市管理能力。街道和相关部门要对区域内的经营主体做好基本情况的掌握，严格审批申报材料、登记信息等，告知和警示其应当履行的义务，落实好各项目标责任，从源头上对店外堆放、设摊、经营等问题和不符合规定的情况给予警告，督促其及时整改。如设置门店牌匾时，执法人员要将门店牌匾标识设计、规格、内容等向商户讲清楚，尽可能按照设计标准统一设置，减少商户损失，减少对市容环境的影响，提升城市品质。

（七）建设全民参与机制，助力环境建设

坚持社会共治，持续深化民生工作民意立项机制，拓展群众参与渠道，使公众、社会组织和企业在城市治理中发挥更大作用。把人民调解的理念引入社区议事中，更多地动员群众参与城市治理。建立参与决策、参与管理、奖励激励机制，深入广泛地发动群众，切实把群众组织动员起来，用好第三方力量。实施社区重大事项的听证会、协调会、评议会制度，发挥好居民的议事调解作用，通过说理、议事共同破解城市管理难题。围绕"门前三包"责任、院落环境清理、城市环境建设，加强对群众的组织动员，更好地推进共治共管共建共享。推动建立多样化的社会组织，把群众有效组织起来，激发和强化群众主人翁意识，使其自觉自愿参与环境建设，有效解决城市管理中的复杂问题。

（八）理顺城市管理体制，建立部门联动协作机制

推进"街乡吹哨、部门报到"，不断完善城市基层治理体制机制，完善

块处理模式和协调处理机制,开展综合执法、联合执法、精准执法。深化街道管理体制机制改革、机构综合设置改革,建立街道实体化执法平台,探索形成职能整合、扁平高效、管理规范的运行机制。健全部门联动机制,建设规划、设计评审及竣工验收工作机制,加强项目规划审批过程中的沟通协调,有效预防和解决城市弊病。例如架空线入地、道路整修、道路基础设施的维修更新,各部门间有效协调、分工负责,精细、精准地避免道路出现"拉拉锁"现象,提升党和政府建好百姓民生工程的能力和水平。同时,破除重建轻管的观念,探索建管结合、建管一体、建管并重的工作模式,避免先建后管、有建无管的问题。

参考文献

王申恒:《天桥街道以治理思维提升城市管理精细化水平》,天桥街道办事处,2016。

刘波、王方杰:《重庆出台全国首个城市精细化管理标准》,《中国建设报》2017年4月20日,第3版。

王方杰:《城市管理 细节决定成败》,《重庆晨报》2017年4月13日。

滕渠:《黔江:实现城市精细化管理水平再提高》,华龙网,http://cq.cqnews.net/cqqx/html/2017-08/29/content_42712719.htm,最后访问日期:2018年8月29日。

张轮:《上海最严交规体现精细化管理 新加坡交通管理值得借鉴》,《解放日报》2017年4月10日。

B.5
议行分设社区治理模式下"多居一站"的探索与实践

摘　要： 议行分设社区治理模式是政府与社会关系变革和调整的形势要求，也是政府职能转变和完善社区治理模式的必然结果，有助于社区居委会回归基层群众性自治组织的本质，更专注于为居民服务，提高社区自治能力。然而在"一居一站"的实践中，很多地方没能实现社区居委会与社区服务站在机构、人员和经费上的完全的分离，政府行政与社区自治间的矛盾依然存在。2015年，为了进一步深化社区管理体制改革，西城区开始试点探索"多居一站"社区治理体制改革。本报告全面总结天桥街道试点探索"多居一站"社区治理体制改革实践，分析"多居一站"社区治理体制改革面临的困惑与问题，并在此基础上提出，在社区治理体制改革过程中应该对方便居民办事、理顺政府和社区居委会关系、整合服务资源等进行重点关注。

关键词： 议行分设　社区自治　社区治理体制　多居一站

一　议行分设社区治理模式概述

（一）议行分设社区治理模式的内涵与价值

议行分设社区治理模式，即在社区党组织、社区居委会以外，由社区服务站承接和实施政府在社区开展的各项行政工作。议行分设社区治理模式是政府和社会关系变革和调整的形势要求，也是政府职能转变和完善社区治理模式的必然结果，有助于社区居委会回归基层群众性自治组织的本质，更专注于为居民服务，提高社区自治能力。社区居委会、社区服务站由社区党组织统一领导，各司其职，使政府的行政管理和社区自治有序衔接并进行良性互动，从而构建科学、完善的社区治理机制，全面提升为民服务效能和为民服务水平。

（二）议行分设社区治理模式的具体运作

实行议行分设社区治理模式就是要将居委会的工作和政府的工作完全分开，社区居委会不再是政府在基层的"腿"，而是社区居民的"头"，这就要求二者必须从组织结构、职责、经费、人员、场地等方面彻底分离，其中最主要的是机构、人员和经费的分离。

一是机构的分离。社区服务站作为街道办的下属机构，上为政府分忧，下为居民群众办事服务，承担政府在社区交办的各项工作，主要包括民政、卫生、人口计生、治安、环境、文化、科教、法律等工作。社区居委会通过社区居民民主选举产生，不仅是居民自我管理、自我教育和自我服务的基层自治组织，具有群众性和自发性，还是党和政府联系群众的桥梁和纽带，为社区居民服务，并作为居民议事机构，行使决议监督职能。

二是人员的分离。社区服务站根据社区的具体情况配备相应数量的事业单位人员和合同制人员，并参照各地事业单位人员或合同制人员进行管理，确保服务站人员的职业化和专业化，提高行政工作效率和水平。社区居委会委员由居民直接选举产生，多为热心居民，基本实现属地化和兼职化。社区服务站和社区居委会人员完全分离，避免了因人员交叉兼职而影响各自运作的问题。

三是经费的分离。社区服务站的办公经费和工作人员的福利待遇等均由区财政纳入公共财政预算进行统一安排，政府全额拨款，按照收支两条线的办法进行管理。社区居委会开展办公、社区服务和组织自治的必要经费由街道办事处年度财政预算安排，经费使用情况列入社区居务公开范畴，定期向居民公开，接受居民的监督。

（三）议行分设社区治理模式的实践意义

议行分设社区治理模式是我国基层社会治理的一种体制创新，具有很强的操作性，实践意义非常重要。

一是夯实了党在基层的执政基础。在这一治理模式下，社区居委会和社区服务站在社区党委的领导下，共同确保党的路线方针政策在社区得到全面贯彻落实，使党在基层的执政基础不断得到夯实。

二是理顺了政府和居委会的关系。社区服务站与社区居委会分离以前，社区居委会肩负着自我管理和委托管理的双重责任，既要承担本社区的自治管理，又要承接政府及其派出机构所交办的其他行政事务。由于行政事务繁多，街道办事处对社区的工作指派多于指导，导致社区居委会行政化倾向严重，逐渐偏离了"自治组织"的本位，在基层民主建设与城市社区建设方面均产生了极为不利的影响。议行分设社区治理模式将履行政府行政职能的社区服务站从社区居委会的组织体系中分离出来，从组织和功能上恢复了社区居委会的自治地位，有利于推进基层民主建设，而社区服务站人员作为政府部门聘用的专职人员，对上级安排下来的任务没有了推脱怠慢的理由，从而能够确保政府的工作在社区有专人落实。

三是有利于推进基层民主建设。社区居委会通过居站分离、减负自治、流程再造，实现从"对上负责"到"对下服务"的转变，回归服务自治职能本位，集中精力负责社区自治性事务，为发展基层民主创造了有利的环境和氛围。

二 西城区探索"多居一站"议行分设社区治理模式的背景

在2012年印发的《北京市社区服务站建设管理办法》中，社区服务站的定位是社区居委会的服务机构，按照专干不单干、分工不分家的原则，由社区党组织与社区居委会进行统一领导管理并进行工作开展。城市社区采取"一居一站"模式设立社区服务站，社区服务站站长、副站长可由社区党组织或社区居委会负责人兼任。按照这样的制度设计，社区居委会和社区服务站并没能完全分离，"一居一站"并没能理清行政与自治间的关系。

一是依照"一居一站"的形式，部分社区在资源和人力上容易产生浪费。与老旧小区相比，西城区一些较新的商品房住宅小区，尤其是高档小区，居民的经济条件都比较好，老年人、下岗工人、低保对象很少，因而对社区服务站提供的公共服务需求也较低。但是即便社区服务站工作人员服务对象较少，也必须要保证每周工作时间不少于40个小时，工作用房面积不低于50平方米，造成了人力和资源的极大浪费。

二是居委会和服务站"分工不分家"，导致实际工作过程中并没有减轻居委会的行政工作压力。西城区作为首都功能核心区，社区寸土寸金，空间资源非常有限，社区的办公场所往往受到限制，因此大多数社区居委会和服务站都是合署办公，人员交叉使用。更主要的是，长期以来，西城区在"一居一站"的社区治理模式下，政府逐步将社区服务站的工作经费统一纳入社区居委会办公经费中，居委会与服务站实际上"分工不分家"，非常容易造成职责不分。居委会一些突击性的事务，由于人手不足，常常也分配给服务站人员一起来做，导致有时居民到服务站办事找不到人。而政府的行政事务工作，尤其是一些需要入户调查和核实的工作，服务站人员无法独立完成，要依靠社区居委会的人员协助才能完成。这种现象在各个社区都极为明显，本质上还是在于没有将居委会从行政化的事务中剥离出来，反而因为社区服务站的设立，上级政府的一些部门认为在社区已经有真正的"腿"了，从而更加有理由给社区下派任务。

西城区为了进一步深化社区管理体制改革，2015年4月印发了《西城区2015年进一步推进社区治理创新试点工作方案》，提出加快推进社区开放式服务，试点探索"多居一站"。所谓"多居一站"，即依据社区的实际情况以及最佳的服务半径，合理地设计规划社区服务站，由"一居一站"变成一个社区服务站服务周边若干个居委会。具体来说，遵循便于管理服务和便于自治的原则，精准定位社区管辖范围。一般来说，社区常住人口户数基本为1000~3000户，而社区服务站的设立一般以辖区常住人口户数6000~10000户为标准。"多居一站"的社区管理体制，较小范围的社区居委会方便居民自治，从而促进基层民主不断完善发展；同时，较大范围的社区服务站有利于高效地整合社会资源，提高社区管理能力，控制管理成本。

"多居一站"本质上是对居站分离的进一步深化，是以居民自治为主体，以服务群众为重点，实现社区承载行政事务与开展自治事务相分离、政府管理职能与居民自治功能相对互补的新型社区管理模式，也是对议行分设的社区治理体制的探索与创新。

三 议行分设下强化社区自治功能——天桥街道"多居一站"的实践

（一）天桥街道试点"多居一站"实施的基本情况

2015年，天桥街道整合原有天桥小区、禄长街、先农坛、太平街4个社区服务站，在四个社区的中心位置另择新址打造了东经路服务站，开始推行"居站分设、多居一站"的社区治理探索。

东经路服务站辐射4个社区，服务面积1.36平方千米，户籍居民10832户27467人，其中：老年人9090人，占比33.1%；育龄妇女6090人，占比22.2%；社会化退休人员2761人，占比10.1%；残疾人874人，占比3.2%；失业人员388人，占比1.4%；低保家庭314户，低收入家庭20户，特服家庭77户，住房保障轮候家庭399户。街道将社会福利、住房保障、就业服务、为老服务、爱心助残、人口计生等6大类69个代理代办事项全面梳理进站，使社区的公共服务资源实现共享，为民服务实现标准化、精细化、便捷化、信息化，社区行政事务与居民自治实现有效剥离。试点工作得到区领导及相关部门的认可和批示，经验在全区进行推广。

（二）天桥街道试点"多居一站"实施的相关举措

1. 理顺关系，避免错位

我国正处于社会转型时期，传统的城市管理体制逐步从行政化管理向服务型政府转变，大量的行政性事务下沉到社区，居委会则被动"行政化"。在新的社区治理体制中，实行"居站分离"，将负责政府行政工作的服务站从居委会中剥离出来并纳入政府统一管理，整合后的东经路服务站其职能定位为配合并协助政府职能部门办理社区内一切公共服务事项，及时掌握和反映社区居民的需求和建议，并采取有效措施解决相关问题，支持、协助社区居委会开展居民自治工作，从而成为街道办事处在社区开展基层工作的平台。同时进一步形成居委会行政事项与居民自治有效分离局面。社区居委会回归居民自治功能，是社区居民实行民主选举、民主决策、民主管理和民主监督的自治组织，是连接政府机关、社区单位与社区居民之间的桥梁和纽带。所以，必须要强化社区居委会的自治功能，提升社区依法自治能力，维护居民合法权益，要集中精力有效解决社区管理和居民自治面临的新问题。不仅如此，社区党委是社区治理和社区建设的领导核心，要发挥好其引领作用，使社区党组织、社区服务站、社区居委会、各类社区社会组织以及居民之间互联、互助、互补、互动，共同创建和谐宜居的幸福社区。

2. 事务分类，明确职责

坚持"居站分离、议行分设"的原则，将政府职能与社会职能进行科学界分。一是议事分室，从形式上分离。社区服务站的剥离，从办公空间上将社区服务站和社区居委会进行了一一剥离，社区服务站建设行政事务服务大厅、实现社区居委会办公室最小化和社区活动室最大化，逐步建立行政服务、社区自治和社区活动三者独立进行互联互动机制。二是进一步明确社区服务站的职能定位。东经路服务站作为4个撤站社区唯一一个配合政府职能部门办理社区各项行政服务事务的工作平台，是政府的公共服务功能在社区的有效延伸，协助政府职能部门代理代办各种公共服务事项。将有文件依据可循、日常政策性办理、普惠性政策享受事项梳理进站，将慰问随访、办理事项前期核查、个性化政策享受、社会组织培育管理、志愿者服务、公益便民等事项剥离给社区居委会，将服务站原来承接的 108 项职能确认梳理为现在的 6 大类 69 个代理代办事项。遇到新的需要进站代办的服务事项时，常规的事项由社会办组织协调确认进站，非常规事项由主管主任组织协调进站，并确定好工作流程和分工后，方可进站受理实行。

3. 资源分享，从宏观上整合

为了便于社区工作的有效衔接，一方面，街道成立"多居一站"社区治理体制改革试点工作领导小组，全面负责统筹协调服务站发展建设工作。为此，街道党工委、办事处主要领导多次组织召开专题研讨会，明确指导思想、功能定位、人员配备、事项梳理、信息化平台建设、建站选址、装修设计等要求，把握时间节点，强化督导落实，确保建站的发展方向和推进进度；组织各部门及时预排矛盾、破解难题，确保服务站撤站建站工作平稳过渡。另一方面，街道建设事项办理办公流转信息化系统。开发建设了"天桥街道东经路服务站办公流转信息化系统"，全面实现了社区服务站前台与后台、社区服务站与社区居委会、社区服务站与街道办事处职能科室之间办理各种事项所需材料的电子流转和对接，充分实现了事项办理节点的可记录性和可跟踪性；录入相关信息即可导出居民提交办理事项的电子申请表单，提高办事效率；可按人、事项、时间等要素检索和统计居民在服务站办理的所有事项情况；可通过发送手机短信的方式推送事项办理通知。

4. 人员到位，从衔接上理顺

为了便于社区工作的有效衔接，使社区行政事务工作向社区服务站平稳过渡，办事处对原有社区工作人员进行了重新整合，按服务站岗位需求将新建站工作人员的抽调、调配、选拔聘任工作与社区"两委"换届人员调配工作同步进行，完成撤站的 4 个社区居委会的社区工作者和社区协管人员的统筹分割和调配。合并后的东经路服务站实行前台站长、副站长值班的工作机制，负责前台业务工作的受理和调控并处理矛盾纠纷。街道办事处按照社区岗位的设定，择优选拔一些业务能力突出、居民工作经验丰富的社区工作者，以每500户居民配备一名社区工作人员为标准，为东经路服务站配备了20名社区工作人员，其主要为45周岁以下、具有全日制大专以上学历以及助理社工师及以上资格证书的社区工作者。强化思想教育工作，使社区服务站在整合过程中，做到人心安定、队伍稳定、工作有序。

（三）天桥街道试点"多居一站"取得的成效

1. 社区之间公共服务资源实现共享，降低行政成本的同时提升了居民服务水平

原来街道各社区实行的"一居一站"模式中社区服务站承担公共服务职能，居委会则主要负责居民自治。这种"一居一站"的模式很清晰，职责分明，但在规模小、相对老旧的社区实施起来有一定难度。根据社区规范化建设标准，社区的办公和服务用房总面积要达到350平方米左右，其中社区服务站的服务用房面积不低于50平方米，并且要相对独立。在规模小、相对老旧的社区，房屋资源非常紧张，居委会多年挤在四五十平方米的一居室里办公，没有空间建设服务站窗口、活动室及心理咨询室等场所，因此，服务质量无法保证。在一些社区资源紧张的同时，另一些社区却存在服务站建设后资源浪费的现象。有的社区尽管有充足的社区办公和服务用房，但建站后因社区覆盖人群少，人员工作量"不饱和"，服务虽然全面周到但利用率低，浪费行政成本。在社区探索推行"多居一站"，撤销4个社区服务站合建为1个服务站，避免了房屋设施重复建设、办公设备重复购置、人力资源重复配置，避免了密集建站造成的人力、物力浪费，降低了行政成本，在老旧社区居民享受到全面周到服务的同时，扩大了社区文体活动、图书借阅等居民活动及服务用房面积，实现了社区资源的整合和共享及有效配置。

2. 社区服务站实现了为民服务的标准化、精细化、便捷化、信息化，显著提升了为民服务的质量和水平

相邻4个社区"多居一站"改革后的服务站让办事居民出行距离适

宜的同时，服务面积、硬件条件得到切实改善，对政府延伸到社区的老龄、残疾、住保、计生、再就业、福利等行政性工作实施了更加标准化、精细化、专业化的管理，实行"服务站一头管理、前台一口受理、后台分类办理"的工作模式，全面规范服务事项、优化办事流程，让社区政务服务更加便捷、高效、透明，提升了社区政务服务能力，得到了居民的广泛认可。

3. 实现社区行政事务与居民自治的有效剥离，推动居委会自治职能的强化

实行"居站分设、多居一站"社区治理体制，能够充分发挥社区党组织的核心引领、社区居委会的民主自治和社区服务站的公共服务职能，使原有社区党委腾出精力集中力量研究区域工作，发挥核心作用，使社区居委会从日常事务性工作中解放出来，提高"自我管理、自我教育、自我服务、自我监督"功能，使社区服务站从社区党委、社区居委会职能中剥离，实现行政职能归位。同时社区党委及社区居委会保持规模适当小型化有利于增强社区管理的本土化，工作人员有更多的时间走访居民、了解民意，增进了解和感情，更好地推动社区互助服务以及志愿服务等职能的开展。

四 从天桥街道"多居一站"试点看社区治理体制改革面临的困惑与问题

（一）政府与社区居委会彼此之间的依赖性过于强烈

长期以来，基层政府习惯性地将社区居委会当作行政末端，经常以下达任务的方式将一些本该由政府行政管理部门所承担的工作转交给社区执行，一旦离开社区居委会这条重要的"腿"，很多部门就不知道该如何开展工作。与此同时，社区居委会也已经习惯接受政府的工作安排和部署，甚至一些可以自行决定的事务也要得到政府的批准和认可，一旦离开政府的指挥棒，社区居委会也不知道该如何开展工作，在推进社区民主自治工作方面经验不足，缩手缩脚。

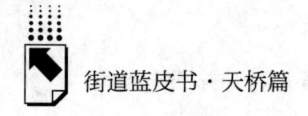

（二）社区居委会开展社区自治的能力亟待加强

总体上看，社区居委会目前还没有完全实现从"听命令做动作"向"听民意做决策"转型。选举出来的社区居委会成员虽然是真正热心社区公共事务、乐于奉献服务的居民，但由于长时间过度依赖街道的领导，社区独立性不够，社会动员方法较少，居民没有参与感和认同感，社区自治理念无法落地。近两年，伴随着"参与式协商"社区民主自治模式的推广，结合"疏解整治促提升"专项行动、背街小巷整治提升行动、街区整理等区域重点工作，社区居委会开展社区自治的能力和水平已经有了大幅提升，但距离社区协商常态化、制度化、规范化、程序化还有很大的差距。

（三）社区居民与驻区单位参与程度有待提高

由于上述问题的存在，社会参与社区治理的活力还没有充分释放，很多居民和驻区单位对社区的认同感和归属感还比较弱，还没有形成为公众服务的意识，大多只注重自身及家庭事务，认为参加社区活动没有意义甚至是浪费时间，并且缺乏持久参与社区建设的耐心。而参与社区治理的社区居民和驻区单位也呈现以下鲜明的特点。一是就参与社会治理的居民而言，参与较多的为老年群体、青少年、下岗失业人员以及困难家庭等弱势群体，而参与较少的为中青年、在职在岗人员等，普遍存在居民收入和文化程度越高，主动参与社区服务工作群体越少的情况。二是居民大多习惯于被动参与街道、社区的自治活动，且局限于参与较低层次社区事务的运作，对社区公共事务的立项、组织和决策关心还不够。就参与活动的内容来看，社区居民更倾向于参加文体活动，对社会公益活动、公民意识培育活动等参加较少。三是由于社区目前向驻区单位提供的服务有限，没能与单位的利益紧密联系，因此有些单位对社区活动、社区自治等多抱有应付了事的态度，没能自觉、主动地参与社区治理，推进社区共驻共建工作的开展。

五 探索"多居一站"社区治理体制改革时需要重点注意的几点问题

"多居一站"改革的根本目的不外乎三个方面,一是更加方便居民办事,二是政府行政和居民自治分开,三是整合服务资源。

(一)从方便居民办事角度考虑,一定要让居民尝到改革带来的甜头,提升对社区的认同度

首先,从居民居住地到服务站的距离不宜过远,合并的服务站一定要方便居民到达,原有服务站的办公空间腾出用作居民活动和服务的场所。其次,重点要放在研究如何将办事的流程进一步优化上,街道公共服务大厅、社区服务站和社区居委会之间的办事流程要重新梳理,能开通绿色通道的尽量打通,能运用信息技术手段解决就省去居民人力跑腿,减少中间环节。最后,作为一项新的改革举措,如何让居民获悉并容易接受,这一信息传播不宜过度侧重政府行政告知的形式,而应该以更亲民的方式进行。

(二)从政府和社区居委会的关系角度考虑,重点要打通居民利益诉求表达和实现的渠道,建立政府管理和居民自治间的互动关系

从历史发展和实际情况来看,社区居委会被定义为具有中国特色的群众性自治组织("半行政、半民间"),既有政府背影,又有群众身影。因此,让社区居委会完全摆脱政府行政束缚去搞自治而不管政府的社会管理和公共服务明显并不现实,而且我国人民缺乏"民主自治的基因",实现自治还有一段很长的路要走,自治意识培养和公共价值塑造需要漫长的过程。所以在社区自治的过程中还需要政府行政管理的引导,但是也要适当放权给社区居委会并给予资金支持,保障社区居委会的合法自治并相应解决居民的合理诉求,塑造社区居委会的公信力。依法保障居委会的自治,完善社区听证和社区评议等对话机制,努力推进"参与式协商"民主自治模式,使社区民主

协商制度化。目前，西城区印发了《西城区持续推进社区减负工作实施方案》，明确提出社区工作实施准入制度，这也就意味着，对于未经批准而擅自进入社区的工作事项，社区有权拒绝。同时，西城区还制定了社区居委会和社区服务站工作事项清单，明确了社区居委会的56个主要工作事项和社区服务站的69个工作事项。西城区各部门、街道办事处要严格落实社区工作准入制度，切实推进社区减负增效，清理整合对社区的评比考核，不断强化社区自治和服务功能，构建科学完善的社区治理体系，有效提升社区治理能力。

（三）从整合服务资源的角度，要强化社区服务站的专业分工，完善并不断创新社区公共服务体制

一方面，需要完善并不断创新社区公共服务体制。通过借鉴"江汉模式"（见表1），构建由政府统一采购，街道办事处发包，社区服务中心、社区服务站服务，社区居委会协调监督的管理体制。通过政府购买服务，推进政府职能转变，将行政化的社区服务站转变为专业化的社会组织。

另一方面，要创新社区公共服务机制。传统的社区公共服务运行机制，职能分解过细，权责不清且存在交叉、运行不顺畅等问题，因此，需要改变传统运行机制，创新管理体制，通过公共服务社区业务流程再造（见表2），重建社区公共服务机制。

表1 社区公共服务"江汉模式"各主体的主要职责

区政府	
	由区政府做好街道社区公共服务发展规划，确定服务购买项目和服务购买要求，测算各街道办事处所辖区域的服务当量，明确资金筹措渠道，做好年度财政预算等
街道办事处	
	由街道办事处代表政府与街道社区服务中心协商签订服务购买合同，指导和监督街道社区服务中心的工作
街道社区服务中心	
	街道社区服务中心设立社区服务站，负责内部人、财、物的管理和服务项目的运行

续表

社区居民委员会
社区居委会负责指导、协调、监督社区服务站的工作,代表居民履行四种权力:一是人员聘用的建议权,参与社区公共服务站站长、副站长及其工作人员的选聘工作;二是工作协调权,牵头组建社区服务协调委员会,协调社区居委会、社区民间组织、社区服务站、其他社会组织之间的工作关系,指导和协助社区服务站开展工作,形成工作合力;三是民意表达权,收集居民需求信息和代表居民权利,监督社区服务站工作人员的服务态度、服务行为、服务状况;四是民主评议权,组织居民代表,通过民主评议,对社区服务站的服务绩效进行年度考评,评议考核合格者,方可续聘,优秀者予以奖励

表2 公共服务社区业务流程再造

服务项目分类
按照"相同职能合并、不同职能分开"的原则,依据社区服务项目间的内在因果关系,将服务项目进行分类
人员整合
根据服务项目的分类,将政府各部门购买公益岗位进入社区的人员进行整合
资金整合
根据各社区服务中心的服务当量和民主评议结果,核定财政资金总额,直接拨付给街道社区服务中心,维护财政分配的公平性,提高财政使用效率

"多居一站"表面上是社区体制的改革,会触及两个结构系统的改革,其实质是政府、社区居委会、社区服务站的权力平衡,对社区内部和外部的结构系统都是一次改革。其实无论是"一站一居"还是"多居一站",如果不解决好这三者间的关系,简单地为完成行政目标而改革,都有可能出现"改革悖论",而仅仅是完成一次物理上的合并。

参考文献

孟迎辉、邓泉国:《城市社区居民自治的法治体系研究》,《学习论坛》2008年第8期。

谢志岿、陈红艳、王向民:《城市化与民主政治:关系及路径选择——对中国城市

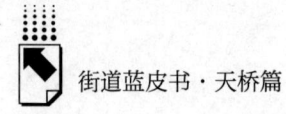

化进程中民主政治建设的研究》,《江西社会科学》2007年第6期。

陈伟东:《权力平衡模式:居委会"两难困境"的破解》,《红旗文稿》2008年第22期。

王国峰、叶萍:《社区管理体制变革与城市治理现代化》,《特区实践与理论》2015年第2期。

皮鹭:《哈尔滨市社区自治组织参与社会管理创新路径研究》,硕士学位论文,哈尔滨商业大学,2014。

B.6
传统文化保护中的社会组织作用研究

——以天桥民俗文化协会为例

摘　要： 我国文化发展已经进入一个新的发展阶段，政府、文化企业、社会组织之间的关系更加密切，社会组织在传统文化保护发展中的主体作用日显重要。要想更好地保护传统文化，进一步释放文化创造潜力，就要充分调动全社会力量参与文化建设，培育公益性的文化类的社会组织，加强行业协会的建设，通过一系列有效政策来调动广大人民群众、社会组织、文化企业等主体的积极性和创造性，充分发挥社会组织在文化保护和发展中的资源整合、投融资促进、专业服务和协调沟通等功能，促进我国传统文化的健康发展。天桥街道作为京味文化的发祥地和民间艺术人才的摇篮，为了推进天桥民俗文化发展，以及更好地传承天桥传统民俗文化，使天桥绝活儿、绝技等天桥传统艺术得到历史重现和发展，成立了天桥民俗文化协会。其宗旨是"保护天桥优秀传统民俗文化，开展非物质文化遗产的保护工作，打造天桥优秀文化品牌活动，助力天桥演艺区的发展建设"，重新打造"天桥"这块金字招牌，弘扬中华民族优秀的传统文化。

关键词： 天桥街道　社会组织　天桥民俗文化协会　传统文化

近年来，社会各界对传统文化的热情不断高涨，广大人民群众以及民间组织更是积极参与其中，对传统文化的保护也越来越受到重视。去年中共中央办公厅、国务院办公厅印发了《关于实施中华优秀传统文化传承发展工程的意见》，提出"充分调动全社会积极性创造性。传承发展中华优秀传统文化是全体中华儿女的共同责任……各类企业和社会组织要积极参与文化资源的开发、保护与利用……发挥非公有制经济组织和社会组织从业人员的积极作用"的要求。这是中国历史上首次以中央文件形式对中华优秀传统文化的传承和发展工作进行专题阐述，也是对社会组织在传统文化保护中的作用的肯定。这对建设社会主义文化强国、增强国家文化软实力，以及保护和传承中华民族优秀传统、延续中华文脉、全面提升人民群众文化素养具有重要意义。传统文化的保护不仅需要从上至下的推动，更需自下而上的响应，大力发展非政府、非营利性质的社会组织，有助于保护传统文化，有助于促进社会主义文化的大发展大繁荣。

一　社会组织是传统文化保护中不可或缺的力量

（一）社会组织与政府、文化企业的关系

在开拓国内外文化市场的背景下，政府、企业以及社会组织共同成为传统文化保护的主体，它们共同发挥主体作用，是促进社会主义文化大繁荣大发展的重要力量。

1. 社会组织与政府之间的关系

随着我国文化体制的改革和市场经济的深化发展，文化类社会组织与政府之间的关系变得更加紧密。社会组织的法律地位也得到进一步明确，它成为推动政府从"办文化"向"管文化"这一职能转变的推动者，承接政府转移的社会管理和服务职能。而政府是社会组织发展的引路者，它引导和培育社会组织健康发展，并为其提供必要的政策和资金支持。文化经济发展环境的优化和提高，进一步推动了文化经济与社会组织的欣欣向荣。

2. 社会组织与文化企业之间的关系

可以说，市场的文化产品和服务是文化企业提供的，而社会组织无法代替，它与文化企业之间是相辅相成的关系。在社会主义文化大繁荣大发展的

共同愿景下,社会组织和文化企业在功能互补、互益互助、互相合作的基础上,共同打造社会主义文化领域新型的生态圈。社会组织为文化企业培育人才、提供所需信息和服务等,特别是在文化"走出去"中充分发挥中介功能,为今后社会组织的发展创造了机遇,为其功能施展搭建了平台。关于传统文化保护和文化类社会组织扶持与培育的相关政策见图1。

时间/文件	主要内容
2015年1月,中共中央办公厅、国务院办公厅颁布《关于加快构建现代公共文化服务体系的意见》	鼓励和引导社会力量参与:促进公共文化服务提供主体和提供方式多元化;培育和规范文化类社会组织:加强对文化类行业协会、基金会、民办非企业单位等社会组织的引导、扶持和管理,促进其规范有序发展
2015年5月,文化部、财政部、新闻出版广电总局、体育总局颁布《关于做好政府向社会力量购买公共文化服务工作的意见》	培育市场主体,丰富服务供给。进一步发挥市场在文化资源配置中的积极作用,推进政府向社会力量购买公共文化服务与培育社会化公共文化服务力量相结合,规范和引导社会组织健康发展,逐步构建多层次、多方式的公共文化服务供给体系
2015年7月,国务院办公厅颁布《关于支持戏曲传承发展的若干政策》	强调戏曲是表现和传承中华优秀传统文化的重要载体,并部署加强戏曲保护与传承,支持戏曲剧本创作和演出,改善戏曲生产条件,支持戏曲艺术表演团体发展等工作,同时提出鼓励和引导社会力量支持戏曲表演团体
2015年10月,国务院办公厅颁布《关于推进基层综合性文化服务中心建设的指导意见》	弘扬中华优秀传统文化,加强非物质文化遗产传承保护和民间文化艺术之乡创建,开展非物质文化遗产展示、民族歌舞、传统体育比赛等民族民俗活动。提出探索社会化建设管理模式。加大政府向社会力量购买公共文化服务力度,拓宽社会供给渠道,丰富基层公共文化服务内容
2016年2月,国务院办公厅颁布《中医药发展战略规划纲要(2016~2030年)》	提出要推动中医药进校园、进社区、进乡村、进家庭,将中医药基础知识纳入中小学传统文化、生理卫生课程,同时充分发挥社会组织作用,形成全社会"信中医、爱中医、用中医"的浓厚氛围和共同发展中医药的良好格局
2016年4月,国务院办公厅颁布《关于深入实施"互联网+流通"行动计划的意见》	指出要增强老字号等传统品牌影响力,积极运用互联网,创新生产工艺和商业模式,弘扬民族、民艺等优秀传统文化,开展知名品牌示范区创建工作,线上线下互动传播中国品牌。积极推进"互联网+流通"行动,着力降低流通成本,提高流通效率,扩大有效供给,鼓励有条件的地方设立"互联网+流通"发展基金,引导社会资本、境外资本加大对流通领域互联网等信息技术应用的投入
2016年5月,文化部、国家发展改革委、财政部、国家文物局颁布《关于推动文化文物单位文化创意产品开发的若干意见》	要求以博物馆、美术馆、图书馆等文化文物单位馆藏文化资源为依托,开发各类文化创意产品,弘扬中华优秀传统文化,传承中华文明。提出鼓励和引导社会力量参与,促进优秀文化资源实现传承、传播和共享

图1 关于传统文化保护和文化类社会组织扶持与培育的相关政策

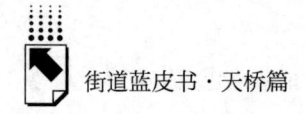

（二）社会组织在传统文化保护事业中的作用

起到传承和保护作用的社会组织主要是从事文化研究和文化保护的志愿型社会组织，如历史研究院、戏曲研究型组织、旅游研究协会等研究型组织。归纳起来，社会组织在保护传统文化中有以下几方面作用。

第一，专业技术指导作用。与传统文化保护相关的社会组织，深谙当地情况，具备一定的专业知识和辨别能力，更有资格选定、鉴定和管理这些传统文化，将确认、研究、归档等工作承担起来，通过辨认、留存、推广或传承的方法保护珍贵的传统文化，这样才能让传承与保护工作更规范、更有成效。尤其是对传统文化的经济开发，更需要专业协会专家的指导，以避免盲目开发对传统文化精髓的破坏，什么能开发，什么不能开发，开发到什么程度，如何平衡开发效果与破坏性之间的关系，都需要专业的知识、前瞻的眼光和持续性的规划。

第二，传承创新示范作用。在传统文化业内，创造性的文化精髓往往集中在少数几个被称为"民间艺术家"或"老艺人"的人身上，深发掘后又会发现，他们身上大多具有该地区的文化修养或内涵，还具有扎实的业务能力、演绎能力和创造能力。一方面，许多社会组织将这些"老艺人"集中起来，以他们的专业素养和艺术修养为基础，适当地加以宣传和推介，就能对当地传统文化的保护和传承起到很好的推动和示范作用；另一方面，其文化氛围本身也构成了这一地区生态和人文的重要组成部分，形成了良性发展和循环，进而更加突出了传承示范创新的作用。

第三，帮助协调支持作用。传统文化的抢救和传承是一项面向民众的工作，需要人民群众的广泛参与，走群众路线，其中发动民众和联系民众、调动"老艺人"的参与积极性和争取各级政府的广泛支持，就需要社会组织来协调。社会组织和传统文化之间本身就具有得天独厚的联系，这是因为在实际工作中，多数与文化保护相关的社会组织是以参与其中的方式保护当地文化的，在这个过程中一方面体验感受了传统文化的魅力，另一方面从工作中、生活中全方位地关心和支持"老艺人",更可以通过丰富多彩、形式多样的参与式活动与当地民众亲密接触,直观地了解到他们的兴趣与文化消费习惯等,这种地缘优势和富有亲和力的人际关系,以及特有的地方语言、生活习惯等因素,使得社会组织在组织协调方面变得不可或缺。与传统文化保护相关的社会组织利用自身的专业优势、组织优势、语言优势、地域优势,更容易获得政府的支持、民众的响应和"老艺人"的配合。

第四,经济转化协调作用。在传统文化中,有一部分是可以转化为生产力的,即成为当地经济发展的一种新兴产业。但是,在实际操作过程中,由于产业的规模、资金和技术手段等不能完全适应市场经济的要求,政府、社会的支持和关注就显得必不可少,在这里,社会组织则可以起到积极的作用。一是可以整合优势资源,在本组织内部寻求强强联合的契机,进而形成1+1大于2的优势互补型产业;二是能够有效连接政府与市场,实现信息的相互传递和地域品牌的建立,形成双赢局面。

第五,社会监督保障作用。传统文化保护是一项参与面极其广泛的大工程,过程中可能会出现各式各样的问题,其中不乏一些别有用心之人会为一己私利而做出损害传统文化核心价值、伤害传统文化艺术家以及人民群众情感的事来,这都需要社会的广泛关注,随时予以监督和批评,使保护、传承传统文化的政策、策略更加科学和优化。而社会组织有专业的判断能力、权威的人才资源以及灵活快捷的信息收集渠道,在很多情况下,各级政府、新闻媒体、广大群众也要重视和借鉴社会组织的建议、意见和批评。

(三)如何充分发挥社会组织的作用

在传统文化保护工作中,各级政府扮演了领头羊和强后盾的角色,不论是哪一个社会组织、哪一个文化单位,在多元文化冲击的大环境下,都具有相对的局限性,只有政府统筹、成员各负其责,才能够重新激发传统文化的生命力,保护和传承历史、地域文化。而文化类社会组织在文化治理体制中发挥着"第三部门"的作用，它是政府和广大人民群众之间联系的重要桥梁和纽带，是凝聚民间文保资源的重要载体，与政府、市场所承担的公共文化服务职能相辅相成，成为传统文化保护中不可或缺的力量。在我国，作用于传统文化，尤其是非物质文化遗产保护方面的社会组织发展相对滞后，但伴随社会的不断发展，为数不多的民间组织也在参与社会问题的过程中扮演了越来越重要的角色。在当前形势下，传统文化保护事业尚有广阔的发展空间和发展方式有待开发和探索，充分发挥社会组织在其中的作用，是非常重要的问题。

第一，创建良好的社会大环境，有利于建立传统文化保护工作的基础。创建整体的文化生态环境对传统文化的保护与传承具有重要意义，应构建一种互相尊重、科学利用、持续稳定发展的文化生态环境，只有这样，才能为传统文化的保护与传承创造良好的社会氛围。

第二，统筹协调、各负其责，各责任主体有不可或缺的作用。社会组织与各级政府、科研单位和咨询机构应该取长补短、相得益彰，贡献自己的力量。改革开放以来，我国公民积极参与社会管理，纷纷成立民间社会组织，组织数量逐年递增。截至2014年底，全国共有社会组织60.6万个，形成固定资产1560.6亿元；全国共有社会团体31.0万个，其中文化类团体有30101个。随着民间组织的逐步规范，民间组织的作用也日益增强，对整个社会的经济发展、和谐稳定都产生了积极的影响。

第三，在实际操作过程中，仍存在很多困难和误区。从总体上看，我国社会组织、社会团体参与传统文化的传承与保护工作不到位，究其原因主要有一些地方政府对社会组织的功能和作用认识不足，社会组织内部结构不规范、管理机制不健全，以及社会组织队伍整体素质不高、法律法规体系制度不健全等。为有效解决这一问题，相关单位应进一步统一思想，加强对社会组织的领导和监督，建立健全社会组织管理机制，提高社会组织自身建设能力，完善社会组织管理的法律法规体系，使社会组织步入规范化和法治化发展轨道，在传统文化保护工作中发挥更大的作用。

二 天桥民俗文化协会促进传统文化保护

每一名参与传统文化保护的工作人员都应该深刻地认识到:"历史文化是城市的灵魂,要像爱惜自己的生命一样保护好城市历史文化遗产。北京是世界著名古都,丰富的历史文化遗产是一张金名片,传承保护好这份宝贵的历史文化遗产是首都的职责,要本着对历史负责、对人民负责的精神,传承历史文脉,处理好城市改造开发和历史文化遗产保护利用的关系,切实做到在保护中发展、在发展中保护。"但是,过多的政府干预甚至越俎代庖的行为,会严重挫伤社会组织的积极性,也会在一定程度上伤害传统文化自身的多样化和创造性,因此,在各级政府统筹协调的前提下,还是要将具体工作更多地转移到支持社会组织发展上,以实现使其主动创新、有独立开展工作的能力以及逐渐壮大自身之目的。而天桥街道地处北京功能核心区,又是京味文化的发祥地,培育发展社会组织创新传统文化保护方式是十分必要的。

(一)成立天桥民俗文化协会的优势

1. 得天独厚的文化资源优势

天桥地区作为京味文化的发祥地、民间艺术人才的摇篮盛行百年之久,涌现了一大批民间艺人。自清朝末年天桥市场建成后,天桥地区就成为北京传统民俗文化表演活动的聚集地,20世纪20~30年代达到鼎盛时期,一直延续到20世纪60年代末,时间跨度长达百年。据不完全统计,从清末至1957年,有500多位民间艺人在天桥卖过艺,以天桥"八大怪"为代表的民间绝技、绝活儿驰名世界,粗略统计天桥绝活儿杂技项目有飞杠、舞叉、车技、摔跤、顶技、银枪刺喉、飞刀、爬竿、蹬技、开砖、抖空竹、举刀、拉弓、打弹弓、练皮条子、耍中幡、吞宝剑、吞铁球、钻刀圈、穿火圈、上刀山、耍石锁、硬气功、魔术、鞭技、柔术、扛竿等。

在新时期,天桥民俗文化艺术成为西城区"文化兴区"发展战略的重要支撑，为天桥演艺区建设奠定了深厚的文化基础。天桥传统民俗文化也是在这段时间逐步发展并达到鼎盛的，其魂脉主要表现为"精""绝""俗""新"四个字。"精"即精益求精，体现了追求精湛技艺的精神。为了展现自己的本领，在天桥"立得住、叫得响"，艺人们各显其能，举手投足、一词一句、一琴一鼓都要精雕细琢，力求将自己在艺术领域的技艺发挥到极致。"八大怪"之一的沈三，掼跤技艺精深，比赛时留下了许多传世经典；单口相声《珍珠翡翠白玉汤》、评剧《刘巧儿》《花为媒》等一直流传至今。"绝"即超越极限、挑战自我的精神。能在天桥立足的艺人们个个身怀绝技，如天桥中幡、摔跤、赛活驴、双风贯耳、胸口开石等绝技，至今让人赞叹不已、回味无穷。"俗"即贴近群众、实现雅俗共赏的精神。"让节目得到观众的认可"是天桥老艺人一直遵循的原则和追求的目标。因此，他们既注重艺术的高超，又结合地域的特色，成就了诸如侯宝林、新凤霞和连阔如等众多老一辈人民艺术家。"新"即融合时代特点、传承与发扬创新并重的精神。纵观天桥传统民俗文化的百年发展，既有在表演形式、内容上创新的艺人，如历经清末至民初的三代"天桥八大怪"，又有在表演设备场地更新上下功夫的，如从只有简陋棚户的天桥市场到拥有多种现代游艺设备的城南游乐场，实现了文化传统一脉相承的创新和发展。

2. 天桥演艺区的建设带来有利契机

随着天桥演艺区建设的不断推进，天桥传统民俗文化协会的成立，对传承和发扬天桥地区特有文化以加强历史厚重感，挖掘、培育民俗艺术人才以繁荣和创新地区文化事业，展示和弘扬天桥文化精髓以提升天桥文化品质，具有深远意义。天桥街道提供的2016年数据显示，天桥地区有经营性演出场所6家，年演出场次达3000场以上，接待中外观众100万人次以上，艺术演出收入2700万元以上，座席数4590个，剧场从业人员279人，传统类演出在北京演出市场占有重要的地位。

3. 商业文化历史悠久，天桥小吃响彻京城内外

老天桥地区是历史上传统的商业区，天桥市场曾经是北京最负盛名的平民市场，各种商业叫卖声此起彼伏，民国初期更成为北京最繁华的商业区。

老天桥小吃是北京传统小吃的典型代表,有豆汁儿、焦圈、艾窝窝、豌豆黄、驴打滚、爆肚儿、面茶、羊杂碎、烧羊肉、炸灌肠、冰糖葫芦、奶油炸糕、卤煮等,还有"茶汤李、白水羊头"等老天桥土生土长的名小吃。目前,天桥地区各地特色餐饮和小吃遍布大街小巷,各种商品物美价廉,形成了氛围浓厚的商业文化。

(二)天桥民俗文化协会的设立和运行

天桥民俗文化协会以"保护天桥优秀传统民俗文化,开展非物质文化遗产的保护工作,打造天桥优秀文化品牌活动,助力天桥演艺区的发展建设"为宗旨,肩负保护、挖掘和传承天桥民俗文化,深入研究天桥文化精髓,承办天桥民间艺术文化宣讲、展演和展销活动,组织天桥民俗文化艺术培训,规划天桥民俗文化产业的建设发展等多项职责。天桥民俗文化协会不仅给了老艺人们一个"家",更重要的是重新打造了"天桥"这块金字招牌。

1. 寻访民间老艺人,重现天桥绝活儿

成立天桥民俗文化协会是推进天桥民俗文化发展的客观需要,对于天桥传统民俗文化得到更好的传承,天桥绝活儿、绝技等天桥传统艺术得到历史重现和发展,"北京的天桥、世界的舞台"的发展理念得到全面深化,具有十分重要的意义,其筹备和组建过程受到了社会各界的广泛关注。在筹备过程中,天桥街道坚持做到登记注册合乎程序,重点事项集思广益,具体工作精益求精。2014年10月天桥民俗文化协会正式成立。协会成立后设立寻访普查小组,跑遍了丰台、通州、平谷、房山等区县,同时通过天桥民俗文化节、宣南文化节、厂甸庙会、"天桥杯"鼓曲邀请赛、天桥民俗艺术团和天桥曲艺茶社演出,以及电视台录制天桥民间艺人节目等形式,吸引天桥民间艺人回归。截至2016年初,天桥民俗文化社已有近百位民间艺人,其中具有各类绝技、绝活儿的有50位,曲艺鼓曲演员有30多位。老天桥"朱氏三雄"之一的朱国良、"宝三"弟子马贵保、天桥中幡传人付文刚、"盘杠子"传人曹华德、京城"叫卖真人"张振元等一批"尘封"世间的老艺人及其传人相继浮出水面。

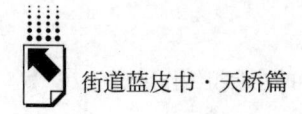

2. 支持民间艺术团体发展壮大

天桥民俗文化协会一方面对原有的民间艺术团体进行扶植，如重组秧歌队、空竹队、太极扇队，将民间艺人自组的评剧团更名为天桥评剧团等，另一方面适应群众文化生活增长和时代发展的需要，建立起新的文化团队和组织机构，如成立天桥民俗文化社、天桥民俗艺术团、民族舞蹈队、合唱团、天桥民俗文化活动票友会等。

3. 弘扬中华优秀节日文化

天桥民俗文化协会紧紧抓住清明节、端午节、中秋节等传统节日的契机，在春节、元宵、清明、端午、七夕、中秋、重阳等重要节日时点，先后开展了不同主题的教育活动。如春节的"社区大拜年"让社区居民感受到了社区的温暖和邻里的温情，从而营造了仁义、重礼的浓厚氛围；清明节期间举行的"祭先农、识五谷、耕作在天桥"活动，充分展现了中华民族的智慧与勤劳；重阳节的登高习俗让社区居民享受到登高给他们带来的快乐，也感受到尊老敬老的美德。辖区的北纬路中学还把中华传统文化编印成学习材料，正式纳入学校教学活动之中，通过让青年学生学习了解中华文化，更加有力地推动了中华传统文化的弘扬和传承。此外，协会举办了"写春联、赏民俗、过腊八"系列文化活动，邀请书画爱好者书写千副春联为社区居民送"福"。向辖区居民、企事业单位征集春联的内容后，再写成春联、"福"字赠送给天桥各社区居民，针对辖区内的孤、老、残等行动不便的老人，还组织专门人员送"福"上门。同时邀请中国乡土艺术协会会长、北京工商大学教授等专业人员为居民讲述过腊八、贴春联、过春节的习俗，让居民更多地了解民俗知识与天桥文化。

4. 促进会员发展与合作

协会会员既涵盖老一辈艺术家、专家学者和社会知名人士，也包括社会组织、社团代表、企事业单位代表和社区居民代表等。协会通过设计多种载体，建立多种平台，利用多种形式，促进不同文化主体之间交流信息、沟通情况、分享经验、达成合作，优化配置文化资源等方式，把有加入意愿的文化社团组织，以及有影响力、有代表性的个人、企业、研究机构和其他文化组织，及时吸收到协会中来。

5. 加强政府和文化组织的联系

及时搜集和研究天桥民俗文化方面关于抢救保护、促进发展、提升形象等的意见和建议。在党的领导和政府的支持下，积极宣传贯彻党和国家各项方针政策，积极发动、组织各类文艺团体在党政关注、群众需要的地方和领域，以群众喜闻乐见的形式开展文化艺术活动，充分发挥文化引领风尚、推动社会和谐发展的作用。

6. 推进民俗文化事业发展

积极组织开展天桥民俗文化展览（展示）活动，积极组织开展天桥民俗文化发展课题研究，探索和实践新形势下天桥民俗文化事业发展建设的有效途径和方法。充分发挥联系广泛和资源密集的优势，为各类文化主体提供形式多样的服务，促进其能力建设。积极开展天桥民俗文化与异地异域异国民间民俗文化的交流活动，弘扬中华民族的传统美德，营造民俗文化事业发展的良好氛围。

三 阻碍天桥民俗文化协会发展的三个问题

（一）文化资源整合不够，不能形成全面发展的联动机制

天桥地区经过长期的历史积淀，演艺文化、绝活儿文化、商业文化、节日文化、酒店文化和体育文化等文化资源丰富。但是各种文化资源比较分散，不能进行有效整合。区域内的演艺产业比较发达，但与商业的互动还不明显，大量的人流量没有产生预期的商业效果。需要合理配置文化资源，促进各种文化的联动发展，营造共同繁荣的文化氛围。

（二）传统文化品牌效应不强，文化影响力需要提升

近年来开展的一系列文化活动，如清明节的"祭先农、识五谷"、"七夕"天桥会、"天桥杯"鼓曲邀请赛、天桥民俗文化节等，取得了良好的社

会效应，满足了社区居民的文化生活需求，但是这些活动的演出规模、持续时间、活动参与人数、商业效益等都十分有限，各类文化活动缺乏精品项目，在国内外日趋活跃的文化市场不能产生品牌效应，对提升天桥民俗文化的影响力不能发挥有效作用。

（三）文化演出团体规模较小，文化载体建设有待加强

近年来，天桥地区聚集了北京杂技团、德云社、风雷京剧团、天桥曲艺茶社、天桥民俗艺术团、天桥评剧团、天桥宝三民俗文化艺术团等演出团体，为发扬天桥民俗文化发挥着重要作用。但是随着北京市演艺产业的市场竞争加剧，这些演出团体面临人才流失严重、经营场所不足、缺乏优秀剧目等问题。总的来看，规模偏小，总体利润偏低，企业的体制、机制和管理创新不足，企业活力和竞争力有待进一步加强，文化经纪机制还需进一步完善。

四　关于完善天桥民俗文化协会功能的几点建议

（一）明确天桥民俗文化协会的功能定位

天桥民俗文化协会的发展需要以"传承华夏文明，汇集演艺国粹，创新传统艺术，引导潮流消费"为旗帜，积极参与濒危传统文化的抢救性保护及创新性传承工作，帮助和培养传统文化的传承人，通过传统文化产业实现其价值的经济转化，聚集文化经纪机构和表演团体，满足首都文化产品和服务出口的需要。

（二）加大政策扶持

提供必要的政策扶持是文化产业快速发展的助推器。北京市已经出台一系列促进创意产业发展的政策，在资金支持、市场准入、服务环境、管理方式等方面给予大力支持，对涉及各税种的48种税收都实行了优惠。一方面，

天桥街道需要结合本地区文化建设现状，制定和完善扶持传统文化事业、发展传统文化产业、指导传统文化创新、引进与保护传统文化优秀人才等方面的政策措施。另一方面，需要积极争取国家、北京市、西城区文化部门的大力支持，在传统文化建设、企业入驻、文化硬件设施改善等方面获得更多的优惠政策。

（三）落实资金保障

资金短缺是社会组织发展面临的普遍困境。一般来说，政府资助、社会赞助、会员会费和服务收益是社会组织几项主要的资金来源。但在实际操作中，传统文化保护意识薄弱，企业和个人参与公益捐赠的积极性不高，文化组织想要募集到大量的社会资金比较困难，而且文化组织的会费收入和服务收益也比较有限。因此，政府资助成为文化组织的主要经费来源。在此背景下，天桥民俗文化协会需要做以下几方面的工作。一是争取北京市和西城区文化创意产业专项资金扶持，支持重点演艺项目加快建设，扶持演出团体发展壮大，创作更多优秀传统剧目。二是利用天桥民俗文化协会资金，重点支持濒危民俗文化申报非物质文化遗产，发挥天桥中幡、北京琴书等非物质文化遗产项目的作用，举办民俗文化的传承保护活动，建设各类民俗文化展示中心。三是优化资金筹措策略和渠道，促进投资主体的多元化，吸纳民间资本投资，发挥名人效应对文化产业的促进作用，吸引演艺名人投资天桥文化创意产业。

（四）扩大对外宣传

利用政府的资源优势进一步将区域文化资源充实到品牌活动中，举办论坛、展演、展览展示、文化节等文化活动，利用媒体、研讨会、网站等营销途径和手段，促进优秀文化品牌的塑造，积极推动民俗文化演出团体参与北京市各类文化活动的演出，扩大与天津、河北、河南、山东等省市的民俗文化交流活动，组织优秀演出团队参与国际文化交流，通过多种形式不断提高天桥文化产业的国内外影响力。

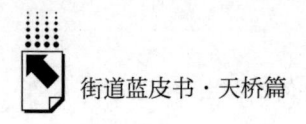

参考文献

北京市西城区天桥街道：《浅谈社会组织在传统文化保护中的作用——发挥天桥民俗文化协会作用　大力弘扬老北京传统文化》，《处级领导调研报告（2016）》。

王海文：《文化经济繁荣背景下我国社会组织功能的深化》，《商业时代》2014年第23期。

刘爱河、燕海鸣：《社会组织：文化遗产保护中不可或缺的力量》，《中国文物科学研究》2016年第3期。

魏俊玲、朱明霞：《论中国传统文化的传承与保护》，《人民论坛》2013年第20期。

谢芝：《传统文化保护视域下的民族乡村文化产业发展研究》，硕士学位论文，贵州大学，2016。

调研报告

Survey Reports

B.7 关于天桥街道素质教育开展情况的调研

摘　要： 素质教育是改革开放以来形成的中国特色的教育模式，其目标是提高受教育者的整体素质，重视受教育者的思想道德、实践能力和创新能力的培养以及充分挖掘个人的内在潜力。随着经济的快速发展，社会主义建设对符合其发展需要的创新人才需求日益增大，发展素质教育模式，培养符合现代化建设的高素质人才变得尤为紧迫。天桥街道在全面实施素质教育工作中，发挥文化教育引领风尚、凝聚民心、服务社会、推动发展的作用，坚持以文化育文明，努力打造与首都发展相适应的"软环境"，形成了天桥独有的区域文化教育特色。但在实践过程中难免遇到一些问题，本报告在对天桥街道实施素质教育情况进行调研的基础上，针对天桥街道开展素质教育工作中遇到的问题提出几点建议。

关键词： 天桥街道　素质教育　高素质人才　文化教育

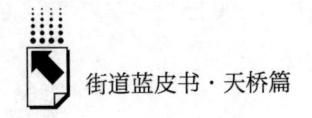

一 素质教育的开展是社会主义发展的必然要求

素质教育是于20世纪80年代中期提出来的,并得到了大部分教育界人士的认同。它是为了改变传统应试教育方式而提出的,以树立独立与自由的素质教育理念为前提,以提高公民素质水平、促进人的现代化和全面发展为目标,对我国社会和人的发展有至关重要的作用。

(一)有助于推进社会主义现代化建设

高素质的公民和人才是推进我国政治、经济、文化现代化的动力之源。在政治建设方面,只有加强素质教育,才能培养公民自觉的权利义务意识,让广大人民群众真正理解自己作为一个公民应有的权利和需要承担的义务与责任,从而培养民主意识,让人们自觉参与社会主义建设,同时发挥公众监督的权利,杜绝一切违法违纪行为,最终实现人民当家作主,建立、巩固和发展我国社会主义民主政治制度。在经济建设方面,加强素质教育可以提高广大人民群众独立自主的主体意识和公平竞争的平等意识,在从事经济活动中自觉遵纪守法,从而有利于推进社会主义市场经济体制建设。在文化建设方面,加强素质教育可以提高公民的道德文化水平,培养有道德、有理想、有文化、有纪律的社会主义公民,使其具有更加适合现代化社会的文化观念和素养。特别是在全球化的背景下,中西文化交流紧密,提高广大人民群众的素养有助于增强国内外各界人士对中华民族文化的认同,更可以提高我国文化软实力。另外,推进素质教育还能提高广大人民群众的理论和实践水平,进而更快更好地接受先进的理念和科学知识,进一步推进我国社会主义现代化建设。

(二)有助于构建社会主义和谐社会

社会主义和谐社会的基本特征是民主法治、公平正义、诚信友爱、充满活力、安定有序、人与自然和谐相处,这些都离不开团结、友爱、民主、平等、诚实、守信、健康、文明等良好的主体意识和行为习惯，这就需要加强素质教育，提高人们的素质和修养，培养公民意识和行为，构建健康文明的生活方式。在推进素质教育开展过程中，培养民主意识可以让群众享受权利的同时，尽到应尽的义务，关心国家、社会和人民的利益，为他人考虑，对家庭、社会、国家负责。培养平等意识，可以避免让部分人享受特权，凌驾于法律之上，让人们意识到，在政治生活中，每个公民都有平等参与的权利，在经济活动中，每个人都有公平竞争的权利，这有利于形成良好的自由平等的社会风尚。同时，开展素质教育，提高公民素养，还能形成讲道德、讲文明、讲礼貌的社会风气，让每个人都自觉遵守道德规范和维护社会公共秩序，从而促进社会和谐稳定健康发展。

（三）有助于促进人的自由全面发展

传统的应试教育只注重对知识系统的传授，而忽略人的实践能力、思想道德和综合素质的培养，这样培养出来的人才不符合现代化建设的人才需求。而素质教育的开展，则有利于培养适应时代发展的人才，它不仅注重知识的传授，更加注重人的全面、充分、自由、和谐发展，要求德、智、体、美、劳等方面并重，注重挖掘每个人的内在潜力，并注重思想道德素质、身体素质、心理素质、科学文化素质、审美素质、创新能力和实践能力素质的培养，使人拥有终身学习的理念与能力。随着素质的提高，人的道德和品格会更加高尚，情操得到陶冶，视野也会不断开阔。总之，开展素质教育可以使人更好地适应现代社会的发展，促进人的自由全面发展。

二 天桥街道全面开展素质教育提升街区"软实力"

天桥街道始终坚持以邓小平理论和"三个代表"重要思想为指导，以科学发展观为统领，紧紧围绕社会主义核心价值观和"创新、协调、绿色、开放、共享"五大发展理念，贯彻落实"全面实施素质教育，积极发展继续教育，完善终身教育体系，建设学习型社会"的战略部署，按照《西城区人民政府进一步推进全面实施素质教育评价工作方案》，全面贯彻落实各项目标责任制要求，扎实推进素质教育的全面实施，保证天桥地区教育水平持续健康发展。同时，按照以文化人、立德树人的理念，天桥街道着力构筑学校、社区、家庭"三位一体"的教育格局，努力培育具有天桥特色、凸显民俗文化底蕴的学习型组织，构建全覆盖多层次开放式的终身教育体系，不断拓展社区教育领域，创新社区教育载体，搭建社区教育平台，塑造社区教育品牌，在全面提高科学发展水平、文明程度、教育水平、服务群众意识等方面实现了新突破。近年来，天桥街道教育文化等品牌活动影响广泛，连续多年被评为首都文明街道，并先后获得"传统节日文化活动推广基地"、全国群众体育工作先进集体、国家社区体育健身俱乐部试点单位、全国军民共建社会主义精神文明先进单位、"中国民间文化艺术之乡"等荣誉称号。街道8个社区全部被评为学习型先进社区，2015年永安路社区被评为西城区首批学习型示范社区。

（一）高度重视，统筹规划，形成健全的组织机制

街道党工委、办事处始终把素质教育工作当作民生工程及执政能力建设的重要任务，把构建终身学习服务网络的过程作为推动素质教育工作的重要过程，专门成立由街道党工委、办事处机关职能科室、地区教育委员会组成的实施素质教育工作领导小组，形成由主要领导牵头、主管领导负责、主责科室推进、相关部门协同的工作格局。确立了以区市民总校、街道市民中心校和社区市民分校三级网络为主体，地区各级、各类教育机构团体为补充的覆盖全地区的社区教育网络，努力建成公平、优质、创新、开放的天桥教育体系，做到上下联动、密切配合、分工明确、责任清晰、整体推进，形成了上至街道党政领导，下至社区居民，积极参与学习、认真履行教育职责的良好学习氛围，为街道教育工作的良性发展奠定了基础。

（二）健全制度，明确责任，形成科学的管理机制

为保证教育法律法规执行和地区素质教育的有效开展，街道从制度入

手,建立了执行教育法律法规和实施素质教育工作的各项规章制度,如确立了社区教育工作会制度、处级领导联系学校制度、天桥街道校园周边巡视制度等。通过各项制度的建立,加强街道与地区教育机构、相关部门间的沟通联系,明确各自在落实教育法律法规、开展素质教育工作中的职责和任务,确保工作落到实处。

(三)加大投入,多方筹措,落实教育工作经费保障

天桥街道重视教育经费的投入,在制定本地区经济和社会发展规划、年度计划、年度财政预算,参与城市规划建设时,实行"教育优先"原则,积极投入资金用于发展社区文化、开展各类教育活动、改善教育场所环境等项目,做到专款专用、逐年增长,为实施素质教育提供了坚实的财政保障。2013~2015年共投入经费627.44万元(2013年183.8万元,2014年209.57万元,2015年234.07万元)。街道积极筹措资金,三年来连续获得区文委、体育局等上级单位专项经费支持。同时,通过项目申报筹措资金,以社会组织为单位参与社会组织孵化、"1+1"助推工程、"三关爱"志愿服务、区志愿服务示范项目等申报工作,从各渠道争取经费支持。

(四)夯实基础,整合资源,推进素质教育规范化发展

充分利用区域内教育、文化资源优势,构建市民终身学习基地与活动平台,构建社区居民学习圈,完善面向居民的终身学习服务体系,让学习融入生活。

1. 完善教育阵地建设

天桥社区文化教育中心作为地区综合教育活动基地,拥有场地近2000平方米,包括课程班专用教室、舞蹈教室、科普活动站、图书馆(藏书35000多册)、多功能厅等活动场所。天桥街道成立了天桥社区体育培训教育中心、天桥评剧团、天桥曲艺茶社、天桥民俗工艺坊、红十字活动中心、天桥街道人口学校、志愿者管理培训中心、天桥社区体育培训健身俱乐部、天桥乒乓球俱乐部、快乐英语班、人才之友俱乐部等多个培训分中心,并加

强对社团组织的管理,总结推广引领性社团组织的经验,发挥其示范、辐射作用,提升社团组织的整体水平,使社团组织更好地、长效地服务辖区居民。

2. 整合社会教育资源

积极动员辖区内市、区属教育、文化、体育等部门开放资源,参与市民终身学习活动,为市民学习提供场馆教室、图书资料、设施设备等各类服务。比如:新世纪实验小学利用语音教室举办社区居民英语班;育才学校为社区学院提供计算机教室;徐悲鸿中学为社区居民开办心理疏导课;香厂路小学提供课桌椅、派出教师,利用周末为外来务工子弟在社区开办"阳光课堂";虎坊路幼儿园与社区联合开展阳光乖乖虎早教俱乐部项目;古代建筑博物馆协助街道开展古建筑知识讲座;友谊医院、宣武中医院为社区开办医学健康大讲堂;等等。

3. 依托社会组织提升服务水平

引导民俗文化类和专业服务类社会组织参与素质教育工作,目前已有楼门文化培训中心、志愿者培育中心、社区青年汇、睦邻社会工作事务所、常青藤可持续发展研究所、上海新途社区健康促进社、中国社区文化交流协会、天桥民俗文化协会、毛众文化工作室等专业社会力量进驻,协助街道和社区开展青少年校外教育、为老服务、文体活动、团队能力建设等公益项目。如向常青藤可持续发展研究所购买的"忘年天桥 和美永安—鹤发童颜 睦邻之家"项目和天桥"小伙伴—永安学堂"、天桥"老朋友—永安之家"等项目,通过科普课堂、非遗进社区、儿童安全活动、森林亲子运动会、健康生活健步走、照料者俱乐部等活动,提升了永安路社区儿童的文化素养、自然道德意识和安全意识,改善了学龄前儿童亲子关系,培养了儿童学习习惯,助力儿童成长,同时也丰富了社区低龄老人的文娱生活,提升了困难老人的居家照护质量,加强了社区养老志愿者团队建设,发挥了社会组织在社区治理及社区素质教育中的积极作用。

(五)科学规划,有序开展,全方位创建学习型组织

结合街道实际情况,研究制定了 2010~2015 年《天桥街道发展社区教

育 创建学习型街道五年规划》，明确提出了构建五大网络的战略部署，即构建学习型街道指导网络，构建社区教育管理网络，构建社区自主学习网络，构建学习型组织人才网络，构建远程教育网络。

1. 抓好学习型机关建设

结合《关于开展学习型党组织建设的实施意见》，将创建学习型机关列为党员干部培训计划的重要内容，下大力量抓好知识更新、思维创新、能力拓展、团队学习和人性化管理，提高干部的学习能力、服务能力和文化素养。街道还成立了学习型党组织建设领导小组，以学习型党组织建设为龙头，积极做好"五结合"，即与处级领导中心组学习相结合，与街道干部教育培训相结合，与基层党组织和党员队伍建设相结合，与工会、共青团等群众组织教育活动相结合，与各社区党委、非公党组织学习教育活动相结合，全程引领，全程负责，全力提高各类组织的学习能力。

2. 抓好学习型社区建设

在街道机关带动下，八个社区居委会全力抓好学习型社区的相关工作，根据每个社区特点建立有关社区学习的引领性组织，并根据居民的学习需求自主规划并安排学习课程，把学习导入社区管理，逐步形成以协调社区关系，解决社区问题，营造崇尚知识、鼓励创新、和谐共享的氛围为主要元素的社区主流文化。

3. 抓好学习型家庭、学习型社会建设

持续开展学习型家庭"五个一"宣传动员活动（有一个书柜、有一百本书、有一份报刊、每天学习一小时、每读一本书写一篇读书心得）。在北京市终身学习周活动中，将学习型家庭在读书、民俗文化传承、书画等方面的作品进行展览展示，提高学习型家庭学习的积极性。在抓好学习型家庭建设的基础上，以点带面进行宣传，推进学习型社会建设，营造市民终身学习、社区居民广泛学习的文化氛围。

（六）丰富内容，创新形式，实现素质教育人群全覆盖

为全面落实素质教育目标，天桥街道围绕人的全生命周期，针对不同人

群开展了多序列、多层次的素质教育培训，主要包括学前教育和青少年校外教育、在职人员与下岗人员教育培训、弱势群体生存技能培训、中老年群体社会文化教育活动培训、外来务工人员适应城市社会生活培训，以及提高地区全体居民的科学文化、思想道德水平和社会生活能力等方面的教育培训活动。

1. 重视幼儿教育及其服务，抓好学前教育工作

建设0~3岁儿童早期教育发展基地，完善和发展基地特色项目，开展"多彩天桥，快乐宝宝亲子嘉年华"等幼儿教育活动，优化儿童发展环境，促进儿童早期的全面发展。加强与虎坊路幼儿园的沟通联系，每年街道以街校共建的形式投入经费用于幼儿园的建设发展，在"六一"儿童节、教师节期间协助学校开展节日庆祝活动，在学前教育方面做了大量的工作。

2. 丰富素质教育内涵，办好青少年社会大课堂

以"校社互动"机制为平台，以"知天桥，爱北京"为主题，开展"民俗文化进校园"活动。在课程设置上突出区域民俗文化特点，开设了以民俗工艺、民俗曲艺为主要内容的北京琴书、相声、太极拳、抖空竹、编织等校本课程，多年来持续在辖区的香厂路小学和新世纪实验小学开课。特别是在新世纪实验小学开展的北京琴书课程，通过几年来老艺人对学生的授课和培养，学生们已经可以在剧场独立演出，并在区级的曲艺比赛中获得奖项。今年育才学校也将先农文化列为校本课程。工作的开展对民俗文化的传承和学生个性特长的发展起到了重要的推动作用。在校外教育方面，利用寒暑假开展了安全、法制、环保、非遗传承、文明礼仪等青少年校外教育活动，如"绿色生活 变废为宝"创意作品展，"童心共筑中国梦 争做社区好少年"系列活动，学法、懂法、守法之法制大讲堂活动，"魅力天桥 多彩夏日"非遗传承活动，"为社区环境出把力 争当环保小卫士"活动，"弘扬雷锋精神 争做美德少年"活动等，丰富了青少年业余文化生活，提高了青少年的整体素质，成效显著。在家庭教育方面，举办家庭教育讲座，邀请家长参加街道组织的各类活动，通过讲座和活动的开展帮助家长确立新的教育理念，调动其教育子女的积极性和主动性。

3. 采用多样化老年教育形式，丰富老年人生活

为提高老年人的生活质量，倡导"学习——活出生命的意义"这一理念，街道开办了计算机、剪纸、太极拳、评剧、编织等课程班，举办保健知识讲座、老年模特班等，让老人们切磋技艺，相互学习，相互带动，受到了老年朋友的欢迎。积极组织老年人开展团队活动，如虎坊路社区的老来乐开心驿站，在社区设立专门活动室，社区近20名老年人定期开展手工制作活动，快乐幸福掠影墙上展示了老人们的作品及其制作流程和老人的幸福时光。再如留学路社区的专业助老活动，将社区空巢老人聚在一起，使老人通过游戏相识相知，以渐进连续的形式给老人提供健康多彩且积极科学的老年生活方式，打造了新的助老服务方式，使老人真正做到老有所想、老有所为和老有所乐。

4. 注重针对性，开展提高生存技能教育和救助工作

社区教育的不少课程是专为下岗失业人员、来京务工人员和地区残疾人设计的，安排了"低保"政策解读、再就业政策解析、心理咨询、求职策略、法律法规教育、文明礼仪、道德教育、健康促进等相关知识讲座，并组织人员参加计算机、编织、丝网花制作等专业技能培训，每年接受培训的达600余人，实现成功就业的人员基本上都参加过社区针对性、实效性的教育与职业技能培训。落实《义务教育法》，开展流动人口普及教育工作，做好流动人口子女入学的宣传工作，每年为流动人口办理子女入学手续50人左右。做好捐资助学工作，建立贫困家庭子女和弱势群体教育资助制度，加强对低保低收入特困家庭学生的资助，三年来共资助低保低收入特困家庭学生114人次，救助金额28.47万元。

5. 面向社区建设发展及居民生活需求，广泛开展市民教育

以满足广大居民不同需求为目标，街道办事处立足于社区，面向居民，广泛开展精神文明建设教育活动，主要包括各类政策法规和文明规范等；广泛开展技能培训教育，主要包括外语、计算机应用和网络技术等；广泛开展百科类培训教育，主要包括优生优育、妇幼保健、日常护理和亲子课堂等；广泛开展生活类社区教育活动，主要包括琴棋书画、健身娱乐

等。街道市民学校课程班多年来长期开展，有书画班、声乐班、英语班、剪纸班、摄影班等6个课程班。书画班已连续举办了12年，为使书画学习活动长期化，成立了天桥书画社，不少成员成为社区教育骨干志愿者，在春节前夕，书法班师生积极参加新春送"福"活动，为地区居民写春联送"福"字。英语班连续举办了13年，多次参加区、街活动，取得优异成绩。目前，书画班、英语班已成为众多课程班中的品牌课程。三年来，街道持续开展市民教育活动，每年举办"市民大讲堂""百姓宣讲""道德讲堂"不少于60期。天桥街道社区社团举办各类培训1000余次/年，参加多种讲座、研讨、老年教育和科普文化活动的居民约5万人次/年，参与社区学习的覆盖面不断扩大。

（七）部门协作，综合治理，营造良好的育人环境

天桥街道高度重视对校园周边环境的综合治理工作。每年辖区学校的开学典礼和教师节，街道领导都会到学校了解校园周边安全、交通秩序维护、卫生防疫、未成年人保护等方面存在的困难与问题。高考期间，多部门联手定人定岗在学校门口做好执勤和服务，为了保证此项工作能够经常深入持久地开展，制定了《天桥街道干部联系走访学校制度》及《天桥街道学校周边巡视制度》。在街道的统一领导下，公安、交通、城管、工商、卫生等职能部门，各司其职，各负其责，齐抓共管，密切配合，确保各项措施能够贯彻落实到位，责任明确落实到人。为了保障各项工作有效推进，街道还采取"一对一"的方式对校园安全工作进行督察检查，及时整治学校存在的隐患问题。比如针对育才学校门口交通拥堵的问题，通过地区交通安委会办公室协调区交通支队，加大高峰时间的交通疏导；加强日常检查，规范经营行为，社区加大宣传力度，教育广大居民不要将车辆停放在交通通道；与学校相邻单位沟通，要求车辆进出时减速慢行，注意过往学生。再如针对徐悲鸿初中部提出的安全隐患问题，在校园两边安装减速带，控制过往车辆车速；与校园周边液化气站沟通，加强门口秩序维护，避免有吸烟现象出现。又如针对香厂路学校、虎坊路幼儿园提出的隐患问题，加强商户教育，加强日常

检查，规范校园周边商户经营行为。街道多方协调出实招，切实解决学校存在的实际困难和问题。

（八）科技引领，资源共享，利用网络新媒体开展教育活动

街道建立了全响应网格化社会服务体系，以社区网格为单元，以信息技术为支撑，以整合力量和优化流程为重点，建立起"精细化管理、个性化服务、多元化参与、科学化运转"的运行机制，充分利用新科技做了大量工作。各社区均接通政务网线，实现24小时不限流量上网，为社区配备电脑办公设备，对各类设备出现故障及时维修，为教育活动开展提供硬件保障。在雷锋图书馆、民俗图书馆、先农坛社区、太平街社区建有网络阅览室（电脑教室），供居民使用。社区安装LED显示屏，宣传环保、气象、养生、国家政策等知识，供居民学习。采用西城区市民终身学习成果认证制度，为学员办理学习卡，进行学时记录。面向机关干部和社区工作者开展办公自动化系统使用培训，以现代化技术促进地区素质教育工作提升。

三 开展素质教育面临的困难

（一）对素质教育的认识存在偏差

在经济快速发展的当下，对经济利益的盲目追求，使很多人只重视专业知识的学习，而忽视个人素质的培养，认为素质教育是"通识教育"，不但挤占了专业教育的学时，还冲淡了专业知识的学习，没有开展素质教育的必要。一些学校在推进素质教育过程中仅局限于文化素质教育，而应该接受教育的人也不愿意接受素质教育，导致开展素质教育仅仅停留在开办讲座、开展课堂活动和校园文化活动的层面，并没有将素质教育纳入核心教育，更没有深入挖掘素质教育中蕴含的精神、信仰、思维方式等价值观、人生观、世界观和方法论，甚至加强素质教育仅停留在口头上，没有什么实际行动。

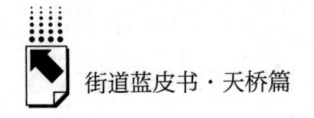

（二）社会参与支持素质教育的相关制度还不完善

作为实施素质教育的一个主要阵地，学校的校长和老师在教育改革上没有明确的责任和权利，也缺乏相应的激励机制，学校仍然只注重升学率，而且学校开展的各种素质教育活动又面临安全的问题，影响素质教育的开展。在社会实践和校外教育方面又没有相应的制度保障，得不到社会各方面力量的支持。企事业单位没有承担素质教育的义务，其相关资源很难对外开放，开展公益活动、生产劳动、社会实践等往往面临没有地方接纳的情况。总体来看，现阶段仍然处于对素质教育进行政策引导、倡导的阶段，缺乏科学、合理、完善的制度安排，也没有形成有利于教育改革的社会和舆论环境，让公共教育资源对外开放，使社会承担素质教育的责任。

（三）只注重素质教育的形式

素质教育并不是一个将知识或者素养强加给个体的过程，最终要体现在个人综合素质提高上。但有些时候素质教育只注重形式，通过各种方法与手段轰轰烈烈地开展素质教育，而忽视个体将知识和素养内化的过程。整个素质教育的过程脱离了每个独特的个体，表面上看起来内容丰富、形式多样，开展得非常热闹，但是学习的个体并没有将这些知识与能力内化，也没有提高个人素养。

四 在基层实践中加强素质教育的几点建议

（一）把加强素质教育与弘扬核心价值观紧密结合

以社会主义核心价值观为导向，以丰富多彩的群众性教育文化活动为媒介，将社会主义核心价值观更好地融入百姓生活。不仅如此，还可以将学校教材、企业文化以及影视剧、文明宣导语等作为教育载体，将弘扬社会主义核心价值观落实到国民教育中，倡导权利义务意识、民主与平等意识，培养国民良好的道德品质和文明行为习惯，整体改善社会风气，从而强化和巩固群众的公民意识，引导公民遵守基本行为规范。

（二）做好媒体宣传

借助现代化宣传技术以及传统媒体，加大宣传力度，让人们正确认识加强素质教育的必要性。素质教育是一种教育模式，其目标是提高受教育者诸方面的素质，如思想道德、个性发展、身体和心理健康等，注重开发人的智慧潜能，有助于形成人的健全个性，对个人未来的发展十分重要。只有让人们正确认识素质教育，知道开展素质教育的意义，素质教育才能得到公众的支持，广大人民群众才会自愿参与素质教育，同时促进社会各方面对素质教育认识的提高，从而支持素质教育的开展，这样才能在落实的具体行动中取得实质性进展。

（三）充分发挥基层政府的主导作用

政府在素质教育上发挥着主导作用，对其发展进行宏观调控和指导。在此基础上，基层政府可以对相关部门及企事业单位进行协调，整合好社会各界资源，优化资源配置，合理地为开展素质教育服务。同时，基层政府还可以建立完善科学合理的政策和评价体系，根据地区发展情况，按照各年龄段具体制定人才培养目标和人才培养计划。另外，基层政府还可以就教育的层次、结构、规模等方面的要求给予学校素质教育方面的意见和建议，使其发展符合教育的规律。

（四）建立素质教育开展的激励机制

素质教育激励机制是一种引导过程。基层政府或者相关部门应该建立素质教育开展的激励机制，对学校、社会单位或者个人给予一定的资金奖励或者政策倾斜，鼓励企业或者个人参与到素质教育实施当中。同时根据需要不断调节其激励标准、方法手段等，使其能够更加合理公正、健全完善，并成为其他单位与个人学习的榜样。与此同时，加强政府对素质教育

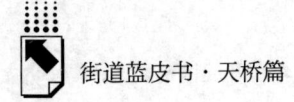

的宣传和倡导，使其变得更形象具体，易被公众广泛接受和借鉴，从而扩散到整个社会。

参考文献

北京市西城区天桥街道：《以文化育文明 以创新谋发展 全面开创天桥街道素质教育工作新局面——天桥街道全面实施素质教育工作自评报告》，2016年4月。

温婧：《公民素质教育的意义、内容与途径》，硕士学位论文，内蒙古师范大学，2013。

聂沉香、杨维：《试论我国公民素质教育的意义及策略》，《科教导刊》2016年第2期。

刘道玉：《论素质教育的本质特征与实施途径》，《华中师范大学学报》（人文社会科学版）2015年第3期。

B.8
关于天桥街道军民共建工作的调研

摘　要： 军民共建是密切军政军民关系的桥梁和纽带，在我国社会主义发展过程中发挥了重要作用。天桥街道作为"全国军民共建社会主义精神文明先进单位"，与辖区武警七支队九中队和东经路消防中队积极展开多种形式的双拥共建活动，通过强化组织领导和制定双拥共建工作规划，进一步构建和完善双拥共建工作机制；通过开展内容和载体丰富的"三大活动"为驻地军队参与地方建设搭建平台和渠道，推动军民共建助力地区发展；着力打造"五大工程"整合辖区资源开展拥军优抚工作，服务驻地军队的建设和发展，进一步建立起军民共建"双向互动"推动军地和谐发展一体化体系。天桥地区呈现军民"同呼吸、共命运、心连心"的大好局面，本报告在调研和梳理天桥街道相关做法和实践的基础上，探讨新形势下进一步加强军民共建的思路和建议。

关键词： 天桥街道　军民共建　志愿服务　双向互动　军地和谐

一　军民共建是中国共产党和军队处理军政军民关系的重要思想和方法

（一）军民共建活动有利于推动社会主义事业发展

中国人民解放军是中国共产党领导下的执行党的路线和任务的武装

团体，他们无论是在战争年代还是在和平年代都在为实现党和国家的总路线和总方针、保卫全国人民群众的安全做出贡献。军民共建推动双拥工作，体现了中国共产党、政府和军队践行"为人民服务"的伦理逻辑和价值取向。现在，我国处于和平年代，并且进入了全新的历史发展阶段——决胜小康的关键时期，军民共建有助于加强军政军民间的团结，有利于发挥军地不同的优势，共筑共建、互帮互助，共同推动社会主义事业发展。

（二）军民共建是巩固和发展新型军政军民关系的必然途径

军强则国稳，国稳则民安，军民鱼水相亲、团结一心，才能焕发巨大力量，才能无坚不摧，攻无不克，无往不胜。习近平总书记多次强调，拥军优属、拥政爱民是我党我军特有的政治优势，坚如磐石的军政军民关系是我们战胜一切艰难险阻、不断从胜利走向胜利的重要法宝。中国共产党在创建人民军队之初，就确立了军政、军民一致的原则，人民军队在长期的革命斗争中，形成了拥政爱民的优良传统，形成了新型的军政、军民关系，从一个侧面反映了党和人民群众鱼水相依、血肉相连的关系。

步入新的历史时期，随着经济体制和政治体制改革不断深入，社会成员间的关系在不断适应和调整，相应地也就对军政军民关系提出了新的挑战，军政、军民间的关系要突破以往"担水扫院、军民联欢"的一般活动，从"单向输出"变为"双向互动"，变局部服务为综合治理，促进军政军民间相互学习，增强军政军民团结。实践证明，军民共建有助于巩固和发展体现社会主义精神文明的新型军政军民关系。

（三）军民共建是社会主义精神文明建设的有效途径

习近平总书记多次强调，军地双方要共同努力，把双拥工作抓得更加扎实有效，为实现中国梦强军梦提供坚强保证。随着中国进入新时代，进一步推进军民共建、推进军民融合深度发展的意义更加重大。全社会都应该唱响军民共建、鱼水情深的主旋律，让军民共建成为社会主义精神文明建设中的一道亮丽风景线。

二 天桥街道发挥优势打造特色军民共建体系

天桥街道位于北京市西城区东南部，下有8个社区，各类单位近1000个，辖区驻地有武警七支队、东经路消防中队。街道在辖区的8个社区内分别建立了志愿服务队，服务队有大有小。以辖区内的驻地部队为主力，还专门建立了军人爱民服务队，军人们利用自身的专业技能为社区居民提供各类服务，得到了居民的一致认可，居民将军人爱民服务队称为雷锋精神宣传队。

在此基础上，天桥街道进一步密切与驻地官兵的联系，军地双方以学雷锋为支柱，不断深化双拥共建工作，构建双拥共建的长效机制，探索出了一条具有天桥特色的共建之路。天桥街道双拥共建工作曾受到中央军委领导的重视，2001年中央军委副主席迟浩田为天桥题词"学习雷锋精神，共建文明社区"，孙毅将军两次为天桥街道"军民学雷锋，共建进社区"题词。近年来，经过全体军民的共同努力，街道两次荣获"首都军（警）民共建精神文明标兵单位"称号，军民共建虎坊路文明大街，被首都文明委命名为北京市首个学雷锋基地。街道先后被中宣部、原总政治部、中央文明办、文化部授予全国学雷锋志愿服务先进集体、全国志愿服务先进集体、全国共建共享示范单位、全国综合减灾示范社区、全国军民共建社会主义精神文明先进单位等称号。在对军民共建活动的不断探索和实践中，天桥街道军民共建活动形成了自己的品牌特色。

（一）强化双拥工作组织领导，构建工作长效机制

街道党工委、办事处始终把双拥共建工作当作事关执政能力建设、事关国家安全稳定的重要任务，列入街道工作重要议事日程，突出实践特色，探

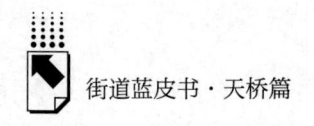

索建立了主要领导亲自抓、分管领导具体抓、上下配合整体抓、社会齐心协力抓的长效机制（见表1）。

表1 双拥共建工作制度"五个亲自""三个纳入""两个同步"

五个亲自	主要领导亲自主持双拥共建会议
	主要领导亲自检查指导工作
	主要领导亲自带队走访慰问
	主要领导亲自参与重大活动
	主要领导亲自解决实际问题
三个纳入	坚持将双拥共建工作纳入街道的重要议事日程，定期研究部署听取汇报
	坚持将双拥共建工作纳入街道经济社会发展规划
	坚持将双拥共建工作纳入单位和部门目标管理责任制
两个同步	坚持做到双拥共建工作与街道的总体发展同步进行
	坚持做到双拥共建工作与地区的精神文明教育同步提高

为全面落实中央、市、区有关双拥共建工作的指示精神，进一步推动天桥街道双拥共建工作持续开展，经街道双拥共建领导小组研究，制定了《天桥街道2012年~2015年双拥共建工作规划》及《天桥街道2012年~2015年双拥共建工作任务分解书》。通过发挥"三个引领"作用，即"军民共筑五共体系""军民学雷锋志愿服务""城乡军民共建新农村"的引领作用，实施以"办实事""文化拥军""国防教育""优抚帮扶""社会化拥军"为内容的"五大工程"（见图1），努力做到立足地区和部队实际，积极为驻地军（警）队参与地方建设搭建平台和渠道，推动军民共建助力地区发展。与此同时，整合辖区资源开展拥军优抚工作，服务驻地军（警）队的建设和发展，进一步建立起军民共建"双向互动"推动军地和谐发展一体化体系，进一步增强军民凝聚力，进一步提升部队的战斗力，进一步构建和完善双拥共建工作机制，为建设活力、魅力、和谐新西城做出更大贡献。

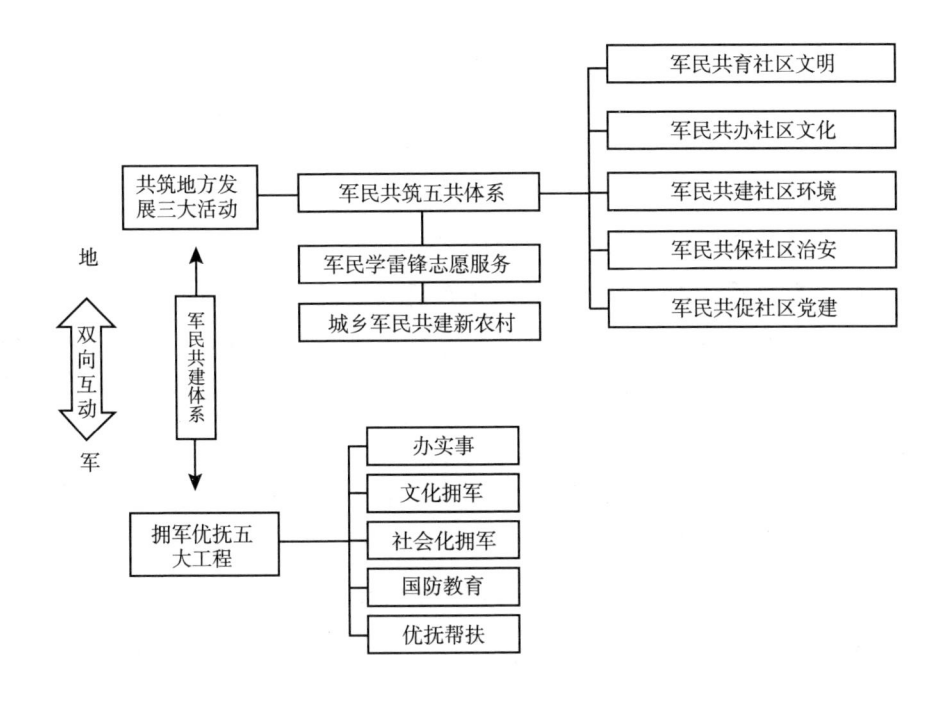

图1 天桥街道军民共建体系

（二）丰富共建活动形式，推动军民共建助力地方发展

1. 军民共建社区的"五共体系"

街道把军民共建和社区建设相结合，从文明、文化、环境、治安、党建五个方面开展了军民共建社区工作，形成了"五共体系"。

在共育社区文明方面，武警七支队与街道建立联动机制，紧紧围绕"文明城区创建"这个中心开展工作。不仅积极开展做文明有礼北京人的活动，举办了首都道德模范报告会，让李金明、李桓英两位道德模范标兵做了报告，而且开展了法律、计算机、心理健康等各类知识的普及活动，将知识普及社区、军营，还组织医疗等便民服务队，为社区和军营提供各类便民拥军服务。

在共办社区文化方面，以联欢会、运动会、文艺晚会、摄影展等丰富多彩的形式，广泛开展军民共建活动，丰富了社区文化生活。另外，禄长街社区充分利用社区空间，建立了军民共建画廊，专门展示社区与共建军队开展活动的照片、展板等，并随时更新展示内容，以便社区居民可以最快看到军民共建的新成果。

在共建社区环境方面，共建部队热情主动地参与社区环境的优化活动，积极发挥军人的表率作用，无论在清理垃圾、清洁楼道墙壁等清理方面，还是在环境绿化、建设绿地等绿化方面，都主动尽责。通过军民的合作努力，总共新建绿地面积8000平方米，创立了26个特色文明楼门，社区环境进一步优化、改善，社区更加绿色、宜居。

在共保社区治安方面，东经路消防中队与武警七支队五中队发挥了重要作用。部队与社区合作，建立消防—社区安全防范队伍，组建社区安全巡逻队，部队战士与社区居民共同发挥作用，积极参与巡逻队巡逻，为社区建立了一道安全屏障，社区居民的安全感得到显著提升。社区还多次被评为"市级无发案社区"和"北京市平安社区"。

在共促社区党建方面，军地党组织通过研讨、报告会等形式，认真学习宣传贯彻党的十九大精神，把学习雷锋践行北京精神与创建学习型党组织结合起来，为其注入新的内涵。社区与共建部队党组织不断加强对党的理论、党史的学习，强化党组织的理论武装，围绕"十三五"规划的具体内容，开展丰富多彩的竞赛活动。同时，开展创先争优系列活动，在社区和军队党组织中立标杆、评模范，为广大党员做表率，东经路消防中队和两个社区党委荣获"西城区2011年先进基层党组织"荣誉称号。

2. 军民学雷锋共育志愿者队伍

天桥街道创建了北京市第一个社区志愿服务组织。自开展军民共建以来，街道志愿服务队伍不断壮大，至2016年底，注册志愿者已达常住人口的17%以上，总人数8176人，涉及15个服务种类108个服务项目、68个志愿服务队。这些服务满足了群众不同方面的需求，解决了群众的实际困难。学雷锋志愿服务还形成了全员性、全方位的特点，即参与者包括社会各界群众。区民主党派、"两新"组织也加入学雷锋志愿服务行列。其中，九三学社为部队赠送图书；友谊医院谢苗副院长、民营企业家高占伟分别组织拥军医疗服务队、拥军志愿服务队，持续为共建军队提供志愿服务。街道还举办了"弘扬北京精神 深入开展学雷锋志愿服务"百姓论坛，就如何开展学雷锋志愿服务和践行北京精神交流认识、分享经验，极大地丰富了学雷锋的内容。

（三）打造"五大工程"推动军民共建拥军优抚

1. "国防教育"工程

一是为做好国防教育基础工程，天桥街道努力做到突出三个重点，建好四个基地，实现"五化"教育。三个重点，即重点抓好对领导干部、中小学学生、青年预备役人员的国防教育。组织领导干部学习国防知识、参加军事日等活动，使其接受国防教育，提高对双拥工作的认识和重视程度。充分利用参观国防教育基地、主题教育活动等多种形式加强对社区干部、青少年学生的国防教育。街道组织民兵参与街道治安巡逻、单位保卫、桥梁看护等工作，增强其责任感和国防意识。建好四个基地，即街道先后投资数万元建立了学校、军营、革命老区三个不同规模的国防双拥教育基地和一个学雷锋基地。定期组织辖区中小学生到东经路消防中队参加军事日活动，学习消防安全知识。实现"五化"教育，即街道通过开展国防教育进社区、进家庭、进企业、进机关、进学校等活动，初步实现了国防教育对象层次化、教育形式多样化、教育内容时代化、教育场所基地化、教育过程规范化，从而有力地推动了地区各项事业的发展。

二是街道始终将双拥共建工作与建设和谐社区、创建文明城区等工作有机结合，弘扬拥军的光荣传统，组织辖区内各单位、各社区居委会，充分利用板报、橱窗、画廊等宣传工具，在主要街道、广场悬挂双拥条幅，并通过群众喜闻乐见的多种形式开展双拥宣传活动，使拥军优属、拥政爱民深入人心，成为社区居民的一项自觉行动，在辖区范围内形成了"军以爱民为本，

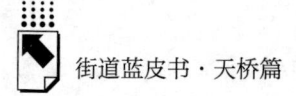

民以拥军为荣"的双拥工作浓厚氛围。首都军（警）民共建指导小组副组长曹卫平、咸玉桥等市、区领导多次亲自参加天桥街道的双拥活动，指导工作并给予了高度评价。

2. "文化拥军"工程

天桥是民俗文化发祥地，有丰富的文化资源，通过民俗文化进军营、军营文化进社区，丰富了军民文化生活。2008年，街道荣获文化部颁发的"中国民间文化艺术之乡"称号。街道充分利用天桥的传统民俗文化资源，将军民共建中比较突出的人和事，通过评剧、快板、相声等艺术形式表达出来，供学校、社区、军营观赏。邀请天桥民俗专家、学者和老艺人走进军营，举行天桥民俗文化与军营文化交流活动，同时还开办了"民俗文化进军营"系列讲座。

设置专项经费，为文化拥军提供资金支持。及时了解军队在文化、教育方面的基本需求，根据需求进行归类，有重点地为军队提供文化图书、计算机等方面的用品。另外，购置民俗文化系列图书，为军队深入了解街道民俗文化提供便利。2009~2011年，街道在征兵工作中被评为市、区先进单位。

3. "办实事"工程

拥军贵在真诚，重在实效。街道党工委、办事处注重抓实抓好工作重点和难点，力求切实解决部队的实际困难和问题。街道和辖区单位定期为驻地部队捐款，专门用于改善军队的工作与生活条件。为军营送电脑、送健身器材，援建军营图书馆、电脑室、文体中心，共建学习化军营，建立了三个科技拥军基地。街道的一些基础设施向共建部队开放，例如，图书室、体育中心、计算机教室等都免费开放，持续开展智力拥军，为部队培养的军地两用人才近千人。通过这些措施，每年累计互办实事30余件。

4. "优抚帮扶"工程

在"优抚帮扶"工程实施过程中，街道认真落实各项优待抚恤政策，积极维护各类优抚对象的合法权益。深入开展"爱心献功臣""青春伴夕阳"等活动,坚持"领导干部结军亲"制度,广泛开展走访慰问优抚对象活动。同时及时了解优抚对象的生活状况和需求,建立以政府为主导的优抚帮扶机制,根据区有关部门要求,对因病致困的优抚对象提供帮扶救助,积极引导社会力量帮助解决优抚对象实际困难。将"拥军优属,拥政爱民"与"以民为本,为民解困"有机结合,呈现新时代拥军优属工作的新气象。通过扎实的工作实现"四无三好",即无军嫂下岗、无军转干部不安置、无优待金不落实、无不关心支持拥军工作的领导;军转干部安置好、优抚政策落实好、为部队排忧解难好。

街道还以人为本,关爱功臣,提高优抚水平。把节日慰问和经常性办实事相结合,春节为军烈属送慰问品和天桥民俗文化迎新春挂历,元宵节、端午节等为他们送去元宵、粽子等与他们共同庆祝节日,同时对因年老、大病、重病造成生活困难的人员实行临时救助。为构筑多元化优抚机制,党工委书记、办事处主任和50多个企业单位与优抚对象、部队困难战士结成了"一对一"的帮扶对子,帮助他们解决生活困难,形成了社区单位、居民共同支持和参与双拥工作的良好氛围。

5."社会化拥军"工程

实施"社会化拥军"工程也是天桥街道拥军的一大特点,人大代表、政协委员、民主党派人士、统战人士积极参与双拥工作。以支持部队现代化建设为中心,以推进双拥工作社会化为重点,以解决军民普遍关心的现实问题为突破口,街道积极整合辖区社会资源,调动社会单位的拥军热情,积极组织开展双拥工作,拓展双拥工作新领域,不断扩大双拥工作的参与面与覆盖面。联合九三学社西城区委开展"送健康进军营"活动,为部队战士讲解心理健康知识,同时邀请医生专家现场为有需要的战士提供医疗卫生咨询、健康检查、义诊等服务,实践以"互献爱心,互办实事,互育人才,互解难题,互学经验"为主要内容的双拥共建活动,拓展双拥活动层次,逐步形成"党委领导、政府搭台、部门联动、社会参与"的双拥工作社会化新格局。

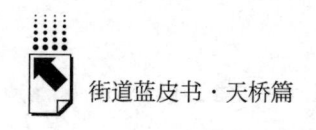

三 天桥街道开展军民共建工作中存在的问题

从街道军民共建的总体情况来看,近年来辖区军民共建工作取得的成果丰厚,打下了比较稳固的群众基础,军(警)民关系比较和谐融洽,为推动辖区发展提供了和谐、文明、安全的社会环境。取得成绩的同时也应该认识到,目前街道军民共建工作还存在一些问题,整体能力和水平有待进一步提高。

(一)军民共建工作有待稳步推进,形成常态

在开展军民共建工作的过程中,街道时而抓紧,时而放松,仅是利用重大节日开展相应的活动,或者是在做评比、考核的时候才会抓紧,缺乏长远的计划和安排。因此,需要严格根据军民共建的相关制度和规定等定期或者经常性地开展共建活动。另外,部分人员共建意识观念不到位,对辖区军民共建工作深入开展的有效意义缺乏更加深刻的理解和思考。

(二)存在重机关轻基层的现象

还存在少数基层单位对开展军民共建活动的积极性不高、认识不深刻的现象,把共建活动当成"额外负担",并且认为会影响部队的主要工作,分散部队的精力。究其原因,主要是军民共建的相关工作机制不够健全,制度的不完善进一步导致机关、基层单位二者工作不畅通,难以形成齐抓共管、齐头并进的良好局面。

(三)军民共建精神文明工作有待加强

一些单位在选择共建对象时,更倾向于一些有钱有权的实力比较雄厚的国家机关或者大型企业,而经常无视那些经济效益较差的单位,认为与相对清贫的单位共建收益比较单薄,没什么好处。这一现象表明,在共建工作

中，物质利益观念太深太重，对物质文明建设的重视远远高于对政治文明和精神文明建设的重视。

四　新形势下开展军民共建的相关建议和对策

（一）坚持思想观念与时俱进

军民共建工作要实现创新发展，首先要在思想观念上与时俱进，思想观念必须能够满足时代发展的新要求。一是要树立国防、经济建设同步建设双重视的发展理念。经济建设发展要不断促进、支持国防建设的发展，为国防建设提供一定的资金支持和技术支持；国防建设在本质上也属于基本公共服务，要通过重视国防建设提高群众的安全感和幸福感。二是要树立互助互利观念。开展双拥工作的根本目的，就是着眼于社会的发展和部队战斗力的提高，促进军地双方的全面建设，因此，要着眼于调动军地双方的积极性，达到互惠互利的目的。三是要注重落实。从天桥街道的军民共建实践来看，双拥工作虽然需要一定的形式，但军队来源于人民，植根于人民，双拥工作基础在基层保证也在基层。因此，要以基层为基本着眼点，加强工作的实施和落实，还要注重基层的组织和制度建设，将各项工作落细落小落实。四是要坚持质量效益理念。把提高质量和效益作为新的形势和任务对双拥工作提出的基本要求。开展双拥工作要积极满足、适应经济社会发展的要求，以广大军民的实际需要为基本立足点，做到优势突出、成效明显。

（二）坚持思想教育与共建实践相结合

一方面，要定期开展军民共建传统思想政治教育活动，持续发挥思想教育的作用，加大对先进典型人物、事迹、经验的宣传，通过充分发挥先进典型的示范带头作用，切实提高共建部队军人对共建工作的认识，通过扎实、持续、有效的思想教育，稳步推进军民共建工作。另一方面，要不断健全和完善工作机制，还要加强监督和指导，避免走过场、形式化的现象出现；要灵活掌握活动进展，加强部队与社区的沟通交流，及时调整工作方案及活动内容，解决矛盾问题，推进共建工作顺利进行。

（三）坚持工作内容与时俱进

双拥工作历来是为党的中心工作服务的。在新的历史时期，双拥工作的创新发展，要紧紧围绕中心，服务大局，抓住根本，继承传统，融入时代。具体地讲，一方面，要善于运用与时俱进的思想观念和党的先进性对军民共建的影响，将其潜移默化地体现到军民共建的工作中去，不断引导辖区居民群众认清是非良莠，坚定不移地跟党走；另一方面，要围绕建设首都和谐宜居之都的发展主题开展军民共建工作，始终坚持首善标准，积极投身于文明宜居城市、绿化城市的创建工程，为美化首都、繁荣首都做出贡献。同时，还要做好人才培养、转业干部安置、随军家属就业、官兵子女入学和改善基础设施建设等工作，认真做好军政团结和军民团结工作，化解各种矛盾和纠纷，搞好军队、警察、民众联防联治，联动处理急发、突发事件，为辖区、为首都创造更加安全稳定的宜居环境。因此，军民共建工作要因循时代发展的客观要求，在继承中创新，在创新中发展，积极吸取当今社会上先进的思想、优秀的文化，不断丰富军民共建内容，增强吸引力。

参考文献

朱纯辉：《新形势下密切军政军民关系的若干思考》，《提高领导创新社会管理能力理论研讨会暨中国领导科学研究会2011年年会论文集》，北京，2011年12月1日。

刘伟：《陕甘宁边区的双拥运动及其对当前双拥工作的启示》，《总结历史经验，全面建设小康社会——纪念陕甘宁边区政府成立70周年论文集》，延安，2007年8月

20 日。

杨尚勤：《增强社会责任感，推动我省我市双拥工作更上一层楼——在〈西安古城河清淤图〉座谈会上的讲话》，《西安古城河清淤图》座谈会，西安，2008 年 11 月。

高铭辉：《试论军民共建文明社区的时代意义》，《陕西省体制改革研究会 2003 优秀论文集》，2003。

赵铮：《传承创新：爱国拥军、爱民奉献尽展时代风采》，《中国社会报》2016 年 7 月 6 日，第 5 版。

宗合、吴军：《不断提高双拥工作水平　推进军民融合深度发展》，《合肥晚报》2018 年 1 月 15 日，第 A02 版。

宿成禄、李宣良：《辽宁省锦州市双拥工作探新路》，《中国青年报》2011 年 7 月 8 日，第 10 版。

B.9
关于天桥街道社会治理创新空间建设的探索与思考

摘　要： 党的十八大以来，习近平总书记在系列重要讲话中，提出了创新社会治理的新思想新理念。党的十九大报告中进一步指出："加强社会治理制度建设，完善党委领导、政府负责、社会协同、公众参与、法治保障的社会治理体制，提高社会治理社会化、法治化、智能化、专业化水平。"天桥街道探索创新社会治理模式，着力建设了一个集社会治理创新理论研究、创新实践组织指导、创新公益项目策划、创新枢纽型组织建设、创新成果展示于一体的街道社会治理创新支持性平台——天桥街道社会治理创新空间，用于扶持社会组织发展，动员社区居民广泛参与，探索符合本街道实际的社区治理和服务模式。

关键词： 天桥街道　社会治理　创新空间　议事协商　社会组织

一　研究背景

（一）调研意义与目的

1. 调研意义

总结天桥街道关于社会治理创新空间建设工作的经验做法，为西城区创新社会治理工作提供经验借鉴，对于贯彻落实社会治理服务创新政策,扶持社会组织发展,动员社区居民广泛参与,具有十分重要的意义。

2. 调研目的

本次主要调研天桥街道社会治理创新空间建设工作的整体情况、实施效果以及空间参与议事协商、加强"参与式协商"民主自治平台载体的探索与建设等内容,以期揭示天桥街道在推进社会治理创新空间建设工作过程中存在的问题并提出对策建议。

(二)调研时间与过程

2017年12月,课题组赴天桥街道进行调研,调研开展方式有座谈会与实地走访等。通过此次调研,课题组成员基本掌握了天桥街道在推进社会治理创新空间建设中的整体情况,并进行了前期的资料收集工作。与此同时,课题组集中精力对天桥街道关于"社会治理创新空间"建设的相关资料进行研究,并多次召开研讨会,根据拟定的访谈提纲对天桥街道社会办工作人员、街道主管领导以及社区相关人员等进行深入访谈,了解建设过程中的亮点与不足,并针对问题提出对策建议。此外,多次举办关于调查研究方法等的培训会,通过强化调研人员的基本能力与素质提高调研实效。

(三)调研方法与对象

1. 调研方法

本次调研主要采用的调研方法有文献分析法、深入访谈法、实地调查法等。文献分析法主要是指对收集到的中央、北京市、西城区关于天桥街道社会治理创新方面的相关政策文件,以及与建设创新空间工作相关的期刊文献等进行研读与分类整理;深入访谈法是指结合访谈对象谈到的具体工作和实际问题,了解工作进展和存在的问题等方面的内容;实地调查法就是前往街道、社区和创新空间进行实地考察,了解创新空间建设和运行情况。

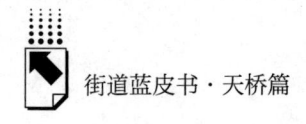

2. 调研对象

本次调研对象涉及天桥街道社会办工作人员、天桥街道主管领导、社区以及创新空间相关人员等。

二 社会治理创新空间建设的政策方向和思路

（一）社会治理创新的政策方向

社会治理，实际上就是当代治理理念和思维模式在社会领域中的应用和延伸，是借助政府、市场、社会、民众等多元化力量，通过协商、协作、互动等方式，整合资源，提升公共服务质量，解决社会问题的一种策略与方法。习近平总书记指出，推进改革发展稳定的大量任务在基层，推动党和国家各项政策落地的责任主体在基层，推进国家治理体系和治理能力现代化的基础性工作也在基层。社会治理的重点在基层，难点也在基层，基层是一切工作的落脚点，必须把社会治理的重心落到社区。

十九大报告中进一步指出："加强社会治理制度建设，完善党委领导、政府负责、社会协同、公众参与、法治保障的社会治理体制，提高社会治理社会化、法治化、智能化、专业化水平。"要加强社区治理体系建设，推动社会治理重心向基层下移，发挥社会组织的作用，实现政府治理和社会调节、居民自治良性互动。政府要发挥社会治理的主导作用，不是包办一切，而是健全社会治理的体制机制，完善社会治理的政策法规，引导和支持社会力量积极参与社会治理，激发社会活力。社会治理要人人参与，共建共享，要"以社会化服务为方向，健全基层综合服务管理平台，及时反映和协调人民群众各方面各层次的利益诉求，从源头上解决影响社会和谐稳定的各种深层次问题"。

（二）社会治理创新空间的空间布局

天桥街道社会治理创新空间地处天桥小区北里 3 号楼地下一层，该地原为地下群租房，复杂的人员构成和建筑结构导致其存在较大安全隐患。2015年，根据西城区委、区政府的相关要求，天桥街道对该地下室进行了集中清理腾退。2016年，建设了服务社区居民的公益设施，天桥街道社会治理创新空间应运而生。

天桥街道社会治理创新空间的建设思路是以居民需求和社区发展为导向，以创新空间为基地，以点带面辐射天桥街道八个社区，推进全地区社会治理、社区建设现代化、科学化发展。创新空间设置了众创发展基地主题空间、百姓读书交流主题空间、老人休闲交流主题空间、儿童创玩乐学主题空间四个主题空间，并引进了四家西城区扶持的优秀社会组织，承接空间服务发展项目，以实现空间的管理、运行。

1. 众创发展基地主题空间

众创发展基地主题空间引进睦邻社会工作事务所，充分发挥社工优势，通过宣传倡导、活动引导，提升居民的参与意识，推动居民的参与行动，挖掘居民代表，不断发现和培养志愿服务队伍，实现社区自我服务管理。

2. 百姓读书交流主题空间

百姓读书交流主题空间引进宣南文化研究会，一方面提供阅读平台及书籍资源，营造"书香天桥"的氛围，另一方面建设读书论坛，搭设议事平台，开展政策引导宣讲、民俗文化宣讲，打造地区文化宣传志愿者队伍，为地区文化建设出谋策划。

3. 老人休闲交流主题空间

老人休闲交流主题空间引进毛众文化工作室，在为老人提供休闲娱乐活动场所及文艺演出享受的同时，开设老年人兴趣课程，形成交流沟通互动平台，并在此基础上收集居民需求，成立不同类型的互助组，增进邻里和谐，使老年人老有所乐、老有所学、老有所为、老有所养。

4. 儿童创玩乐学主题空间

儿童创玩乐学主题空间引进常青藤可持续发展研究所，以活动服务社区儿童及家庭，不仅吸引辖区内的儿童踊跃参与，同时还积极发动家庭参与社会服务活动，从中挖掘年轻的父母作为社区服务的新生力量，动员他们将资

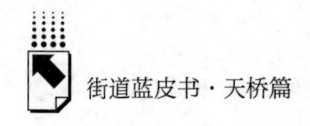

源用来服务社区建设，真正促进了居民与社区的融合。

同时，社会治理创新空间设置免费Wi-Fi，开发建设"创·益天桥"微信平台，设立微创投、微公益、微悦读、微互动、微公告、微热点等模块，让百姓便捷地知晓空间活动、热点新闻、好书推荐借阅、公益需求建议、公益服务报名等区域动态，打造天桥百姓身边的自媒体平台，不仅展示了街道社会治理创新的成果，而且让地区社会治理和服务实现与百姓零距离的对话沟通，及时解决百姓身边的急事难事小事。

三 社会治理创新空间建设的主要做法及成效

一年来，天桥街道社会治理创新空间以"多元、服务、创新、共享"为主题，统筹整合辖区居民的服务活动需求、统筹整合公益购买服务项目的需求，实现了居民需求信息采集中心、志愿公益服务提供中心、社会组织活动服务中心、民俗文化活态互动中心、多元参与议事协商中心5个功能中心的作用，成为辖区党员活动的基地、社工发展培育的基地、志愿精神培育的基地、社会组织培育的基地、辖区小微企业创业培育的基地。

（一）双向整合居民活动需求开展空间活动，展示社会治理创新成果

街道将市民活动与社区治理有效结合建设创新空间，通过购买服务的方式，由社会组织开展项目活动，常驻创新空间的各社会组织按照项目要求，通过问卷调查、入户走访等多种形式的调研，在充分了解社区内居民需求的基础上进行双向整合，以"为老为小"为重点，依托街道提供的创新空间这一信息交互平台，协调、联系相关资源为居民提供多元的支持服务和设施，为不同年龄段的社区居民提供丰富多彩的活动。除在创新空间活动区域开展各项活动外，各社会组织还注重"走出去"，到各社区居民当中开展各项服务活动，作为项目的拓展及延伸。同时，

结合空间"双向整合机制"的理念,各社区社会组织和居民在空间享受服务的同时,反哺地区的公益事业,最大限度地发挥创新空间服务社区居民、参与社区建设的作用。

2017年初,针对社区居民提出的儿童寒暑假无人照料的问题,在寒假期间,开展了"创想天桥·非遗体验"冬令营活动,招募了20名7～12岁的儿童参加,冬令营以体验非遗文化为特色,带领少年儿童从不同的角度参观、体验、实践,在更宽阔的视野下和更轻松愉悦的氛围中收获知识、健康和友谊,不仅为孩子们提供了一个理想的学习环境,也为双职工家长解决了后顾之忧。同时,天桥街道组建了家长志愿者队伍,让家长志愿者参与到活动中,有师资或场地资源的提供资源,有时间的同专业社工们一起负责冬令营组织策划等,这一活动不但促进邻里之间、亲子之间、朋友之间、社区之间的关系融合发展,增进居民与街道和社区的黏性,还把居民、社区及街道更紧密地凝聚在一起,实现居民自治,街道、社区、居民共成长。

(二)发挥空间参与议事协商功能,加强"参与式协商"民主自治平台载体建设

依托创新空间,社区与社会组织共同进行"参与式协商"民主自治平台载体建设,构建"社区议事厅",组织居民议事会。对于需要居民决策出力的,可在创新空间开展议事会就社区存在的问题和居民提出的需求进行探讨,分析其产生的原因和解决策略,收集关于社区发展建设的意见建议,助力社区组织解决实际问题和提供具体服务。在社区议事协商中,探索议题分类协商、议题分层协商、议题分级处理的分类分层分级"参与式协商"模式,推行职责化、专业化、网格化、责任化"参与式协商"自治建设,形成了"四步循环工作法",即"信息收集形成议题→议事协商形成共识→协同办理解决问题→评估反馈持续改进"四个步骤的循环,充分发挥了社区居民"自我管理、自我教育、自我服务、自我监督"的功能,让小事化解于楼门、急事分解于社区、难事解决于辖区。

2017年,天桥街道在各社区已经建立了居民议事厅的基础上,将各社

区居民议事厅纳入天桥街道社会治理创新工作体系，成为社会治理创新空间分空间，与社会治理创新主空间共同成为居民协商议事功能的载体，为辖区居民提供协商的机会和平台，引导居民参与公益创投、社区建设等社区事务，促进由社区党委、街道、社会组织、社区居民组成的四级协商议事机制的实现。由此，街道通过居委会自治主体组织载体、专业社会机构的专业支撑载体、社区网格精细化管理载体、群众参与社区社会组织支持载体、社会单位资源共治共享载体等多方"参与式协商"平台载体建设，形成了共治共享共赢的社区治理工作格局。

（三）发挥空间社会组织培育功能，以专业社会组织带动社区社会组织蓬勃发展

天桥街道通过购买服务的方式，由睦邻社会工作事务所运用社会工作的专业方法，依托社会治理创新空间，为天桥街道登记备案的125家社区社会组织提供政策咨询、培育扶持、评估宣传等服务支持。通过开展社区社会组织领袖能力建设小组、社区志愿者团建等活动，提高社区社会组织自我提升、自我管理的能力；通过开展公益创投等活动，帮助社区社会组织整合资源，以项目化运作方式，参与社区建设。

2017年，通过广泛宣传发动和专业社工的支持，公益创投项目的主体从之前的社区社会组织拓展到街巷理事会、楼门院长、热心居民等，重点从"社区环境改善""互助养老"等居民关心的问题入手，充分发挥了创新空间社会动员的功能，助力社区社会组织协商共管，激发各社会组织及居民自治组织发挥"自我管理、协同服务"的作用和力量。其中，毛众文化工作室原是天桥土生土长的社区社会组织，经过培育并参加了两届公益创投项目，成功转型为在区民政局注册的专业社会组织。

（四）创新社会动员方式，打造社会参与实践平台，拓展民众参与社区治理空间

天桥街道搭建"三社联动"四级治理参与载体，依托"街道级社会

化参与统筹平台、社区居委会社区服务基础平台、社会力量专业化支撑平台、社区社会组织微公益平台"这四级治理参与载体，动员社区居民参与社区治理，推动社区治理和服务模式向非行政、多元化、专业化转变。

2017年，天桥街道通过睦邻社会工作事务所承接天桥街道乐融中心服务计划—社会治理创新空间服务项目，宣传推介空间的服务内容与功能，动员社区居民、挖掘社区居民领袖及社区公益讲师，结合社区居民的实际需求开展多元化的社区活动。活动开展的过程中挖掘了30多位空间志愿者，承担空间的日常管理和维护；挖掘了30多位公益讲师开展2000多节公益课程；同时针对社区低保户、高龄老人等弱势群体进行了探访和入户慰问活动，服务社区居民8000多人次。通过链接辖区单位和服务商资源，为居民提供医疗保健、日常维修等便民服务来满足居民的需求，推动网络相应资源形成可靠的便民服务信息提供平台，解决社区居民日常生活中的一些不便利问题。组织居民议事小组讨论社区问题，并协商解决途径，推动社组织参与实施，实现优化资源促进服务专业化，提高居民参与感和认同感，链接驻区单位资源调动参与积极性，营造互帮互助的家园意识和氛围。

（五）践行"党建＋"新载体，建立"党政领导、功能互补"新型社会治理服务格局

建立"党建＋网格""党建＋文化""党建＋新媒体"3＋基层党建社区治理服务体系，激活社区党员活力，塑造社区党建文化，用实社区党建信息平台，"零距离"听民声、传民意、解民难、聚民智、联系和服务群众。同时，采用"1＋3＋1"模式，即"一个天桥街道社会治理创新空间＋三个楼宇工作站＋一个街道党群活动服务中心"，社区、楼宇联动，推进区域化党建的进程。社区党组织、非公企业党建指导员加强对非公企业党建工作的指导和服务，提高了非公企业参与社区服务的积极性和主动性，形成了社区党组织服务非公企业、非公企业服务社区居民、社区居民支持社区党建工作

的良好互动模式，既拓展了社区党建工作覆盖面，又更好地服务了社区企业、居民。2017年天桥街道开展了"党建桥·桥汇四方"区域化党建创新项目，红色政治生日会、瑜伽午间工作坊、微天桥彩色跑等教育活动，实现了以活动促融合、以融合促提升，凝聚带动了更多"两新"、楼宇党员服务于社区建设。

四 社会治理创新空间建设中存在的问题及原因分析

（一）空间承载能力和居民知晓度之间的矛盾问题

空间建设情况需要根据空间的实际面积和结构来确定，天桥街道社会治理创新空间利用的是腾退的居民楼地下室管道层的空间，能够建设成活动空间的房间面积有限，不能建成较大的活动室，在开展居民活动方面会受到一些限制；同时整层中能够开展居民活动的房间数量也相对有限，但在空间运转的过程中，已经吸引了越来越多的居民以及社区社会组织的到来，在空间开展的服务项目和社区社会组织自主活动逐步增加的过程中，经历了空间刚刚建成知晓度低到空间使用率逐步增加、活动丰富，再到部分时段的活动室全满这几个阶段，充分利用空间的服务功能的同时，也遇到了空间场地、设施等不能满足居民需求的挑战。

（二）推进社会治理思路的本土化程度有待提高

"三社联动"的不断深入合作，已经使社区、社工、社会组织之间较好地形成合力，空间的各项服务向常态化、规范化、多元化发展，满足居民需求，动员组织参与，为社区建设添砖加瓦，在社会治理的具体工作实施方面做出了很多成绩，但是在结合街道实际进行思路设计、方向指导层面还有所欠缺，总结归纳和提出新的发展思路的能力还需要进一步提升，以促进社会治理创新空间的自我反思和创新发展。

（三）协助社区解决问题的能力有待提高

社会治理创新空间很好地实现了服务居民的功能，在满足居民需求、动员居民参与、培育社区社会组织和挖掘志愿者等方面都做了不少工作，但是在社会组织对社会治理的实际参与、引导居民直接参与社区事务、社区问题的决策及其行动等方面，还有很大的提升空间，需要不断培养居民协商议事的能力，提高社区组织协商议事、落实协商成果的能力。

五 社会治理创新空间建设的对策建议

（一）合理规划管理，不断拓展空间利用方式，满足居民需求

在社会治理创新空间建设及后期管理使用的过程中，一方面应该充分思考规划空间的场地资源功能，提高使用效率，使之最大限度地满足居民的需求，另一方面也应该以自身资源条件和建设目标为基础，对开展的服务活动内容进行引导，逐步形成既提供服务又调整社区服务活动结构的模式。

同时，社会治理创新空间不应该是单一的服务场域，而应该成为提供服务的众多资源的开端。利用社会治理创新空间的场地优势，建立社区教育的主空间，进一步利用社区现有活动场地，建立社区教育的分空间，通过社会治理创新空间固定课堂和社区空间流动课堂的建立形成提供居民服务的阵地和载体。此外，还要充分利用线上资源，挖掘网络空间，提升服务能力。

（二）引入专业智库，提升分析研究能力，指导社会治理创新工作思路

通过引进多方面的专业人才队伍，加强社会治理创新智库建设，整体提升工作人员的研究分析能力，一方面对开展的服务内容进行深入挖掘，总结和提炼工作方法、工作模式，另一方面开展理论研究，对学术知识、政策导

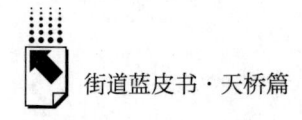

向及工作实际进行多角度的分析,实现创新街道社会治理工作的顶层设计的方向思路指导,使社会治理创新空间开展的服务更有针对性和服务成效。

(三)挖掘和培养居民服务社区的能力,多元共治打通联动渠道

利用枢纽型社会组织的人员和服务优势,挖掘社区社会组织中的骨干力量,通过骨干带领社区居民广泛参与,提升居民个人修养和参与意识、志愿精神,用优势视角挖掘居民潜能,加强居民的自我服务和参与能力,鼓励居民参与社区建设,参与社区社会组织管理,拓展社区自治空间。

同时,充分发挥基层党组织的领导作用和基层政府的主导作用,搭建多元主体参与社区建设、社会治理的对话平台,为"多元共治"打通关键环节,更好地解决居民的各项问题,提升居民的生活幸福感。

参考文献

王彦平:《中国基层社会治理及创新研究》,博士学位论文,山西大学,2016,第39页。

石振兴:《信息化背景下我国城市基层社会治理创新研究》,硕士学位论文,东北师范大学,2017,第26页。

马奎:《社会转型期推进社会治理创新的对策研究》,硕士学位论文,中国海洋大学,2015,第28页。

王江伟:《中国社区治理创新的特征、动因与绩效——基于"中国社区治理创新成果"的多案例分析》,《求实》2017年第12期,第70页。

孙莉莉:《当前公共服务型社会组织参与社会治理的模式》,《中国第三部门研究》2015年第12期,第12页。

B.10 关于天桥街道群租房整治的调研

摘　要： 随着我国经济社会的快速发展，城市规模不断扩大，流动人口逐渐增加，在拥挤的城市空间里房屋租赁市场日益升温，看似满足了中低收入者及打工族居住需求的"群租房"，在利润最大化的驱动下，成为影响区域形象、带来安全隐患的突出问题。加强群租房这一痼疾的"大城市病"治理，成为城市治理和服务的重要环节。在推进首都功能核心区"疏解整治促提升"和群租房专项整治的形势下，天桥街道注重创建和谐宜居生活环境、维护美好家园，围绕群租房清理整治工作，坚持"立体化宣传动员、街巷长排查摸底、高频次联合执法、常态化研究会商"四项机制，重视居民群众举报，依法取缔违法群租行为，全面推进平安街区建设，有效地提升了城市居民生活品质。

关键词： 天桥街道　群租房　环境整治　平安街区

一　群租房整治是城市管理的重要组成部分

（一）群租房整治是提升首都城市品质的重要手段

群租房将住宅通过改变房屋结构和平面布局，按自然间出租，或把房间分割改建成若干小间后出租，成为高额利润驱动下房屋租赁市场较为普遍的表现形式。北京作为超大城市，随着城市社会经济的迅猛发展，人口急剧膨胀、住房资源非常紧张，许多外来务工人员、城市低收入群体大多选择合伙租房的"群租"方式来降低生活成本，缓解房租所带来的经济压力，由此衍生出"拼装房""鸽子屋""群租房"的泛滥，影响了城市正常的环境秩序、生活品质。北京市西城区作为首都功能核心区，是向世界展示中国城市发展形象的重要窗口，必须强化首都意识、首善意识，把城市工作放到首都城市发展大局中去审视和定位，发挥城市独有的气韵、品位和魅力。为此，只有高效整治群租房，改善居民群众生活和居住环境，塑造高品质的城市，才能让城市居民生活得更加美好，更有力地推进国际一流和谐宜居之都的建设。

（二）群租房整治是推进"疏解整治促提升"的重要内容

群租房变成集体宿舍、家庭旅馆，作为餐饮业、服务业、物流业等行业"包吃包住"招工的住宿条件，是社会和市场在发展过程中出现的一种现象。在商贸、市场、综合医院周边地区，违法群租房反弹势头更突出，甚至有违法房屋租赁中介为了规避违法群租房治理问题，把群租房变相发展为日租房、钟点房等。这种租住人员的聚集既给社会治安带来不少隐患，也给城市基础配套设施建设、基本公共服务、环境资源等带来一定的压力和挑战，同时加大了社会治理和城市管理的难度。2017年，北京市实施"疏解整治促提升"十大专项行动，坚持"发现一处，坚决整治一处"，取缔违法群租房，聚焦重点地区周边开展集中连片整治，实现城区违法群租房动态清零。西城区开展安全隐患大排查大清理大整治专项行动，清理整治存在重大安全隐患的群租房，推动城市可持续发展，为百姓营造了安全的空间，创造了和谐稳定的氛围。

（三）群租房整治是推进平安街区建设的重要举措

安全无小事，小患酿大祸。安全是一切的基础，要始终把安全和生命放在城市治理的首要位置。群租房现象随着城市迅速发展而蔓延，不仅直接影响到社区居民的正常生活，而且成为违法犯罪及险情易生的场地，引发了各种社会经济的突出矛盾。要通过创新社会治理和深化平安西城建设，推进平安社区创建活动，注重听取民意发动群众，抓住重点破解难题，统筹整合联勤联动，科技创安提升水平，开展违法群租房整治，用对待事故的态度对待隐患，用查处事故的措施整治隐患，使风险重重、规模不一的群租房，不再威胁和损害租住者和小区邻里的人身安全，让生活在城市中的每个人都更加踏实安全，有力地促进城市平安街区的创建。

二 天桥街道坚持四项工作机制推动地区群租房整治

（一）天桥街道群租房工作情况

天桥街道依据《2017年西城区违法群租房专项整治实施方案》，以综合治理为手段，积极开展群租房清理整治工作，提前超额完成了全年任务目标。2017年天桥街道违法群租房专项整治行动的两项任务量化指标为：到2017年底整治群租房35户，劝离疏解人口210人。截至2017年底，通过各项整治措施，共整治群租房36户，完成率达到102.86%，涉及面积2054平方米，影响人口300人，完成率达到142.86%，有效消除了安全隐患，不断提高群众安全感和满意度。

（二）群租房整治坚持四项工作机制

1. 坚持立体化宣传动员机制

街道层面，将传统媒体与新媒体有机结合，充分借助"疏解整治促提升"专项行动的整治大环境，在《天桥报》、"京韵天桥"公众微信号开设专栏，实时宣传报道群租房整治的最新进展、典型做法，营造地区良好整治氛围；社区层面，通过发放一封信、张贴宣传海报、举办知识讲座等多种形式，不断加强对社区居民的宣传教育，逐步提高居民群众自我管理意识和业主自律意识，共同维护美好家园；属地公安、工商、房管等部门，以职能部门进社区为抓手，依据各自工作职责，全面普及相关法律法规，引导房地产经纪机构加强行业自律，督促指导物业服务企业在整治工作中积极发挥作用。

2. 坚持街巷长排查摸底机制

依托背街小巷环境整治提升工作，街道91名街巷长，围绕地区8条主要大街、77条背街小巷，对违法群租房开展地毯式排查摸底。一是各街巷长按照"一户一档"的要求，详细记录房屋出租人、承租人、中介机构、承租方式等基础信息，确保情况清、底数明；二是会同公安、消防、房管等社区网格员，全面排查群租房存在的治安、消防、环境、卫生等安全隐患，形成各社区整治工作台账；三是联合流管员借助实施居住证制度的有利契机，同步开展流动人口和出租房屋大调查，为整治工作提供有力支持。

3. 坚持高频次联合执法机制

按照街道牵头，属地公安、房管主责，有关部门"谁主管、谁负责"的原则，对地区违法群租房开展高频次联合执法行动。一是坚持"排查发现一处，坚决整治一处；群众举报一处，坚决整治一处；媒体曝光一处，坚决整治一处"的工作原则，对违法群租房实施"零容忍"。二是以医院、学校、大型超市、公交地铁站等违法行为较为集中地区为重点，依法取缔违法群租行为，不断提升平安建设水平。三是结合拆除违法建筑、治理"开墙打洞"、直管公房治理等专项行动，综合运用行政执法手段，形成治理工作强大合力，努力实现违法群租房"动态清零"。

4. 坚持常态化研究会商机制

按照《天桥街道2017年违法群租房专项整治工作方案》，街道主要领导靠前指挥，每月组织召开联席会议，通报整治工作进展情况，研究解决重点、难点问题，不断谋划健全长效管理机制，统筹指导地区整体工作；主管领导主抓落实，每周组织召开调度会议，结合群租房摸排台账，及时掌握整治进度，明确整治时间节点，制定可行性整治措施，确保工作顺利开展；主责科室有效协调，与派出所、工商所、房管所加强沟通，每天收集和汇总相关信息和数据，将填写准确完整的《人口调控重点任务完成进度表》《违法群租房治理点位工作台账》《人口动态监测台账》上报区流管办。

（三）群租房整治工作取得显著成效

1. 解决历史遗留问题，有效取缔违法群租行为

针对地区拆迁遗留用地普遍存在的私搭乱建、违法出租、群租扰民问题，街道会同公安、工商、房管、消防、城管、食药、卫生监督等职能部门，联合开展拆迁遗留用地专项整治行动。一是全面梳理拆迁主体、管理单位、租住人员、隔断间数、上下铺个数、安全隐患等基础信息，建立情况详、数据准、问题明的整治台账。二是通过张贴公告、走访告知、重点约谈等方法，加强与拆迁主体的有效对接，引导其全面落实主体责任，在限期内主动整改。三是与社区干部、流管员加大宣传教育频次，全面普及相关法律法规，耐心劝导租住人员陆续搬离。四是各职能部门联勤联动，形成强大整治态势，依法打击违法群租行为，有效疏解流动人口，一举消除痼疾。截至2017年5月，天桥街道共治理腊竹小广场、禄长街二条东口南侧拆迁遗留用地违法群租房32户，涉及面积411平方米，拆除上下铺61张，劝退158人。

2. 重视居民群众举报，有效整治群租扰民行为

天桥地区老旧小区、平房院落较多，导致出租房屋中存在的群租扰民等问题日渐凸显，街道始终高度重视群众反映的群租问题。一是依托社区网格管理体系，有效发动社区党员、楼门院长、平安志愿者等群防群治队伍，充分发挥其接地气、熟悉社情的优势，形成群租发现—社区上报—街道整治—群众监督的工作闭环。二是按照区流管办部署要求，对12345政府热线举报件，本着"发现立即挂账、限期治理完成"的工作原则，及时核实举报情况，一个月内完成整治任务，耐心答复举报群众。三是针对整治难度较大的情况，适时启动联席会商机制，相关部门实时共享走访情况、风险系数、整治阻力，全面研究解决对策，从多个角度、不同层面谋求整治突破口。截至2017年5月，街道共处理群众举报件9件。

3. 整治小旅店群租乱象，有效遏制违法建设行为

2017年疏解提升工作作为街道一把手工程，街道勇于攻坚克难，聚焦

重点难点，全面整治小旅店顶层违建用于群租的违法行为。一是街道综治办、城管科及属地城管分队抽调业务骨干，成立专项整治小组，针对群租、违建等违法行为进行细致摸排、实地勘测，详细掌握有关情况，为整治工作打下坚实基础。二是在调查摸底、找准问题的基础上，逐户同违法群租房各方当事人见面，教育引导其自查自纠。三是对故意回避的，多部门联合下达《责令整改通告》；对拒不配合、逾期未清理腾退的，街道牵头组织有关执法部门，以及群防群治力量成立联合整治队伍，坚决劝离租住人员、坚决拆除违法建筑，及时消除各类安全隐患。截至2017年5月，街道治理福长街五条16号，铺陈市35号，北纬路45号8栋、9栋顶层群租房3户、46间，涉及面积1237平方米，劝退136人。

三 违法群租房整治过程中发现的主要问题

（一）人、房安全无保障

部分出租房屋建筑所有权人、房屋租赁中介机构、出租代理人对房屋建筑使用缺乏安全责任意识，看中群租房交易中的暴利，对掌握的房屋胡乱拆建分割，随意改装水、电、暖等设施，甚至有人擅自变动房屋建筑主体和承重结构，如改造拆除承重墙，封堵通道，隔断木板材料大多为易燃物质，大幅降低了房屋安全性能。一套房子，只有一个大门出入，过道狭窄，仅能一个人走或侧着身子走，一旦发生火灾等险情，群租人的生命安全很难保障。

（二）治安隐患众多

群租房不规范，房间多，一套较大面积的房屋，用木板隔成多间小房间，大量的人口密集居住在狭小空间内，人均居住面积不过几平方米。居住人员情况复杂，个人素质参差不齐，互不认识，租住时间短，流动频繁，安全意识淡薄，且租住人员登记管理缺失，无法有效核实同住人员身份，给公安管理工作带来不便，极易发生群租房盗窃等刑事治安案件。同时，租住者大多为低收入群体，生活水平低，屋内乱拉乱接电线，"一户多用"负载过大，在使用电、燃气等方面普遍存在安全隐患，群租房内大多没有灭火器，消防安全隐患突出。

（三）扰民问题突出

群租房内的某些租户从事餐饮等工作，个人生活作息无规律，上下班时间不固定，早出晚归，噪声扰民，乱扔垃圾，出入小区和单元楼门不注重个人行为举止，卫生习惯差，不顾及相邻方的感受，严重影响和干扰了其他居民的正常生活，给邻里人身和财产安全带来隐患，致使邻里产生不满情绪，造成邻里关系紧张。

（四）监管体系不健全

小区物业仅负责监管公共部位消防器材、设施，无权检查监督群租房内的消防隐患，群租人员对物业设施设备使用率高、损耗严重，加大物业管理成本，其他小区业主被摊多了公共费用，致使业主把对群租现象的不满情绪发泄到物业方，从而引发物业方和业主的矛盾。同时，因缺乏对物业管理的实时评价监督体系，对房产中介没有严格的行业规范和限制群租行为的惩罚性规定，使得群租现象处于脱管状态。

（五）群租整治易反复

整治后的群租房经过一段时间后容易"死灰复燃"。一方面，对于群租市场，由于《北京市房屋租赁管理若干规定》等政策执行难度较大，管理职能难以发挥实际作用，部分中介机构、"二房东"不按照规定到相关部门备案登记，游离在行业管理部门监管范围之外，加之部分出租房主人房分离、责任意识薄弱，信息采集难度大。另一方面，出租房主为了应对整治，分隔房屋材料使用活动木板，这样易拆易搭，遇到整治自行拆除，整治结束立刻复搭。此外，群租房屡禁不止，还在于低收入人群对廉价住房的巨大需求。

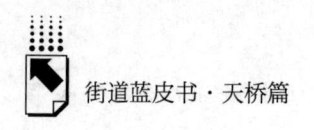

四 加强群租房整治的对策建议

（一）建立群租房整治长效管理机制

化解社会矛盾、维护群众利益、促进社会和谐，必须根据政府、市场和社会各自特点，形成群租房整治合力。从源头上管理，坚持"谁出租，谁管理，谁受益，谁负责"原则，明确"只出租，不管理"的出租人主体责任，督促相关部门落实监管责任，街道联合工商等部门建立联合联动执法机制和长效监管机制，结合群租房整治，协调、配合开展对房地产经纪机构违法行为的整治规范，加大打击力度，坚决取缔非法"黑中介"和"二房东"，严肃查处房屋租赁经纪公司及从业人员的违法行为，建立完善的自律管理服务行为条例，规范职业道德、职业资格注册，推动房屋租赁业的诚信建设，健全出租者和承租人的相关法律责任。健全出租房屋服务管理志愿服务宣传动员、组织管理、激励扶持等制度和组织协调机制，组织开展多形式、常态化的志愿服务活动，及时掌握出租房屋动态，发现群租房安全隐患，街道组织协调相关管理部门迅速排查整治。

（二）加大公租房和廉租房建设力度

树立以民为本的理念，建立民生导向的社会管理机制，解决经济发展与社会发展不平衡产生的房屋租赁供需矛盾，政府应设法解决城市低收入群体的住房问题，加强以公租房为主的公共住宅建设，为有租赁需求的人们提供面积合理、价格可接受的住处，实现"居者有其屋"。采取疏堵结合的方式，在完善制度采取强制手段大力整治外，还应通过政策、财政资金投入等措施加大扶持建设公租房、廉租房和符合各项要求的宿舍和住房，对城镇低收入人群及外来务工人员放宽申请审核条件，为其提供价格低能住得起且安全有保障的房屋。通过制定有关法规政策，街道及相关政府部门可以组织物业管理公司，将一些私人闲置房和闲置厂房回租改建为集体宿舍，改建过程中加大消防基础设施投入，确保消防基础设施安全正常运作，按照有关要求，出租给中低收入者和刚参加工作的高校毕业生等人群，定期给出租者稳定的回报，在统一集中管理，从根本上控制和杜绝私搭乱建的同时，还能够给物业管理公司带来一定收益。

（三）动员社会力量参与群租房整治

群租房是经济快速发展的衍生品，使用传统管理手段已难奏效。政府要在出租房屋服务管理上鼓励和支持社会各方面参与，充分激发社会能动力量，实现政府治理和社会自我调节、居民自治良性互动。通过政府购买服务等方式，充分利用协管员、社工、社区民警等政府力量，以及社区居民、劳动密集型用工单位、小区物业公司、业主委员会、社区志愿者队伍、房屋中介机构等社会力量，共同对辖区内的出租屋进行地毯式摸查，按一户一档建立档案资料，作为房屋租赁共享平台启用后的原始基础数据，形成出租房屋特别是群租房整治的共同体格局。同时，推进出租房屋安全隐患集中排查整治工作，制定街道群租房整治奖励办法，推出有奖举报违规群租房制度。

（四）探索大数据治理群租房新模式

加强对出租房屋的大数据运用和管理，利用企业用工信息、房屋中介信息、小区物业公司信息，以及租住者的居住登记、居住证、出租房屋备案等信息，构建融数据采集、管理和综合服务系统在内的房屋租赁共享平台。利用大数据功能，对出租房屋基本管理数据、部分服务数据和外来流动人口数据等进行全覆盖、实时性、动态式、智能化精确统计分析。根据数据分析呈现的房屋租赁情况、租住人员的构成等各项信息，依托群租房专项整治联席会议制度，街道、公安、工商、住建等部门及时通报信息收集、问题移交会商、执法协调联动情况，加强联合监管，实现精准服务、精准管理整治群租房。

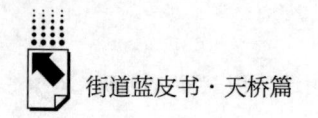

（五）加大舆论宣传和专项检查

整治群租房，政府部门应加大对流动人口、出租房屋管理方面的法律、法规及政策的宣传，加强对群租房危害的宣传，鼓励租客正常租房，构建平安和谐的社会环境。将群租房纳入正规的市政管理体系中，发挥基层组织的综合治理优势，把规范和整治工作真正落到街道，发挥物业管理机构和小区业主委员会的作用，对"群租房"集聚的老旧小区、平房院落等进行合理规划与管理，严格登记，做到管理到室、登记到人，完善房屋业主管理规约，规范租赁行为。建立公安、消防、安监、住建、城建等部门参与的协调机制，经常性开展对违法、违规出租房屋的专项检查，依法严惩群租现象。

参考文献

区流管办、天桥街道：《天桥街道提前超额完成2017年群租房整治任务》，《西城信息》2017年第31期。

乔进礼：《在"长效"上下功夫 在"管理"上出新招》，《东方城乡报》2016年9月29日。

杨鑫宇：《治理群租房 规范比禁令更有效》，《光明日报》2016年5月11日。

案例报告

Case Reports

B.11
开展社区志愿服务活动的天桥实践

摘　要： 随着我国城市化发展，全国各地政府越来越重视社区志愿服务的发展。在整个社区建设中，社区志愿服务作用日益凸显，运行机制和服务机制在志愿服务活动开展中得到不断健全和完善。西城区天桥街道立足社区志愿服务现实基础和实际需求，不断探索志愿服务活动的新载体新模式，通过传播"和谐、有爱、温暖"与"帮助他人、快乐自己"的服务理念，积极有效地开展敬老、助残、扶贫、医疗、助学、环保、法律咨询、理发、维修和治安巡逻等志愿服务活动，推动和谐社区建设。

关键词： 天桥街道　志愿服务　社区工作者　社区建设

20世纪80年代初，由民政部发起的社区公共服务在全国全面开展，志愿服务也由此诞生。经过十几年的快速发展，志愿服务工作在社区迅速蔓延，遍布社区生活的各个领域，主要包括社区卫生、扶老敬老、扶残帮困、知识讲座、医疗保健和机械家电维修等。志愿服务工作为有需要的特定人群提供了必要的有形服务和帮助，在社区形成了一种"人人为我，我为人人"的和谐氛围，不仅实现了志愿服务者的自身价值，还加速了社区管理民主化的进程。

一 天桥街道志愿服务活动概述

（一）开展志愿服务活动的重要意义

1. 对于社会而言

一是传递爱心，传播文明。志愿服务者不断把爱心传递出去，同时也将关怀带给社会，传播文明，这种"爱心"和"文明"由一个人传给两个人，再由两个人传给四个人，循环反复，持续传播，最终会形成一股暖流，温暖整个社会。二是有利于和谐社会的建立。志愿服务工作为人与人之间提供了互帮互助的机会，加强了彼此之间的交往和关爱，促进了和谐社会的建立。三是有利于促进社会进步。只有全社会的共同参与和共同努力，才能促进全社会的进步发展。志愿服务工作带动了越来越多的人加入服务社会的队伍中来，是社会进步的助推器。

2. 对于志愿者个人而言

一是奉献社会。志愿者在参与志愿服务工作的过程中，有机会为社会贡献自己的一份力量，体现了一个公民对社会的责任和义务。二是丰富生活体验。志愿者利用闲暇时间参与有意义的活动，不但可以扩展自己的生活圈，加深对社会的认知，还可以提高自身修养，有益于自身成长。三是提供学习的机会。志愿者参与志愿服务工作，不仅可以帮助他人，还可以培养自己的协调、组织及领导能力，更可以学习新知识、增强自信心等。

3. 对于服务对象而言

一是接受个人化服务。志愿者参与志愿服务工作，在提供人力资源的同时，不仅能发挥个性化、全面化的服务功能，更能使服务对象受益。二是融入社会，增强归属感。志愿者参与志愿服务工作，能够有效地帮助服务对象扩展其社交圈，增强其自信心，以及对人、社会的信任感和归属感。不仅如此，通过志愿者亲切的关爱和鼓舞，服务对象可以减轻自卑感以及对社会的疏远感，重拾自信。

（二）开展志愿服务活动面临的主要问题

我国志愿服务活动起步比较晚，尽管一直在加大力度持续推进，但是还存在一定的问题和不足，主要包括志愿者资源相对稀缺、志愿者组织行政化倾向相对严重、志愿服务理念相对浅表等。

1. 志愿者资源相对稀缺

目前，我国的社区志愿者与一些西方发达国家相比，在人员数量上和人员结构上都存在明显的差距。西方发达国家的志愿者数量占国民总数的30%，有的甚至高达60%，我国志愿者人数目前是1500万人，占全国城市总人数的11%，远低于西方发达国家志愿者人数比例。在年龄构成方面，我国大部分城市社区的志愿者为离退休人员，因为他们有更多的时间和精力投入志愿服务活动，而年轻人以及在职职工中的志愿者人数相对较低，人员构成相对偏差。这种以离退休人员为主要力量的志愿者队伍服务项目和内容相对有限，不能满足居民需求。

2. 志愿者组织普遍具有行政化倾向

志愿者组织本应该是政府和市场之外独立的第三方机构，但实际上往往需要政府的指导和扶持，志愿者组织才能发展起来，一些社会组织甚至直接成了街道办事处和社区居委会的一部分。因此，我国的社区志愿者组织大多独立性与自治性较差，对政府的依赖性较强，表面上是民间组织，实际上却是准政府组织，所以，社区志愿者组织作为连接政府和居民之间的桥梁的作用并没有得到真正发挥，其作为民间组织的灵活性和创新性也没有得到充分体现，更不能及时有效地反映社区居民逐渐多样化的服务需求。因此，政府在帮助社区志愿者组织成立后，应当逐步减少对社区志愿者组织的干涉和管理，让社区志愿者组织真正实现自我管理、自我发展和自我约束。

3.志愿服务理念相对浅表

社区志愿者组织大部分是政府相关部门成员或是有关社区团体，由群众自发成立的志愿者组织相对较少，因此社区志愿者组织的职能与服务往往成为政府中心工作的点缀与延伸。长此以往，部分社区志愿者会对志愿服务产生懈怠情绪，仅将志愿服务当作义务加班或者"学雷锋，做好事"的义务劳动。这种理念上的偏差导致志愿服务还停留在表面，很难满足社区真正需要帮助的困难群体的需求。实际上，社区志愿服务不仅是一种慈善性的活动，更多的是体现每个公民承担社会责任的价值，也就是说，志愿服务体现的是参与者崇高的生命价值，而不是一种施舍和济困。志愿者应正确认识志愿服务的意义，用良好的态度、丰富的专业知识和生活技能向社会提供有品质保证的志愿服务。

（三）天桥街道基本情况

天桥街道常年坚持开展学雷锋志愿服务活动。1983年，天桥街道创建了当时被誉为"城南新事"的"综合包户"服务形式；1989年，天桥街道开展了以"邻里互助"为主要形式的社区活动；1991年，天桥街道创建了学雷锋便民服务一条街；2004年，天桥街道经过不断探索和磨砺，建立了"志愿者之家"，为志愿者服务提供贴心保障。此后，天桥街道的志愿服务又历经了"军民共建""同创和谐社区"等发展过程，从最初"萌芽"到慢慢"破土"，再到茁壮"成长"，最后"枝繁叶茂"。

近年来，天桥街道不断结合新的形势要求，创新志愿服务的形式和内容。2016年，天桥街道在北京市率先启动了一批志愿服务项目，主要以8个社区志愿者之家和3个志愿服务岗为服务载体和窗口，其中包括友谊医院的"守护天使"、都宇的"灶具维修"和珠市口地铁站的"红色导航",以及1个志愿服务基地,主要是指志愿服务主题公园,从而形成了多方位、全覆盖的"831"志愿服务体系。天桥街道的"831"志愿服务体系不仅搭建了与辖区居民面对面交流、为辖区居民服务的窗口与平台,还实现了政务服务、志愿服务的有机结合。截至2017年底,街道注册志愿者已达8176人,占地区常住人口的17%以上。街道已成立李金明贴心人服务队、范进卯燃气灶具维修服务队等服务团队62支,涉及安全、维修、咨询、教育、科普、文体、为老等各类服务项目。建有地区全响应服务网格39个。服务领域从最初的"综合包户"扩展到现今的社区党建、社区服务、社区文化、社区治安等诸多方面,搭建了广覆盖、高效率、多层次的志愿者服务网络。

二 天桥志愿服务活动的主要做法

多年来,街道始终将学雷锋志愿服务工作作为地区精神文明建设的重要抓手,做到三个坚持:无论形势和环境如何变化,坚持弘扬雷锋精神和志愿服务的决心不变;无论志愿者队伍人员如何变换,坚持志愿服务的制度化常态化不变;无论服务对象如何改变,坚持志愿服务百姓的方向不变。近年来,根据新时期、新形势的需要,街道通过调研和深入思考,进一步转变思想观念,提炼出与时代步伐相适应、具有地区特色的活动载体,推动学雷锋志愿服务工作制度化、规范化、信息化、常态化发展,进入"邻里守望、共享幸福"的新阶段。

(一)厘清学雷锋志愿服务工作思路

街道党工委通过认真分析研究,明确了"发挥优势、创新发展"的志愿服务工作要求,确立了学雷锋志愿服务工作思路:以党的十八大精神为指导,以社会主义核心价值体系建设为根本,以弘扬雷锋精神为核心,进一步深化"奉献、友爱、互助、进步"的志愿服务理念,扎实开展"邻里守望、共享幸福"志愿服务活动,着重在志愿服务机制体系及手段创新、关爱老幼弱残、打造服务品牌、服务地区发展上下功夫，促进学雷锋志愿服务活动常态化，营造"我为人人、人人为我"的良好社会风尚。2016年，街道进一步明确以8个社区志愿者之家为载体，"守护天使"等3个志愿服务岗为窗口，1个志愿服务主题公园为基地，形成了多方位、全覆盖的"831"志愿服务空间布局。

（二）完善和创新志愿服务机制体系

依据时代要求，街道完善了《天桥街道学雷锋志愿服务指导意见》。为适应社区志愿者服务的需要，创新了"135"模式社区志愿者服务体系，"1"指每个社区成立一个志愿者理事会，"3"指每个理事会设会员发展部、项目管理部、服务储蓄部，"5"指搭建五个志愿信息系统。包括"一网、三库、一平台"。"一网"指社区志愿者服务网站，"三库"指志愿者自报服务项目信息库、志愿者个人服务记录信息库、社区拥有志愿服务项目信息库，"一平台"即志愿服务咨询平台。该系统整合各类志愿服务信息，依据社区居民需求，提供"一站式"查询服务。通过不断完善机制，确保志愿服务工作规范化、制度化、常态化。

（三）不断拓展丰富邻里互助内涵

鉴于街道志愿服务良好的基础，街道突破服务领域，从邻里互助"一对一"模式，向多元化领域创新拓展，由居民之间的邻里互助发展到居民与单位、单位与单位、单位与社区之间的"大邻里互助"。同时，街道把志愿服务扩展到党建领域，特别是结合党的群众路线教育、"三严三实"、"两学一做"学习教育活动，积极落实"党员回社区报到"工作，将党员志愿服务优势"最大化"。如市委宣传部机关工委开展文化为老服务，区党史办开展党史宣传教育，友谊医院党支部开设老年慢性病医疗咨询等服务岗位。截至2016年11月底，共有58个市、区属单位党组织2160名在职党员报到，受到了居民的广泛欢迎和好评。

（四）培育特色志愿服务队伍，突出服务重点

根据地区实际，把"老弱病残孤"作为志愿服务和关爱重点。截至2016年底，地区60岁以上老人和孤寡、病残人员共16240人，占天桥地区人口的32%。街道从实际需求出发，培育各类志愿服务队伍，开展菜单式志愿服务，重点培育了"社区助老邻里帮帮团""亲情速递局"等助老助残志愿服务项目和萤火虫志愿服务队等十大品牌服务队。街道还设立了法律援助工作站，对涉及子女赡养、财产继承等的问题提供义务法律援助。同时，街道与北京市邮政实业集团开办"老年食堂"，国家盲文出版社无偿为残疾人提供优质活动场地，直接受益达34960人次。2015年，萤火虫志愿服务队入选"全国100个最佳志愿服务组织"。

（五）以民之需设立服务项目和内容

截至2016年底，街道志愿服务项目包括素质教育、医疗保健、社区文化、体育健身、社区安全等108项内容，特别是与虎坊路幼儿园合作开办的针对0~3岁幼儿的"乖乖虎早教俱乐部"，社区志愿者自发组建的"外来务工人员子女阳光课堂""书法艺术进军营"等创新服务项目，满足了人民不同方面的需求。2015年，街道与友谊医院合作的"守护天使"项目为患者提供导医服务，逐步建立完善了招募登记、岗前培训、人员管理、后勤保障、服务奖励等一系列工作制度，建立了一支71人的志愿服务队伍；2016年运行的"百家圆梦"项目为地区107户高龄、失能、残疾、重病、失独等特困老人解决"就医看病难、拆洗被褥难、下楼遛弯难、保洁卫生难"等实际困难，方便了居民的日常生活，丰富了居民的精神生活，提高了居民的生活质量，促进了和谐社区建设，推动了地区全面发展。同时，街道还制定了"街道学雷锋志愿服务激励回馈办法"，完善了志愿服务激励机制。

（六）围绕地区工作大局开展服务活动

街道始终把与天桥演艺区建设发展和地区稳定相关的工作作为志愿

服务工作的重要内容，使其在服务大局中发挥作用。2016年，治安志愿服务人员在重要节日、敏感节点等出动102600人次，为首都和天桥地区维稳工作提供保障；开展环境志愿服务2500人次，开展百姓宣讲志愿服务1420人次，地铁七号线"红色导航"服务站提供指路服务15000余人次。作为中国民间文化艺术之乡，文艺志愿者们还将志愿服务先进事迹自发编写成小品、话剧、快板、相声，如竹板书《夸夸我们的志愿者》、新编评剧《咱老百姓——李金明》、科普短剧《杜鹃泣血》等，在社区内巡回演出，用这些群众喜闻乐见的形式，宣传先进，弘扬典型。在榜样的带领下，大家受到教育和感染，更多的居民参与到志愿服务队伍中来，有力地助推了地区各项事业的发展。

三 天桥开展志愿服务活动取得的成效

（一）推进志愿服务组织由"行政化"向"社会化"转变

街道引进优质资源，积极培育重点服务领域志愿服务组织，对富有特色的项目给予大力支持和推广，利用社区公益金等，采取项目购买、项目补贴、项目奖励等方式，支持其发展；同时，开发整合辖区单位志愿服务资源，发挥其专业性、人力资源等方面的优势，与社区形成和谐互动的关系，推进了志愿服务组织向"社会化"转变。

（二）推进志愿服务管理由"传统化"向"信息化"转变

"一网、三库、一平台"的社区志愿者服务体系，实现了"可网络注册、可查阅服务内容、可自申服务项目、可记录服务时间、可显示服务星级、可浏览回馈方式"等志愿服务信息管理模式。这种网格化分配管理、菜单式岗位认领、分类式服务的方式改变了过去传统的管理方式，推进了信息化管理。

（三）推进志愿服务激励由"义务制"向"回馈制"转变

为适应市场经济条件下志愿服务发展形势的需要，天桥街道制定了"街道学雷锋志愿服务激励回馈办法"，通过"星级志愿者""时间储蓄""时间交换"等方式，志愿服务者可以享受地区内购物、餐饮、娱乐、文化活动、咨询需求等回馈，激励更多的人参与到志愿服务中来。

四 推进志愿服务发展的对策建议

受传统行政体制的影响，社区志愿服务仍然需要通过行政手段来推动，而且这将是今后一段时间推进志愿服务发展的主要方式。因此，为了进一步推进社区志愿服务的专业化、规范化、制度化，天桥街道还需要在加强社区志愿服务的组织管理、引导和协助第三方社会机构建立科学有效的社会评价和激励机制等方面下功夫。

（一）加强社区志愿服务的组织管理

加强对志愿者的培训，提高其专业化水平。社区志愿服务不能仅是做，还要是要秉持优质、便捷的工作态度和工作观念做好志愿服务工作。在实际志愿服务工作中，志愿者们会遇到很多实际的困难，有很多是自身能力不足或是服务技术欠缺导致服务效果不够好，有的是服务内容过于单一、枯燥导致志愿者产生怠慢情绪，有的是因为受助者态度或者情绪不好对志愿者产生消极影响。因此，需要定期向志愿者提供持续、稳定的培训，传授相关的知识、技能以及必要的沟通技巧和方法，使志愿者的服务能力得到很大提升。培训的内容主要以知识、态度和技能为主，可以针对志愿服务活动的服务方案、服务程序、服务技巧和工作职责等进行培训；培训的形式主要有服务前和服务中的训练，使志愿者通过实际的志愿服务工作，学习服务知识，锻炼服务技巧，提升服务水平。

加强对志愿者的督导，提升其服务能力。以前的志愿服务机制还不健全，大多是从个人意愿和情感出发，进行不定期、不持续的助人为乐行为，主要以献爱心为服务内容，其结果也应当被支持和被肯定。当前的志愿服务存在很多问题，其中一项就是"好心办坏事"。因此，志愿服务工作除了要强调扩大参与范围，还要注重保障服务对象的权益，避免其受到外界的侵害，这就需要志愿服务组织在前期对志愿服务方案进行有针对性的规划和安排，并准确制定和评估志愿者的岗位和职责，从中挖掘和创造真实有效的志愿服务机会，这样才能使社会人力资源得到科学合理的匹配和运用。只有制订服务人力资源计划和遵循科学合理的匹配运用原则，才能使社区志愿服务活动受到有效的监督。

（二）完善社区志愿服务的激励机制

尽管天桥街道制定的"街道学雷锋志愿服务激励回馈办法"，通过"时间储蓄""时间交换"等方式交换服务，激励了很多人参与到社区志愿服务中来，但是这些激励机制还不够，街道可以在激励的基础上，进一步完善和健全服务评估机制、补偿机制等，促进和推动对志愿服务人员的有效组织和管理，进而体现社区志愿服务的社会价值。

建立志愿活动效益评价机制。街道或者社区可以对现有的志愿服务活动进行分类，根据不同类别志愿服务活动的难易程度、服务时间的长短以及服务效果等进行量化，然后客观公正地对社区志愿服务的性质和效率进行考核和评估，根据结果给予一定的奖励。

建立志愿者利益保障机制。尽管志愿服务不以获得报酬为目的，但还是要考虑他们在参与服务活动中的实际需求，如个人发展、福利待遇等，可以帮助他们做些职业规划，适当提高待遇。

建立受益者志愿服务补偿机制。有一小部分人在接受社会资源和他人帮助的时候很积极，需要他们回报的时候他们却避而远之，这样不利于社区志愿服务的开展。社区可以建立受益者志愿服务补偿机制，将受助者登记在册，并动员、安排他们参加一些公益活动，促进社区志愿服务的持续发展。

（三）加大力度宣传志愿服务文化

志愿服务活动是对中华传统优秀文化的继承，也是践行社会主义核心价值观的重要途径，因此，要将志愿服务意识内化为居民的自觉意识，使其自愿自觉参与大社区志愿服务。

弘扬志愿服务文化。借助传统媒体和新媒体广泛宣传服务他人、奉献社会的志愿服务理念，形成天桥特色志愿服务文化。

发挥典型示范作用。将身边经常参与社区志愿服务活动且服务效果好的社区居民树立为道德的楷模，发挥其示范引导作用，使"善行不分大小，你我皆有可为"的理念深入人心，推进地区志愿服务发展。

（四）推动志愿服务组织社会化发展

随着社区志愿服务的不断发展，街道的志愿服务组织的独立性逐渐增强。因此，要遵循社区组织发展的普遍规律，按照社会组织改革要求，加强社区志愿服务组织行业自律，提升服务效能，增强其社会参与、公益服务等功能，引导志愿服务组织逐渐去行政化，推动社会组织社会化发展，形成社会组织社会化管理模式。

参考文献

北京市西城区天桥街道：《邻里守望筑和谐　雷锋精神耀天桥》，2016年12月15日。

沈丹妮：《城市社区志愿者服务意愿及其影响因素》，硕士学位论文，浙江工商大学，2017。

徐帅：《中国特色志愿服务体制研究》，博士学位论文，北京交通大学，2017。

蒋欢：《中国志愿服务保障机制研究》，硕士学位论文，中央民族大学，2010。

刘婷婷：《公民社会视角下社会工作与志愿服务支持关系研究》，硕士学位论文，华中师范大学，2011。

郭瑶：《社区志愿服务居民参与同居民满意度的相关性研究》，硕士学位论文，华中师范大学，2016。

聂秀莉：《城市社区志愿者的动员机制研究》，硕士学位论文，山东大学，2013。

B.12 天桥街道以"八大举措"推进平安社区创建

摘　要： 加强平安社区建设十分重要，对构建和谐社会具有重大意义。天桥街道以平安西城建设为目标，以改革创新为动力，坚持"服务导向、民意导向、发展导向"，通过建立指标评价体系、加强基层组织领导、强化落实各部门职责、搭建街区创建平台、加强群防群治队伍建设等"八大举措"推进平安社区建设，为地区居民创造平安、和谐、宜居的生活环境，并为其他地区提供一定的可借鉴经验。

关键词： 天桥街道　平安社区　综治维稳　和谐社会

一　阻碍平安社区建设的几个方面

社区是一定区域内在生活上相互关联的人群组成的社会生活共同体。社区的安全稳定是社会治安稳定的基础，社区平安了，社会才能和谐稳定。为有效应对影响社会安全稳定的突出问题，推进平安中国建设，2015年中共中央办公厅、国务院办公厅出台了《关于加强社会治安防控体系建设的意见》，提出"加强乡镇（街道）和村（社区）治安防控网建设"的要求。全国各地不断推进平安社区建设，但是由于社会治安形势日趋复杂，加之管理机制不健全和人员素质的差异，社区治安方面还存在一些问题。

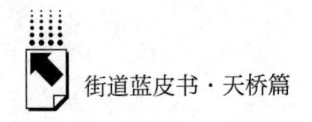

（一）平安社会建设存在的主要问题

1. 部门合力推动不够

平安社区建设是一项系统工程，每项工作既需要各部门分工明确，又需要共同协作。但在实际工作中，相关部门、单位之间没有形成合力，表现为内部凝聚力不够，只有一些主要职能部门在履行职责，其他部门仍处于"事不关己"的状态，大局意识不强，没有形成齐抓共建的局面。

2. 社会参与程度不高

社区里人员层次不一样，外来人口较多，成员复杂，存在许多不稳定因素，给社区安全带来了一定的威胁，特别是在防火、防电方面存在很多问题。而且社区安全保卫工作涉及内容多而且范围广，工作难度大，仅仅依靠政府的力量推进平安社区建设是不够的，还需要非政府组织以及广大人民群众共同参与，因为广大人民群众才是平安社区创建的主体，也是平安社区建设的出发点和落脚点。群众的力量是无限的，他们可以承担民情民意传递、法律法规宣传、安全监督等多项重要工作，因此，只有充分调动全体成员广泛参与，社区安全防范工作才能不留死角。但从目前平安社区建设的情况来看，公众参与的广度和深度还不够，需要充分调动全体成员参与到安全社区创建工作中来。

3. 社区警务力量不足

切实维护社区安全，必须要求警力向社区延伸，但是由于警务工作分工不同以及日常工作繁重，社区民警难以沉入社区履行防范职责，社区治安工作很难做深做细。还有些社区警务室与上级主管部门沟通不畅，导致主管部门对地区的警务情况很难及时、准确把握，其发出的指令也不能快速传达至各警务室，导致整体联动性不强。另外，综治队伍素质参差不齐，能力水平有高有低，有些民警"以人为本"工作理念不强，为人民服务意识淡薄，这些也会影响地区治安工作和平安社区建设。

（二）天桥街道平安社区建设面临的问题

天桥街道位于北京市西城区东南部，辖区面积 2.07 平方千米，共划分为 8 个社区，截至 2016 年底户籍人口 5.18 万人，常住人口 4.64 万人，人口密度较大。辖区内共有平房院落 597 处、简易楼 11 栋，这些地方建设年代较早，存在基础配套设施不足、房屋及管线网络老化损坏、上下水不通、私搭乱建、停车秩序混乱、物业管理不规范等问题，这些都会给辖区带来治安、消防安全隐患。如老旧小区电线老化，而居民家用电器数量又在不断增加，电线超负荷运行很容易引起火灾；私搭乱建问题严重，在发生紧急情况的时候严重影响疏散工作。这些都严重威胁着辖区居民的生命财产安全，因此需要街道及相关部门采取有效措施，推进平安社区建设。另外，辖区内有 11 处全国知名的演出剧场，吸引了大量的游客来此观看演出，流动人口多同样给地区安全带来了一定的压力。

二 天桥街道深入推进平安社区建设，构筑和谐家园

2017 年，为深入推进平安社区创建工作，天桥街道紧紧围绕全面深化平安北京建设的"六项工程"，按照西城区"十三五"规划的总体要求，以平安西城建设为目标，以改革创新为动力，坚持"服务导向、民意导向、发展导向"，紧紧围绕"疏解整治促提升"专项行动等重点工作，充分运用综合治理、社区协商、居民评价等制度机制，积极探索与实践提升平安社区创建实效的有效措施与途径，切实提升地区居民群众的安全感与满意度。

（一）建立指标评价体系

1. 全面部署

结合地区实际，制定《天桥街道 2017 年平安社区创建工作方案》（以下简称《工作方案》），成立由街道主要领导任组长的工作领导小组；组织各社区、相关科室、职能部门召开创建活动工作部署会，明确职责分工、创

建时间节点、阶段工作任务。

2. 积极培训

通过发放培训手册、讲解图文并茂的 PPT，使相关成员单位了解创建活动的指导思想、工作基本原则以及各阶段创建任务；针对不同社区的培训需求，深入社区组织社区干部、积极分子开展有针对性的业务培训，营造人人皆知的浓厚氛围。

3. 确定评价指标

按照市、区关于创新开展平安社区创建活动的有关精神和工作要求，根据《工作方案》以及各社区实际，围绕平安社区主题，制定《天桥街道平安社区创建指标评价细则》，包括 22 条基础性指标、3 条递进性指标、5 条参与率指标和 8 条否决性指标，通过指标评价、制订计划、逐项整改、督促落实，形成全年平安社区创建活动的工作闭环。同时，在社区宣传栏张贴 22 条基础性指标，指导各社区细心解答居民提出的有关问题，为居民评价指标提供详尽的参考依据；联合社会办，通过召开居民代表大会，完成 8 个社区基础性指标的评价打分。

（二）制定工作原则及目标

按照西城区关于创新社会治理体制的总体要求，坚持服务民生、体现民意、注重发展的工作原则，深入有序推进平安创建向纵深发展。坚持服务导向。坚持以为人民服务为宗旨，整合基层社会服务管理信息、资源力量，打造集管理与服务于一体的基层社会综合服务管理平台。坚持民意导向。坚持以人民群众的安全需求为导向，深入开展多种形式的平安社区创建活动，充分调动居民群众参与平安社区创建的积极性、创造性。坚持发展导向。以解决问题为目的，把居民群众最需要、最关心、最迫切的安全需求作为平安社区创建的递进式指标，丰富平安社区创建内容，激活平安社区创建动力，增强平安社区创建活力，体现平安社区创建的递进式发展。

通过深入开展平安社区创建活动，促进地区安全稳定，筑牢防控安全网络，积极化解矛盾纠纷，加强人口服务管理，做好社会治理创新，进一步夯实平安建设基层基础。通过整合平安社区创建力量资源，创新平安社区创建评价模式，最大限度地发动居民群众，筑牢平安社区建设的群众基础，推进平安社区创建活动科学有序开展，为地区政治、经济、文化和谐发展创造安全稳定的社会环境。

（三）加强基层组织领导

平安社区创建活动作为街道一把手工程，已经纳入街道全年工作计划，列入党工委、办事处重要议事日程。成立天桥街道平安社区创建工作领导小组，负责平安社区创建工作的全面统筹，对街道各科室、属地各职能部门在平安社区创建活动中的履职情况进行监督、反馈，对各社区平安社区创建活动开展情况进行考核、评价。每季度组织召开一次平安社区创建专题会议，定期通报创建工作进展，研究解决创建工作中遇到的重点难点问题。街道主要领导是平安社区创建活动的第一责任人，主管领导是直接责任人，各成员单位通过层层落实职责任务，形成党政领导、综治协调、部门负责、社会协同、公众参与的平安社区创建工作格局（见图1）。

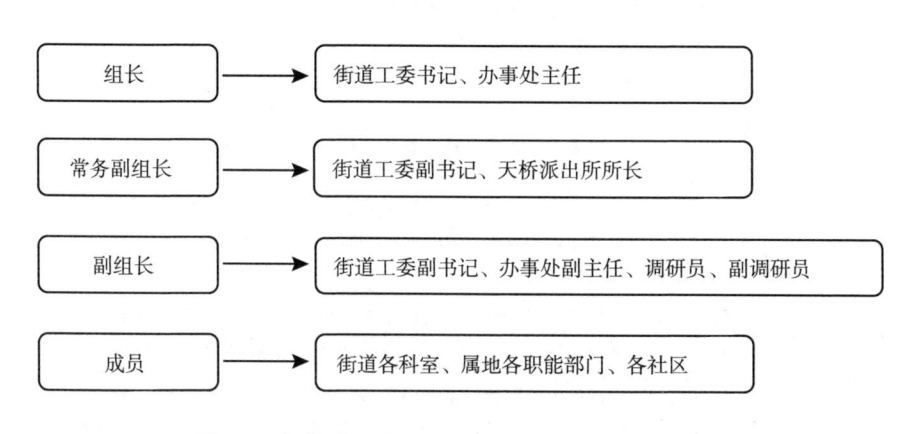

组长	→	街道工委书记、办事处主任
常务副组长	→	街道工委副书记、天桥派出所所长
副组长	→	街道工委副书记、办事处副主任、调研员、副调研员
成员	→	街道各科室、属地各职能部门、各社区

图1　天桥街道平安社区创建工作领导小组组织结构

（四）强化落实各部门职责

平安社区创建活动是深化基层平安创建活动的具体举措，是一项综合性的系统工程，涵盖内容多，涉及部门广。各成员单位之间要加强工作协调、相互支持、相互配合，形成创建合力，推进各项工作高效、有序开展；要切实增强工作的自觉性、主动性，做到平安社区创建与业务工作同规划、同部署、同检查、同落实（见表1）。

表1　天桥街道平安社区创建中各相关部门职责分工

序号	部门	职责分工
1	党工委办	协同综治办召集相关成员单位部署递进性指标待办事项；协同社会办、综治办定期对递进性指标待办事项的工作进展进行监督、催办
2	宣传部	结合创建活动要求，组织指导各社区及时开展前期宣传，积极利用《天桥报》和政务微博、微信、客户端等媒体平台，宣传平安社区创建活动的意义、目的，宣传治安防范的理念、知识，宣传治安防范工作公民的义务、作用等，为创建工作提供有力支撑。对社区和部门创建活动进展组织经常性的宣传报道，营造平安共建、和谐共享的良好氛围
3	综治办	研究平安社区创建工作的总体安排。拟订年度创建工作计划，每季度组织召开专题会议；负责整体协调部署、确定各类指标；在领导班子会上提请审议各社区的递进性指标待办事项；与办事处办公室共同召集成员单位发布递进性指标待办事项；组织相关部门对社区参与率指标及否决性指标进行打分；汇总基础性指标、递进性指标、参与率指标、否决性指标分数，在领导班子会上汇报；配合党工委办、办事处办公室对成员单位完成递进性指标待办事项的情况进行监督
4	纪检监察科	指导各社区纪检委和纪检委员落实廉政廉洁纪律，确保公开、公平、公正
5	办事处办公室	整理政协委员提案中未能解决的平安创建相关事项；协同综治办召集相关成员单位部署递进性指标待办事项；协同社会办、综治办定期对递进性指标待办事项的工作进展进行监督、催办
6	财政科	做好活动经费保障、工作绩效审计，根据情况和财务规定及时追加预算和调整经费等。经费保障方面，要向社区倾斜，为平安社区创建提供有力的保障支持
7	社会办	将平安社区创建纳入社区建设重要内容，列为年底各社区考核重要指标；指导协助各社区组织居民对指标进行打分、汇总；将信访办、全响应办公室、办事处办公室搜集到的未完成的平安创建相关事项进行汇总，反馈到各个社区；组织社区在居民代表大会上确定递进性指标待办事项并汇总；组织社区召开居民代表大会对递进性指标事项完成情况进行打分；配合办事处办公室对成员单位完成递进性指标待办事项的情况进行监督；大力提高社区社会动员能力，整合地区资源，推进共建共驻，开展基层民主自治；构建社会组织协同机制，发挥社会组织在平安社区创建中的作用

续表

序号	部门	职责分工
8	全响应办公室	统筹推进全响应网格化体系建设,指导各社区在平安社区创建中发挥网格基础性作用
9	民政科	指导各社区坚持"有事要协商、遇事多协商"的民主协商原则,将矛盾化解在楼门、院落等最小居民自治单元
10	天桥派出所	加强社区警务工作,监督社区民警沉入社区开展基础工作,提升社区治安防范工作水平,落实各项安防工作措施;加强群防群治队伍建设,动员群众参与治安防范工作;社区民警和流管员加强对流动人口和出租房屋的登记与管理;建立社区治安状况定期通报制度,做好社会信息员的物建、培训和管理,加大对可防性案件的宣传与防范;研究制定平安社区的刑事治安案件发案标准,针对社区高发案的类型特点,组织开展专项打击行动;做好辖区重点人员和不稳定因素的摸排上报工作,避免发生个人极端行为
11	各社区	作为平安社区创建活动的具体实施单位,主要负责组织、宣传、动员本社区居民群众积极参与治安志愿服务、社会公益服务等平安社区创建活动,收集反馈居民对平安社区创建活动的意见、建议,并对相关职能部门服务居民、履职尽责情况进行监督
12	其他成员	按照各自职责,深入社区,积极参与平安社区创建工作;根据基础性指标得分情况,相关责任部门分析研究扣分项目,制定措施推进整改,确保平安社区创建基础工作不断得到加强;涉及递进性指标的相关责任部门,要研究制定专项实施方案,明确细化整改措施,切实将群众提出的问题如期解决

(五)加大宣传力度

宣传部要用足用好新媒体与传统媒体,在《天桥报》设立平安社区创建专栏,加强地区平安社区创建宣传工作,提高平安社区创建的知晓率和参与率,营造平安共建、和谐共享的良好氛围。各社区要利用宣传栏、黑板报、滚动电子屏等多种载体,将平安社区创建的标准、方法、考核及民意调查的结果定期向居民及时公开、公布、公示;加强平安社区文化建设,充分调动居民参与平安社区创建的积极性,形成文明有礼、守法诚信、理性平和、积极向上的社会风尚。

(六)搭建街区创建平台

平安社区创建活动以解决群众需求为出发点,是提升基层平安创建实效的重要载体，也是提高居民安全感的有效手段。作为街道一把手工程，街道领导高度重视，成立了由街道主要领导任组长、综治主管领导、属地派出所所长任常务副组长的创建工作领导小组，其中，主要领导是第一责任人，主管领导是直接责任人，组建了以街道综治办、宣传部、社会办、民政科、天桥派出所等 9 个重要部门为成员单位的创建办公室。成员单位涵盖了街道 28 个科室、属地 10 个职能部门以及 8 个社区。通过搭建街道、职能部门、社区共建平台，形成了党政领导、综治协调、部门负责、社区配合、居民参与的良好工作格局。

（七）加强群防群治队伍建设

1. 加强地区技防建设

为逐步提升地区技防整体水平，有效降低社区可防性案件发案率，截至 2017 年 10 月，街道按照"成熟一个、安装一个"的原则，围绕地区主要大街、重点区域、居民住宅区共安装数字高清监控探头 238 个。其中，天桥小区社区 30 个、天桥演艺区核心区 24 个、禄长街社区 45 个、太平街社区 34 个、永安路社区 49 个、虎坊路社区 32 个、先农坛社区 24 个，力求实现地区视频监控系统全覆盖。技防设施的配备，为多起社区入室盗窃、自行车盗窃、居民区纵火等案件的侦破提供了强有力的线索支撑。同时，街道从人员组成、职责范围、监控管理、图像管理等方面，建立天桥地区视频监控系统管理制度，加强和规范了视频监控系统及设备的日常管理和维护。

2. 组建一支平安志愿者队伍

为确保日常及重大活动期间地区安全稳定，街道有效发动特保、志愿者、巡防队员等群防群治力量，织牢织密地区社会面防控网。组织指导各社区积极动员党员、楼门院长、积极分子等社区力量，组建了一支拥有 1348 名社区居民的平安志愿者队伍，全国"两会"、十九大等重大活动期间，围绕地区医院、地铁站、大型超市、演艺场所等 60 余个重点区域开展巡逻值守，做到点位到人、责任明确、防控到位。同时，志愿者充分发挥接地气的优势，日常巡逻中发现可疑情况，第一时间上报属地派出所，形成"安全防范、人人有责"的良好氛围。

3. 有效发动流管员等社会力量

按照"来有登记、走有核销"的工作原则，社区干部、流管员定期走访出租房屋，排查消防、治安等各类安全隐患，动态掌握流动人口、出租房屋有关信息。十九大前夕，街道综治办、统计所、天桥派出所指导各社区组织43名流管员、169名核查员全面摸排地区实有人口、暂住人口、人户分离人员情况，建立地区实有人口库，夯实"疏非控人"工作基础，为重大活动期间地区安全稳定打下了良好基础。截至2017年10月底，共登记录入地区实有人口11525户25286人。

（八）建立长效管理机制

1. 动员培训制度

为提高群防群治力量发现问题、收集情报、配合处置能力，街道结合辖区实际，从消防、反恐、维稳等多个角度，充分借鉴区级培训经验，通过集中培训、社区巡讲、编制操作指南等多种形式，组织各成员单位解读和熟悉指标体系、评价细则，逐步培养一批平安社区创建业务骨干。一是通过QQ、微信等技术手段加强与社区干部的沟通交流，有效提高工作效率，逐步建立一支信息灵敏、反应迅速、素质过硬的治保队伍。二是联合消防支队，定期组织辖区重点单位、消防志愿者开展消防知识宣讲、消防应急演练等活动，使群防群治力量熟练掌握应急处置技能。三是在街道50人处突小分队不参加勤务工作之余，加大处突技能培训，以班组为单位，既提升单兵能力，又强化合作能力，全面提高地区处突能力。

2. 联勤联动制度

在"疏非控人"、综合治理、安全保障等重点工作方面，横向上，依托街道综合治理执法平台，与属地公安、城管、工商、食药、卫生监督等职能部门加强联动，坚持"每周例会制度"，用好各支执法队伍，不断提高综合整治合力；纵向上，借助街道网格管理体系、职能部门进社区，与社区干部、群防群治队伍密切配合，不断延伸综治基层工作触角。

3. 分析研判制度

在重点时期、重大安保任务之前，为实现"小事不出社区，大事不出街道"的目标，街道组织机关科室、职能部门、各社区召开矛盾排查会，全面掌握地区情况，及时消除不稳定因素，确保地区安全稳定。一是通过社区党委书记汇报制度梳理地区不稳定因素，逐条制定防控措施，明确主责部门、协办部门，限期化解矛盾。二是综治、消防、安全生产等部门结合安全形势、特点，建议各社区加强防火、防盗、防诈骗等技防措施，有效发动治安志愿者等群防群治力量加大巡逻值守力度。三是启动社区矛盾纠纷上报机制，要求各社区每天定时上报矛盾纠纷排查情况。四是建立定期通报制度，每季度组织召开一次平安社区创建专题会议，定期通报创建工作进展，研究解决平安社区创建工作中遇到的重点难点问题。

4. 保障服务制度

严格落实安全稳定情报信息奖励机制，按照《西城区维稳信息员提供违法犯罪类线索奖励的实施办法》，明确4大类33种情报线索的奖励标准。同时，制定《天桥街道关于治安志愿者慰问工作方案》，每年三次对治安志愿者开展慰问工作，进一步完善志愿者保障服务制度。

三　以居民群众需求为导向，确保平安社区创建工作取得实效

天桥街道把为地区居民创造平安、和谐、宜居的生活环境作为总体目标，按照西城区创新社会治理和深化平安西城建设的总体要求，通过政府、职能部门的责任落实，寓服务于管理，充分调动群众参与社会治理的积极性、创造性，实现政府治理和社会自我调节、居民自治的良性互动，在推进平安社区创建中取得了显著成效。

（一）提高居民参与率

在《天桥报》设立专栏，定期刊登平安社区创建活动信息，营造人人皆知、人人参与的社会氛围；在社区宣传栏张贴宣传海报60余张，引导社区居民了解和熟悉22条基础性指标，指导社区干部细心解答居民提出的有关问题，为居民评价指标提供详尽的参考依据；组织召开居民代表大会8场，参与评价打分的居民代表共计374人，完成基础性指标评价问卷374份。通过开展民意调查、汇总调查结果，根据各社区实际围绕平安社区主题，将社区居民最关心、亟待解决的3个问题设定为各社区递进性指标。截至2017年10月底，天桥街道8个社区根据各自情况确定递进性指标24个，包括10项治安类指标、10项环境类指标、3项交通类指标以及1项消防类指标，切实提高了社区居民参与平安社区创建的积极性。

（二）提升辖区居民的安全感

为有效提升平安社区创建实效，街道围绕"疏解整治促提升"中心任务，注重听取民意发动群众，注重抓住重点破解难题，注重统筹整合联勤联动，注重科技创安提升水平，通过治理违法群租房、清退散租住人地下空间等10项可行性措施，有序疏解非首都功能、调控人口规模，不断夯实流动人口管理工作，共影响辖区常住人口7740人，取得了显著成效。通过背街小巷环境整治提升工作，实现违法建设及"开墙打洞"违法行为清零街巷26条。清理背街小巷废旧自行车1420余辆和堆物、渣土300余车、1800余吨，拆除地桩、地锁183个，规范广告牌匾200余块，增补绿化面积1100余平方米，有效减少各类安全隐患，逐步改善居民生活环境，切实解决了影响群众安全感的现实问题。

四 从天桥的经验看如何加强平安社区建设

（一）坚持以人为本

平安社区建设的最终目的是保障人的生命和财产安全，其工作内容包括消除危及人的生命安全的因素、干预人的不安全行为、培训人的安全技能、提升人的安全意识，可以说一切安全工作都是围绕人展开的。因此，在平安社区建设中应该坚持以人为本，树立服务理念，从根本上、源头上对不安全因素进行治理，将抓治安就是抓发展、抓民生的思想贯穿到平安社区建设工作当中，以居民的安全需求为导向，充分听取和采纳志愿者组织和广大群众的要求和建议，围绕民生这个核心推进平安社区建设。

（二）加强部门合作

天桥街道在推进平安社区建设的过程中充分发挥党工委办、综治办、全响应办公室、天桥派出所等相关部门或单位的作用，既分工合作又加强部门之间的沟通，为社区安全提供了有力保障。从天桥街道的经验可以看出，建立部门联动机制，既要积极发挥职能作用，做好本职工作，又要加强协作，密切配合，齐抓共管，形成强大的平安社区创建的工作合力。可以采取不同途径和不同方式，如网上备案、信息共享等，形成跨部门合作的组织网络，使各个部门或者单位通过网络信息报送等加强相互之间的了解，进而形成有效的沟通协调机制，提高工作效率，将平安社区跨部门合作组织建设落到实处。

（三）提升居民参与率

对于平安社区创建，政府不能大包大揽，居民的积极参与才是平安社区创建的基础和源泉。社区安全涉及面广，小到邻里和谐，大到社会稳定，包含了居民生产生活的各个领域，仅仅依靠政府的力量是不够的，还需要社会组织和广大人民群众的力量，尤其是社区居民，他们对社区中的各种安全问题和薄弱环节都比较清楚，是平安社区建设的"主力军"。可以通过社区活动、加强宣传等方式，帮助居民树立参与意识和安全意识，将意识防、人防、物防、技防等有机结合起来，切实增强社区居民的防范意识和防范效能，充分调动居民参与安全建设的积极性和主动性，实现从"要我安全"到"我要安全"的根本转变。

（四）加强基层政府的领导能力

天桥街道成立了天桥街道平安社区创建工作领导小组，全面统筹平安社区创建工作，这是加强街道领导能力的重要体现。街道作为市辖区人民政府的派出机构，在社区治安和综合治理工作中具有牵头作用，在平安社区创建中要充分发挥其领导能力，理顺并协调各方面关系，整合各方面资源和力量，做好预防犯罪、打击犯罪、化解社会矛盾等工作。

参考文献

北京市西城区天桥街道：《天桥街道2017年平安社区创建工作方案》，2017年2月。
北京市西城区天桥街道：《天桥街道深入开展平安社区创建活动》，2017年6月。
北京市西城区天桥街道：《天桥街道2017年平安社区创建活动总结》，2017年11月。
北京市西城区天桥街道：《天桥街道关于提升基层平安创建实效的探索与实践》，2018年1月。
王雯雯：《关于持续深化平安社区建设的思考》，《胜利油田党校学报》2017年第3期。

B.13
天桥街道创新党建工作统领街巷治理的实践与探索

摘　要： 党的十八大报告提出，要创新基层党建工作，夯实党执政的组织基础。党的十八届三中全会进一步提出了深化改革的总目标，提出了国家治理体系和治理能力现代化的命题，赋予了基层党组织新使命、新目标和新要求。本报告以天桥街道街巷治理的实践为样本，聚焦天桥街道在街巷治理过程中的党建创新实践，探索街巷临时（联合）党支部模式和"红旗街巷"党建模式如何使基层党组织在街巷治理中发挥引领、整合、服务、凝聚功能，有效地凝聚人心，充分激发多元主体参与街巷治理的积极性。

关键词： 创新党建　党建功能　街巷治理　街巷临时（联合）党支部"红旗街巷"

一　开展街巷治理的背景

背街小巷作为城市的"里子"，关系着城市的宜居指数、人民的健康指数乃至幸福指数。2017年北京市发布了《首都核心区背街小巷环境整治提升三年（2017~2019年）行动方案》，计划利用三年时间，全面整治核心区2435条背街小巷。背街小巷设立"街长"和"巷长"，由街道、社区的干部担任，让广大干部能够深入城市的街巷当中，参与城市治理，将责任落实到每个人身上，切实提升背街小巷环境。

（一）补齐北京建设发展的短板需要抓好街巷治理

北京各级政府在"疏解整治促提升"专项行动的不断纵深推进中发现，背街小巷与农村环境整治是首都发展的两个短板。主街干道与背街小巷就像城市的"面子"和"里子"一样，"面子"光鲜亮丽的背后，"里子"往往破旧、脏乱不堪。由于背街小巷建设历史欠账较多，背街小巷成为北京这个快速发展城市背后的失落空间。

长期以来，城市规划和建设都只重视主干道规划、建设和管理，背街小巷的建设一直严重滞后。背街小巷大多在胡同平房区或老旧小区，两边房屋老化严重，排水设施、电路设施等基础设施严重老化、滞后。居住在这里的居民出于改善生活的意愿，加之权属不清，任意在巷道内私搭乱建、乱栽乱种，任意侵占巷道公共面积的现象非常严重。背景小巷内聚集了大量低收入人群、外来人口，为解决生计，"开墙打洞"改变房屋性质进行经营的现象非常突出，占道经营、非法经营、群租居住现象滋生。背街小巷内的环境堪忧，如卫生死角、物品乱堆乱放、车辆乱停、缺乏公共空间和绿地等。作为北京特有的城市小巷的胡同，已经渐渐丧失了我国历代城市建造的传统特色，与北京文化保护的初衷相差甚远。

背街小巷诸如此类的现实问题，严重影响群众切身生活，与北京的发展定位和目标极其不符。"面子""里子"都很重要，整治提升背街小巷环境，是贯彻落实习近平总书记视察北京重要讲话精神的重要举措。必须坚持首善标准，抓好背街小巷整治提升，补齐北京建设发展的短板。

（二）西城区全面部署背街小巷整治提升工作

2017年3月，北京市委书记蔡奇通过明察暗访，为背街小巷环境整治"把脉开方"，提出建立"街长""巷长"制。根据东城区和西城区的计划，两区在背街小巷设立"街巷长"，旨在提升背街小巷综合治理能力。街道处级领导、科室相关负责人、社区指导员担任"街巷长"，社区楼门院长、居民代表、志愿者及辖区单位成员代表担任委员，共同治理街巷环境（见图1）。可以说，街巷长制力图解决背街小巷治理过程中政府与社区之间统筹互动、行政与自治之间有效衔接的问题，并通过街巷理事会发挥作用，进而凸显街道的作用，形成整体联动格局。在此基础上，2017年4月初北京市政府出台了《首都核心区背街小巷环境整治提升三年（2017~2019年）行动方案》，自2017年起，北京计划用三年时间，对2435条背街小巷实施整治提升。

街巷理事会

街巷长1名

街巷长由街道处级领导，科室相关负责人、社区指导员担任，街巷长主持理事会全面工作，负责整体谋划街巷胡同维护治理的计划方案，定期巡视街巷，定期组织召开街巷理事会会议，对街巷胡同存在问题进行决策、协调并监督整改

秘书长1名

秘书长由社区党委成员、居委会成员以及社区四大委员会成员担任

委员3~5名

委员由社区楼门院长、居民代表、志愿者及辖区单位成员代表担任、也包括各社区民警、保洁队等相关站所工作人员

街巷理事会职责

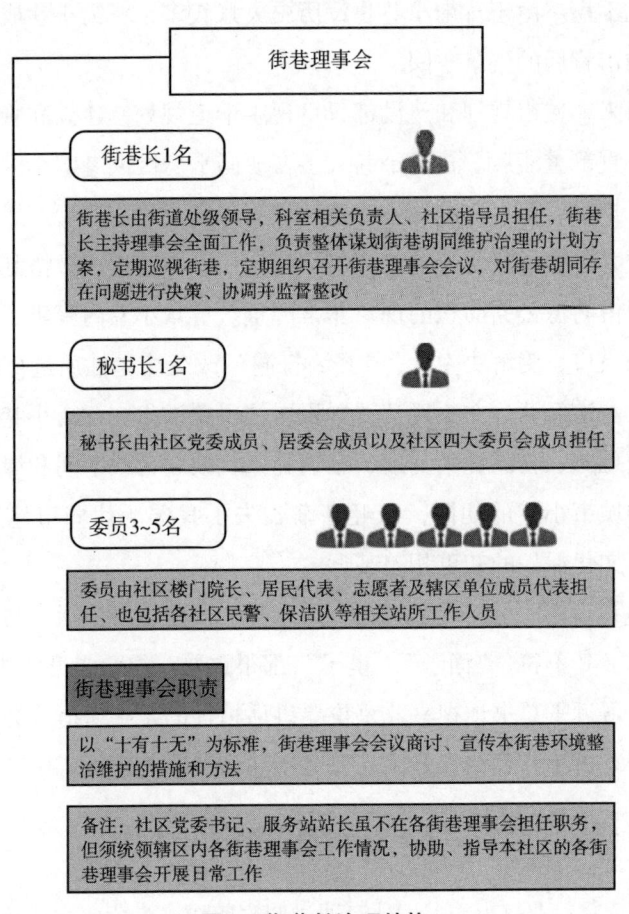

以"十有十无"为标准，街巷理事会会议商讨、宣传本街巷环境整治维护的措施和方法

备注：社区党委书记、服务站站长虽不在各街巷理事会担任职务，但须统领辖区内各街巷理事会工作情况，协助、指导本社区的各街巷理事会开展日常工作

图1 街巷长治理结构

西城区作为首都核心区，是首都核心功能主要承载区、全国文明城区，要做好表率。按照北京市背街小巷整治的要求和部署，西城区配套出台了《西城区背街小巷环境整治提升三年行动计划（2017~2019年）》，进一步

明确工作目标和行动计划（见表1），从背街小巷环境抓起，从精细化来抓实城市管理，从小事细处来深化文明创建，努力实现"共建共享全覆盖、十有十无促提升"的目标（见图2）。以社会治理、共治共享和城市管理精细化的理念，对西城区域内的街巷胡同实施全面整治提升，打造"环境优美、文明有序"的街巷环境。重视主街面这个"面子"，也重视背街小巷这个"里子"，切实改善群众身边环境质量，还居民一个文明、清净的街巷胡同。

表1 西城区背街小巷整治提升三年行动计划

年份	目标任务
2017	2017年4月底,全区街巷胡同秩序有明显变化;2017年9月底前,全区街巷胡同治理有显著成果,实现"十有"全覆盖;2017年年底前,全区主次支路和已经整治的415条街巷,以及968条背街小巷,全面实现"十有十无"目标。其他街道,突出重点问题、代表性问题集中整治
2018	天桥、陶然亭、展览路、牛街、白纸坊、广外共计462条背街小巷,全面实现"十有十无"目标,全区风貌特色整体显现
2019	在前两年基础上,重点工程实现收尾,并对西城区域内的街巷胡同实施全面整治提升,打造"环境优美、文明有序"的街巷环境

资料来源：北京市城市管理委员会、首都精神文明建设委员会办公室印发的《首都核心区背街小巷环境整治提升三年（2017~2019年）行动方案》。

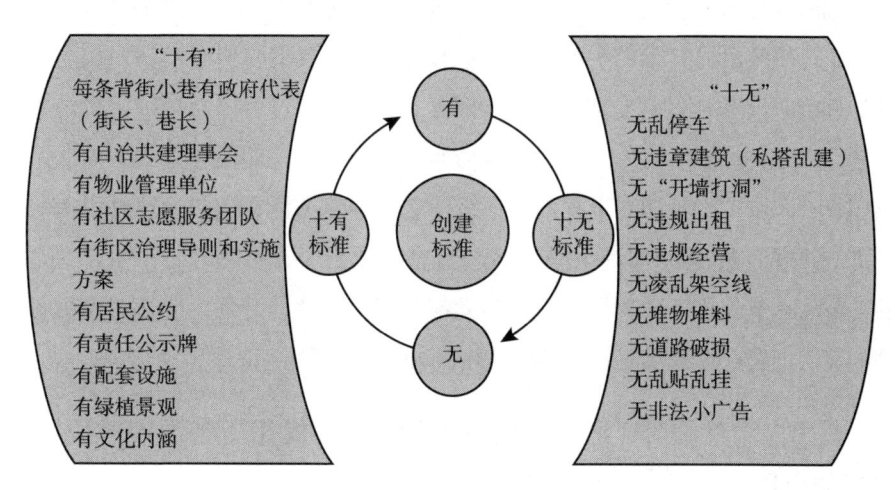

"十有"
每条背街小巷有政府代表（街长、巷长）
有自治共建理事会
有物业管理单位
有社区志愿服务团队
有街区治理导则和实施方案
有居民公约
有责任公示牌
有配套设施
有绿植景观
有文化内涵

十有标准 → 有 → 创建标准 → 十无标准 → 无

"十无"
无乱停车
无违章建筑（私搭乱建）
无"开墙打洞"
无违规出租
无违规经营
无凌乱架空线
无堆物堆料
无道路破损
无乱贴乱挂
无非法小广告

图2 "十有十无"创建的目标内容

资料来源：北京市城市管理委员会、首都精神文明建设委员会办公室印发的《首都核心区背街小巷环境整治提升三年（2017~2019年）行动方案》。

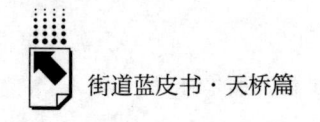

二 天桥街道发挥党组织领导核心作用推动街巷治理

我国社会治理的格局是：党委领导、政府负责、社会协同、公众参与、法治保障。可以说党在社会治理中处于领导核心的地位，党在基层社会治理中起到统揽全局、协调各方利益的作用。街巷治理作为基层社会治理中的一个重要实践，要更加注重党建"主引擎"的引领带动作用，在党组织领导下，组织群众依法管理基层社会事务，实现党领导社会治理、依靠群众加强街巷治理。也就是说，在街巷治理过程中，党组织的首要功能一方面是政治引领作用，另一方面还在一定程度上发挥着组织的优势作用。

天桥街道高度重视街巷治理过程中的党建统领作用，根据《西城区背街小巷环境整治提升三年行动计划（2017~2019年）》，街道制定了《天桥街道背街小巷环境整治提升专项行动方案》，任命了91名机关干部为街巷长，以全面实现区域内背街小巷"十有十无一创建"目标，打造"环境优美、文明有序"的街巷环境。一是高度重视党建的统领作用，在永安路社区率先创造性建立街巷治理临时（联合）党支部，作为街巷长制的有效配套补充，发挥了党组织在背街小巷环境整治提升行动中的战斗堡垒作用。截至目前，所有社区均成立了街巷治理临时（联合）党支部，进一步探索了街巷治理过程中党组织优化设置的问题。二是在虎坊路社区探索"红旗街巷"党建模式，即倡导党员主动认领街巷职责，采取"党员四岗十责六步三级四法"细化党员在街巷治理过程中认岗定责，并规范党员参与街巷治理的流程，社区党委、居委会通过发挥"红旗街巷"党建引领作用，动员社会力量多元参与背街小巷的治理，努力实现街巷治理和文明创建双提升双促进的目标，并在地区推广应用。

（一）街巷临时（联合）党支部模式——优化街巷治理过程中党组织的设置

天桥街道党工委为进一步深化"两学一做"学习教育、践行党员"红墙意识"，打造基层党建新格局，积极探索党建工作的新方法、新途径，在永安路社区率先建立了"临时（联合）党支部+N"的"党建+"工作模式，建立了"临时（联合）党支部+'五比五促进'活动+志愿品牌服务+新媒体宣传教育"的支撑体系架构，将党建工作与街巷治理高度对接、深度融合，让党建工作植根于街巷治理，让基层党组织在一线发力，在细微处见成效。

1. 临时（联合）党支部的组织结构设置

街巷治理过程中党建工作在一线发挥着重要作用，街道探索让支部建在项目上、党小组建在街巷上，从而进一步提升了基层党建的水平和活力。天桥街道永安路社区党委吸纳了到社区参与街巷治理、疏非控人等重点工作的街巷长和城管、食药、工商、房管所、社区居委会、驻区单位等单位以及社区代表中的优秀党员干部共23名党员，组建了永安路社区街巷治理临时（联合）党支部，由街道办事处包社区的副主任担任支部书记。临时（联合）党支部采取"定工作制度+定整治思路+定整治方法"的"三定方法"规范日常工作，建立了会商、请假、例会、宣传等制度机制，确定了"整治+提升+管控+突出重点+逐项击破"的整治思路，总结了"广泛宣传+提前告知+重点约谈+实地探查+威慑态势"五步整治步骤，以阡儿路为突破口的背街小巷环境整治工作取得明显成效，实现了以党建为引领的资源整合，发挥了基层党组织的战斗堡垒作用（见图3）。

2. 临时（联合）党支部+"五比五促进"活动

临时（联合）党支部在广大党员群众中积极开展"五比五促进"实践活动，教育党员在增强"四个意识"及植根"红墙意识"中以绝对忠诚、责任担当、首善标准为基准，在街巷治理工作中比党性促进植根"红墙意识"、比奉献促进环境整治高效进行、比能力促进做群众工作方法的提升、比成绩促进背街小巷治理高效完成、比睿智促进疑难杂症顺利解决，以"党员先锋岗""党员街巷长承诺践诺""街巷文明劝导党员志愿岗""党员示范胡同""佩戴党徽、戴党员红袖标、穿党员红马夹"等方式，让党员亮出身份、认岗定责，不断提升党员的思想境界和价值追求，发挥党员先锋模范作用，切实促进街道环境整治工作水平的提升。

```
                    ┌─────────────────────────┐
                    │    街巷治理临时联合党支部    │
                    └─────────────────────────┘
    ┌──────────────────┤                      ├──────────────────┐
    │                  │                      │                  │
  党组                ┌──────┐              党组            ┌──────────┐
  织结                │支部书记│              织职            │ 定工作制度 │
  构设                └──────┘              能              └──────────┘
  置        ┌──────────────────┐                    ┌────────────────────┐
            │街道办事处包社区的副  │                    │建立了会商、请假、例会、│
            │主任担任支部书记     │                    │宣传等制度机制       │
            └──────────────────┘                    └────────────────────┘
                    ┌──────┐                              ┌──────────┐
                    │支部成员│                              │ 定整治思路 │
                    └──────┘                              └──────────┘
            ┌──────────────────┐                    ┌────────────────────┐
            │到社区参与街巷治理、  │                    │整治+提升+管控+突出  │
            │疏非控人等重点工作的  │                    │重点+逐项击破        │
            │街巷长和城管、食药、  │                    └────────────────────┘
            │工商、房管所、社区居  │                          ┌──────────┐
            │委会、驻区单位等单位  │                          │ 定整治方法 │
            │以及社区领袖中的优秀  │                          └──────────┘
            │党员干部共23名党员    │                    ┌────────────────────┐
            └──────────────────┘                    │广泛宣传+提前告知+重点 │
                                                    │约谈+实地探查+威慑态势 │
                                                    └────────────────────┘
```

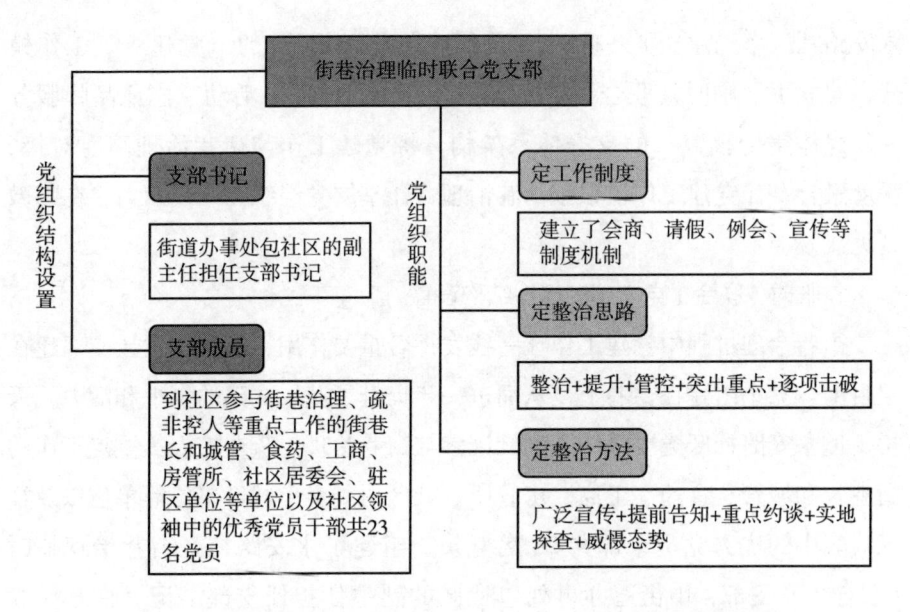

图3　永安路社区临时（联合）党支部组织结构设置及主要职能

3. 临时（联合）党支部+志愿品牌服务

临时（联合）党支部在积极发挥自身作用的同时，依托社区"街巷理事会+五色先锋服务队+居民议事厅+街巷文明劝导队"等党员志愿品牌服务助力环境整治提升，实现同频共振。注重发挥街巷理事会动员居民参与、正确引导群众、及时发现问题、信息上报回馈、问题协商协调解决等做群众工作的优势，携手橙色助老服务先锋、绿色环保服务先锋、蓝色安全卫士服务先锋、红色文化融合服务先锋、白衣天使健康服务先锋做好中老年人的思想引导帮扶、宣传环境整治重大意义、提供违规出租信息、以文化活动融合群众、宣讲健康与环境知识等春风化雨式共建共融，发挥居民议事厅引导居民反映合理诉求、征求拆除违建后的环境提升建议意见等协商议事的功能，借力街巷文明劝导队通过党员认岗定责、维护自家街巷、党员亮身份等方式发挥党员先锋模范带头作用。

4. 临时（联合）党支部+新媒体宣传教育

临时（联合）党支部将微信平台打造成集党建宣传、党员学习教育、党员服务和管理为一体的党群工作新平台。利用微信等即时通信软件，不定时发送区、街主要领导对整治提升工作的建议,发送各街道、各社区在整治提升工作中的好经验和好做法,在沟通工作信息的同时,传递街巷治理工作的紧迫感,提升党员的使命感,使新媒体成为党员治理街巷汲取经验和鼓舞士气的重要渠道。

(二)"红旗街巷"党建模式——建立党员和社会参与街巷治理的途径

虎坊路社区党委、居委会在街巷治理的过程中,以"五好文明街巷"为标准,自觉对焦街巷治理工作要求,树立和践行"红墙意识",提出了"红旗街巷"党建模式,进一步探索党员有效参与街巷治理的方式,使党员在街巷环境维护、居民自治、文明创建中起到示范引领作用,使社区党组织的统筹带动作用发挥到社区治理的神经末梢。

1. 以"红旗街巷"为引领,细化党员参与街巷治理的工作机制

虎坊路社区将"红旗街巷"作为努力的目标和标准,努力探索"红旗街巷"党建模式,通过党组织包街巷、党员亮身份、党员认岗定责等措施,使党组织在街巷治理中亮出旗帜、党员亮出身份、街巷治理亮出成效。

虎坊路社区党委广泛动员社区党员参与街巷治理工作,建立了"党员四岗十责六步三级四法"长效工作机制(见图4)。倡导党员在背街小巷"十有十无一创建"治理中,主动认领"环境整治提升、安全隐患排查、文明行为引导、社情民意收集"四个岗位,担起"广泛宣传、正面引导、思想动员、收集民意、摸清底数、协同巡访、发现问题、及时反馈、协同解决、跟踪督导"十项职责。采用"六步三级四法"的流程,在事项全响应中按照"收集、归类、办理、反馈、改进、跟踪"六个步骤流程,按照"社区自办""联合响应""上报办理"三个处理级别解决问题;在事项处理中采取"服务功能解决法""自治功能解决法""五社融合解决法""部门联动解决法"四个方法做到问题协同解决、改进跟踪,从而规范"红旗街巷"党建的参与途径、服务途径、治理途径。

```
┌─ 四岗 ─┐      ┌─ 十责 ─┐       ┌──── 六步三级四法 ────┐
│环境整治提升岗│   │广泛宣传│         ┌社区自办┐
│          │   │正面引导│         │联合响应│
│安全隐患排查岗│   │思想动员│         │上报办理│
│          │   │收集民意│    ┌收集┐┌归类┐┌办理┐┌反馈┐┌改进┐┌跟踪┐
│文明行为引导岗│   │摸清底数│         ┌服务功能解决法┐
│          │   │协同巡访│         │自治功能解决法│
│社情民意收集岗│   │发现问题│         │五社融合解决法│
│          │   │及时反馈│         │部门联动解决法│
│          │   │协同解决│
│          │   │跟踪督导│
```

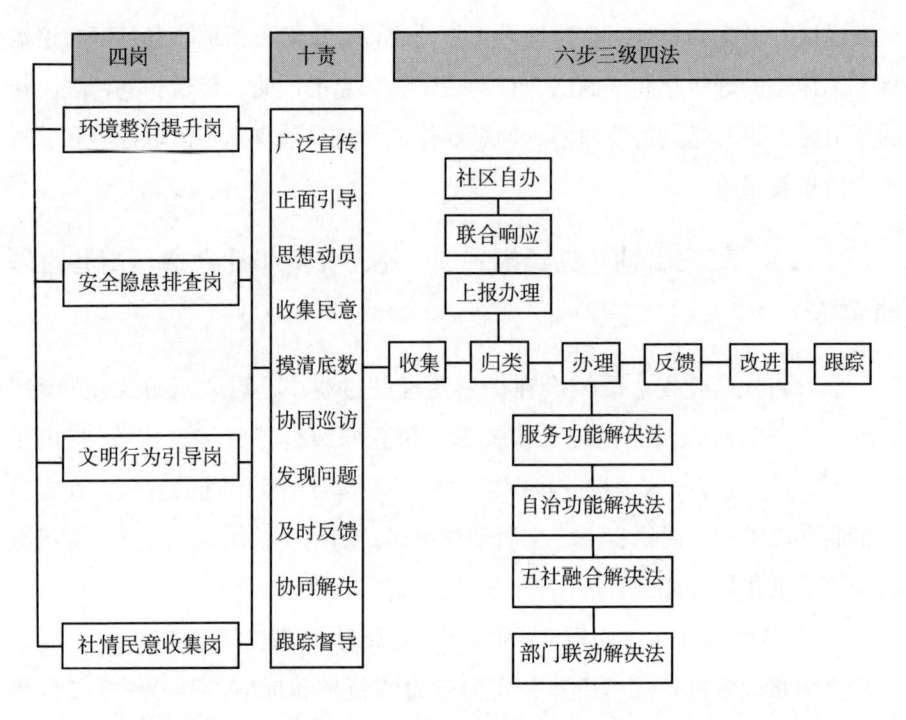

图4 "党员四岗十责六步三级四法"长效工作机制

此外，虎坊路社区党委在13条街巷中建立了"街巷治理"和"街巷党建"双公示制度，发挥党组织示范引领作用。公示"红旗街巷"工作内容，即包巷党支部、责任书记、责任党员、党员骨干家庭、自治理事党员等信息，让街巷中的党支部、党员负责人、党员骨干家庭、党员亮出身份，在街巷环境维护、居民自治中起到引领示范促进作用。目前虎坊路社区的治理街巷理事会理事长均由社区党员担任，并有40余名党员志愿者参与到街巷治理中。

2.以"红旗街巷"为基础，融合多方力量参与街巷治理

社区党委将"党建元素、文化元素、人文元素"融入背街小巷的治理提升中，将社区党组织、社会组织、社会单位、社工队伍和社区居民的力量整合起来，构建"五社融合党建服务模式"框架体系，组建五社融合党建服务理事会，形成社区治理合力，将徐悲鸿中学、虎坊路幼儿

园、虎坊路百货等驻区单位党组织吸纳到五社融合党建服务理事会中，通过艺术文化形式，弘扬新风气，提升街巷品质。如徐悲鸿中学在门前路绘制社区廉政文化墙，宣传"一社区一品牌"的廉洁文化，有效推动了廉政文化进社区，美化了街巷环境，使徐悲鸿门前路街巷成为社区示范街巷。搭建社区党建、社区文化、社区环境、社区安全和社区服务五个社区营造"工作坊+服务队"的服务载体，组建40人的"我是党员先锋服务队"，组建20人的"巾帼环境维护队""我爱我家综合安全服务队""社区助老邻里帮帮团"等参与社区治理志愿服务；整合、重组社区10个品牌服务项目，服务网格居民和胡同百姓，让"党员回音壁""老来乐开心驿站""党建微服务""综合安全演练"等项目成为党员、社区居民参与街巷治理的服务平台。

三 天桥街道党建统领下街巷治理取得的成效

天桥地区现有主次干道8条、背街小巷77条，2017年区级下达的达标街巷任务为48条，均完成"十有"整治提升任务。其中，新农街、永定门西街2条街巷达到"十有十无"标准，通过市级验收。天桥市场斜街达到"十有十无"标准，徐悲鸿中学门前路、永定门内大街、寿长街二条、板章胡同、达圆镜胡同、九湾胡同、校尉营胡同、南纬路一支、信访办门前路、耕天下小区西侧路10条街巷达到"十有九无"标准。天桥街道通过创新党建模式，进一步发挥了党组织在街巷治理中的统领作用。

（一）党组织勇于亮出旗帜，不断夯实"两学一做"的实践阵地

党组织不但重视"学"，还能够勇于"做"，在街巷治理中，永安路社区街巷临时（联合）党支部进一步发挥了党组织在街巷治理中的主导和统筹作用，由街道办事处包社区的副主任担任支部书记，进一步强化了街道在街巷治理过程中的统筹协调作用，进一步统领下沉到街巷治理中各科、站、队、所的力量推动了街巷治理过程中的综合治理；虎坊路社区"红旗街巷"

党建模式发挥了社区党组织的作用,实现了"党支部包街巷"的治理模式,支部书记肩上担责、党员身上有责、党支部要负责,党组织有效起到了示范带动作用。

(二)党员敢于亮出身份,有效发挥了社区党员先锋模范作用

在街巷治理过程中和"红旗街巷"党建模式下创建文明街巷的过程中,社区党员在宣传、劝导、志愿服务等方面发挥了重要作用。党员认岗定责,有利于发挥党员各自优势参与街巷治理,解决了党员参与什么、如何参与的问题,老党员参与街巷治理的积极性得到极大提高,如老党员赵惠文同志积极响应老旧小区治理,参与"红旗街巷"建设,主动认领寿长街二条的治理工作,平时遛弯买菜的路上,看见脏乱差的地方,动手清扫街巷、归置单车、清理小广告,遇到解决不了的问题也能明确报送途径。

(三)街巷治理持续亮出成效,逐步提升了社区居民群众的获得感

在街巷治理过程中,党组织和党员进一步发挥服务群众的作用,引导群众参与街巷治理,背街小巷治理后如何提升,由居民说了算,对已经初步治理完成的街巷多次召开街巷治理提升民意立项会,听取人大代表和居民群众的意见,多次修改,形成立项申请上报街道党工委、办事处,为街巷后期的美化提升奠定了基础,使居民群众切实感受到街巷治理对生活品质的提升,增加获得感。

参考文献

《北京:1430 条背街小巷设街长巷长》,新华网,http://www.xinhuanet.com/local/2017-04/06/c_1120757108.htm,访问日期:2018 年 8 月 29 日。

《北京开启街道"微管理"时代》，网易新闻，http：//news.163.com/17/0503/04/CJG1JTO900018AOP.html，访问日期：2018年8月29日。

《北京：西城出台三年行动计划 全面整治提升背街小巷》，人民网，http：//bj.people.com.cn/n2/2017/0405/c82840-29973079.html，访问日期：2018年8月29日。

《西城：临时党支部建在背街小巷》，凤凰网，http：//news.ifeng.com/a/20171007/52435192_0.shtml，访问日期：2018年8月29日。

余喜：《新时代新矛盾与新治理》，《广州社会主义学院学报》2018年第1期。

B.14
天桥街道推进社区治理和服务创新的实践

摘　要： 社区是国家治理体系的基本单位，社区治理是国家治理的基础工程，推动社区治理和服务创新，是实现国家治理体系和治理能力现代化的前提和必要条件。天桥街道坚持以问题为导向，以居民需求为根本，推动社区治理和服务向非行政、社会化、专业化转化，取得了群众参与、群众受益、群众满意的良好效果，对其他地区具有很强的借鉴意义。本报告全面总结在西城区建设全国社区治理和服务创新实验区背景下的天桥探索和实践，并从社区治理体系现代化的视角，指出其目前存在的主要问题，在此基础上从治理理念、治理结构和治理保障机制三个方面提出了建议和思考。

关键词： 社区治理　现代化　社区自治　服务创新

一　社区治理是国家治理的基础工程

（一）社区是社会治理的基本单元

改革开放以来，伴随着社会主义市场经济的不断发展，原本由单位承担的社会服务与社会福利逐渐向基层社区下沉。与此同时，社会的开放性和流动性空前增强，由民营经济和个体经济从业者所组成的"社会人"以及大量的流动人口对单位制治理造成一定冲击，单位制已经难以适应社会变化发展的实际，单位制治理逐渐被社区制治理所取代。而正是这些社区的有机结合，才构成了当代中国这一生机勃勃的社会有机体。因此，社区是社会治理的基本单元，社区治理在国家治理中具有基础性的地位和作用。现如今，社区的作用已经越来越明显，社区的职责范围也在不断扩大，社区日益成为社会成员的集聚点、社会需求的交会点、国家社会治理的着力点、执政党在基层执政的支撑点，社会矛盾的解决以及社会服务的提供不断向基层社区下移。可以说，社区的建设和发展对整个地区的稳定和发展具有十分重要的意义。

（二）社区治理是国家治理的基础工程

社区是城市的基本单位，社区治理则是国家治理的基础工程。一方面，社会治理旨在构建一个文明祥和、安定有序的社会生活环境，这与国家治理体系与治理能力现代化的目标是一致的。另一方面，推进社区治理体系和治理能力现代化有助于贯彻落实党和国家大政方针，有助于维护居民群众的切身利益和基层的和谐稳定，是实现国家治理体系和治理能力现代化的重要前提。党的十九大报告再次强调要"加强和创新社会治理""打造共建共治共享的社会治理格局。加强社会治理的制度建设……提高社会治理社会化、法治化、智能化、专业化水平"，并提出加强公共安全、社会治安防控、社会心理服务和社区治理四个体系建设，为社会治理体制创新发展指明了方向。

（三）西城区被确认为全国社区治理和服务创新实验区

2015年，西城区被民政部确定为第三批"全国社区治理和服务创新实验区"，实验主题为"推进三社联动，加强社区治理服务创新"，实验周期为三年。"全国社区治理和服务创新实验区"是在全面深化社会治理体制改革进程中逐步酝酿产生并发展的，建设的根本目的在于贯彻落实中央决策精神，探索顶层设计与基层实际有机结合的社区治理的可行路径。因此，实验区要先行先试、奋力开拓，成为创新基层治理的时代先锋、推进基层治理体制改革的有益载体、破解制约基层治理发展难题的有力抓手，在健全完善社区治理体系、提升社区治理水平、着力补齐社区治理短板、强化社区治理组织保障上不断取得新突破、新进展、新成效，努力成为贯彻落实中央决策部署的排头兵和先行者。

二 天桥街道社区治理和服务创新实践

天桥街道一直高度重视社区治理工作，近几年按照北京市"做实街道、做强社区"的目标要求，以问题为导向、以居民需求为根本，着力突出党组织领导核心作用，不断完善社区治理体系，提升社区治理能力，增强社区服务功能，推进社区减负增效，依托"街道级社会化参与统筹平台、社区居委会社区服务基础平台、社会力量专业化支撑平台、社区社会组织微公益平台"四级治理参与载体，推动社区治理和服务向非行政、社会化、专业化转化，取得了群众参与、群众受益、群众满意的良好效果，连续多年被评为首都文明街道，先后获得"传统节日文化活动推广基地""中国民间文化艺术之乡""全国学雷锋志愿服务先进集体""全国军民共建社会主义精神文明先进集体"等荣誉称号。

（一）以基层党建创新引领和推动社会治理服务创新

一是充分发挥区域化大党建的融合作用，完善基层党建抓治理的"三级联动体系"建设（见图1）。二是探索党建品牌项目服务模式，打造了"红色卫士邻里守望"养老服务项目、"五色先锋e家亲"学雷锋金数据服务项目、"红色先锋"社区党校学习基地项目3大类17个品牌项目，为建设"发展可持续、环境高质量、文化有魅力、社区更和谐"的新天桥助力添彩。三是成立街巷临时（联合）党支部，统筹推进背街小巷治理工作，在虎坊路社区寿长街二条试点开展"红旗街巷"党建模式，在永安路社区试点开展"社区临时（联合）党支部+N"工作模式，让党建的统筹引领作用发挥到基层一线。

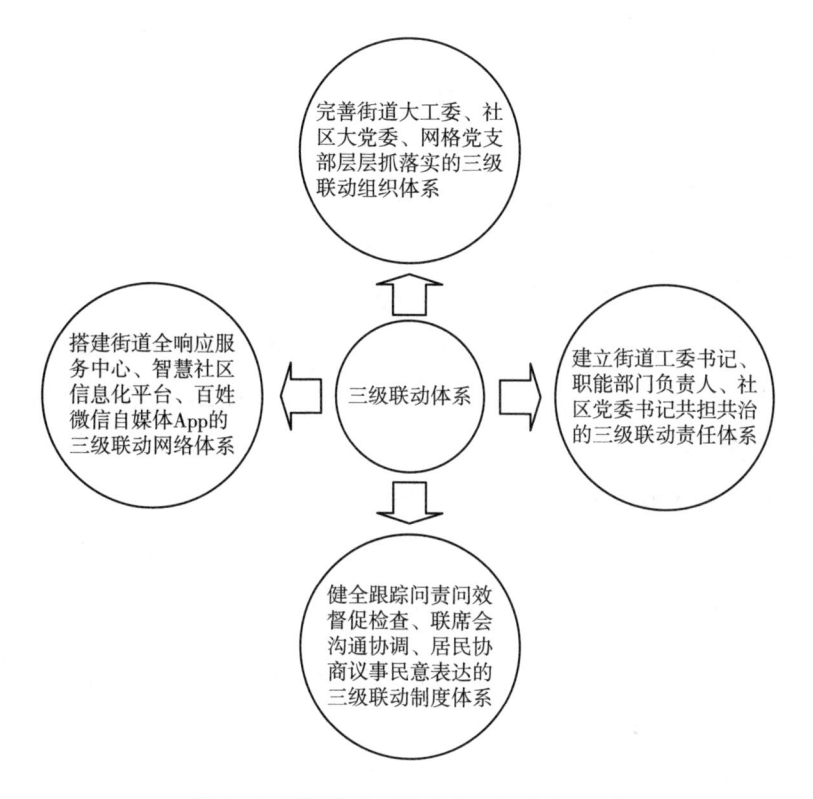

图1　天桥街道基层党建"三级联动体系"

（二）建立健全全响应服务管理工作机制，加强辖区社会服务和管理

天桥街道立足居民需求，结合区委区政府要求和地区实际，以服务为核心，以"访听解"工作为重要载体，加强信息化平台建设，全面推进社区便民服务、社会组织公益服务、居民群众参与等全响应链建设。为了更好地在社区层面实施全响应服务管理创新模式，提高社区统筹、协调各方资源服务居民群众、解决社区难点问题的能力，维护社区的和谐稳定，天桥街道所辖8个社区根据自身特点，因地制宜建立全响应服务管理工作机制。例如，天桥街道虎坊路社区将政府职能部门、社区党组织、社区客座主任、社区共建单位和社区居民代表整合在一个运行机构中，既发挥他们各自的职能作用

又形成整体推进工作的合力,通过开展"五联共建",即"党建联抓、资源联享、治安联防、服务联做、和谐联促"的新型共驻共建活动,在化解社区矛盾、服务居民群众上联合响应、联合工作,达到"1+1>2"的工作成效。"五联共建"联合响应平台有两个工作平台,即"五联共建理事会"议事平台和"社区事务协商会议"服务群众平台。依托"五联共建理事会"议事平台,社区与街道办事处相关科室和消防中队、社区卫生服务站、范进卯燃气维修中心等部门联合,连续两年举办了防灾减灾安全演练;与虎坊路幼儿园联合举办"乖乖虎早教俱乐部",依托虎坊路幼儿园的优质教育资源,对社区0~3岁儿童家庭开展早期教育的指导与服务。依托"社区事务协商会议"服务群众平台,协调政府职能部门、社会组织解决了19号居民楼下饭馆烟道排烟常年影响居民正常生活、小区部分路口缺乏交通设施影响交通秩序、社区老年人买菜难等问题。

(三)推行"居站分设、多居一站"社区管理架构,促进居委会回归自治

2015年,天桥街道试点推行"居站分设、多居一站"社区管理架构,依法依规将社区居委会的自治功能和社区服务站的行政事务合理分割,将人口计生、社会福利、为老服务、爱心助残、就业服务、住房保障6大类69个代理代办事项全面梳理进站。东经路服务站覆盖了太平街、天桥小区、禄长街、先农坛4个社区,是4个社区唯一协助政府职能部门代理代办社区行政服务事项的工作平台。服务站在站务上推行"服务站一头管理、前台一口受理、后台分类办理",在事项办理上实行"全科受理、全程规范、全时服务",有力提升了社区政务服务专业化能力。与此同时,"居站分设"切实改变了4个撤站社区居委会职能错位、行政化倾向严重等现实问题,使居委会回归到居民自治和服务职能的本位,成为真正意义上的群众自治组织,为基层民主的发展打下了坚实基础。此外,街道认真落实中央、市、区三级关于社区减负的要求,对居委会服务事项进行系统梳理,规范居委会承担的公共服务事项,取消对社区"一票否决"的年终考核事项,大力推进社区减负。

(四)完善社区"参与型协商"民主自治模式,提升社区治理的工作效能

制定了《天桥街道参与型协商社区民主自治探索工作指导手册》,规范议事协商的形式、规则、程序等,将与居民切身利益相关的公共服务事项逐步纳入协商议事范围。建立了居民自管会、社区层面协商议事会、社会单位共商共治会三级分层分级协商议事会平台,通过"访听解"、居民代表会、业委会、自管会、楼委会等多种方式和渠道听取民意,并对协商事项的实施进展情况进行及时评估和反馈,不断健全社区"参与型协商"民主自治机制,真正实现了群众"拍板"解决身边事儿,让身边事儿得到"就地解决"。

(五)加强和完善社会组织建设,拓展民众参与社区治理空间

在传统的居委会自治管理模式的基础上,天桥地区搭建"街道级社会化参与统筹平台、社区居委会社区服务基础平台、社会力量专业化支撑平台、社区社会组织微公益平台"四级治理参与载体,动员居民参与社区治理。以社区社会组织来说,天桥街道共有注册社会组织3家,备案社区社会组织125家,服务活动涉及社区服务福利、文体科教、共建发展等领域,涵盖了家政服务、为老服务、志愿服务、文化艺术、体育健身、邻里互助、青少年成长等内容,较好地引导和带动了辖区居民和单位参与社会建设,发挥了服务民生的积极作用,提高了居民自我管理、自我服务水平。截至2017年底,天桥街道注册志愿者已达8176名,涵盖咨询类、文体健身类、科学普及类、素质教育类等领域,按照街道学雷锋志愿服务信息化、制度化、规范化、常态化的工作思路,街道志愿服务"831"空间布局(见图2)和社区志愿服务"135"工作模式(见图3)得到不断完善。此外,街道还通过建立和完善共驻共建机制,提高地区资源统筹协调利用水平,初步形成街道、社区、各政府职能部门、各驻区单位联合响应服务居民的新格局。

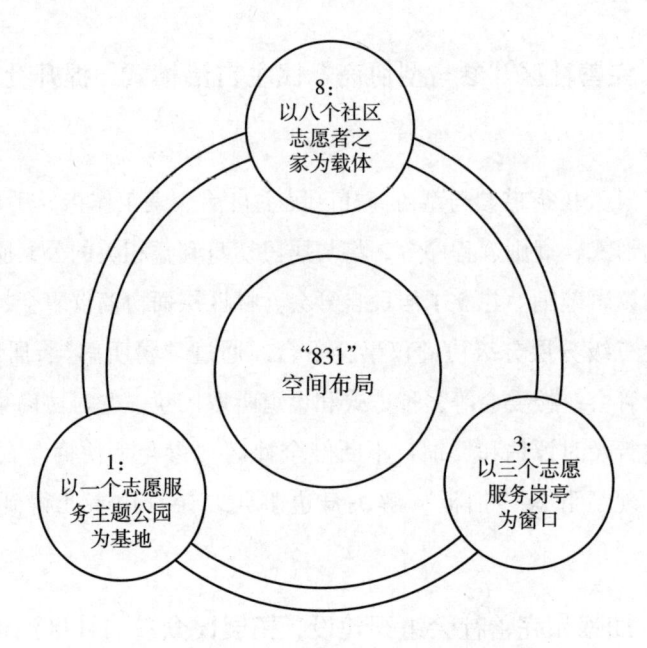

图 2　天桥街道志愿服务"831"空间布局

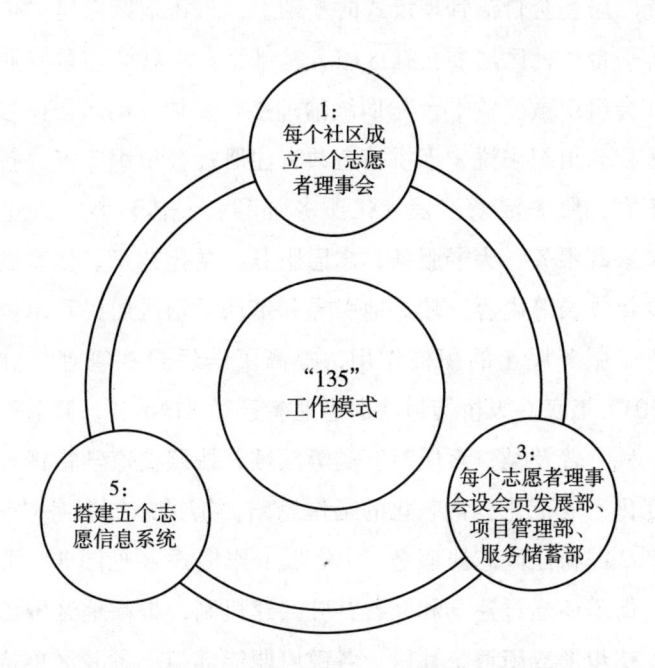

图 3　天桥街道社区志愿服务"135"工作模式

（六）强化社工队伍建设，提高社区治理的专业化水平

从2000年北京市社会招聘第一批社区专职工作者起，天桥街道一直本着"公开、公正、竞争、择优"的原则，按照上级有关精神和街道需求，做好社工招录工作，经过近几届社区"两委"换届选举，不断增加在职社区专职工作者人员比例，社工队伍专业化水平不断提高。同时，加强对社区专职工作者培养培训的科学规划，有计划地对社区专职工作者进行分层次培训，有计划地培养社区干部，大胆任用优秀青年干部，社区专职工作者的综合素质和履职能力得到稳步提升。此外，制定《天桥街道社区专职工作者考核管理办法》，严格执行《西城区社区专职工作者管理制度》，并结合街道实际，完善弹性工作制、学习培训、交流锻炼等管理制度，提高社区专职工作者管理的规范性。

三 天桥街道社区治理中存在的主要问题及原因分析

（一）社区工作权责利需要进一步统一

目前，"多居一站"社区治理模式尚处于试点阶段，并未全面推行，居委会偏离对社区各利益的协调、矛盾的化解等自治功能，转向执行政府的各项行政命令，成为政府行政机构的延伸机构的现实情况没有得到根本性的改变。这就必然出现以下几个不容忽视的问题。一是职能错位，大包大揽。随着政府管理重心下移，许多政府部门提出业务工作进社区，多数部门不是把服务送进社区，而只是简单地将工作任务送进社区，相应的职权与经费却没有给社区，把社区居委会当成部门的下属单位，形成了"上面千条线，下面一根针"的局面。二是权小责大，管理不力。社区居委会的工作包罗万象，但是区、街并未赋予居委会相应的权力，如市容环卫、综合治理等工作，由于社区居委会没有执法权，经常管不住，而职能部门虽然有职权，平时却看不见。三是费少事多，工作掣肘。社区居委会承担了上级政府部门繁

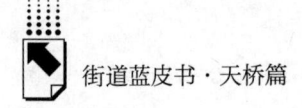

重的工作任务，却没有得到相应的费用，如"门前三包"、普法宣传、综合治理经费。

（二）共驻共建缺少有效的保障机制

在开展便民共驻共建活动的过程中，社区主要负责项目活动的策划、筹备，共建单位主要负责提供场地、专业技术人员支持。由于社区的权力和经费有限，在开展这些共驻共建活动的过程中，共建单位一般义务提供优质人力、物质资源。短期内共建单位可能没有异议，但这些单位也有日常工作需要开展，其中也不乏以营利为目的的经营性单位，长期要求这些单位无条件支持社区工作，社区难以协调，共驻共建活动的持续性有待考量。

（三）社区工作者定位有待进一步明确

社区工作者的身份特殊，既不是企业人员，也不是公务员、事业单位人员，却是我国社会建设的重要组成力量。天桥街道目前存在社区专职工作者离职率上升、能力素质相对薄弱、工作动力不足活力不够等问题，这也是北京市在社区建设工作中遇到的难题。同时，社区专职工作者队伍激励机制建设有待进一步加强。随着近年来社区建设的蓬勃发展，社区专职工作者作为一种职业逐步得到社会认可，但社工的岗位只分为一般工作人员、副职、正职三个档次，且三个档次工资待遇和所承担的工作量并不成正比，年终考核优秀等次奖励力度也相对有限。从队伍管理的角度看，辞退制度也并不适宜大范围使用，因为一方面造成社区正职在选任上的困难，另一方面造成少数社区专职工作者不思进取，影响工作的开展。

（四）社区服务的群体部分缺失

从总体上来说，由于社区发展较快，居民对社区的依赖性日益增强，市民参与社区活动的情况有一定好转，但就参与面来说，还很不够，社区服务的受众面狭窄。一般来说，一项服务的受众达到20%才可以，而相当部分的活动参与面在5%~10%。老人和青少年是参与活动的主力，上班族参与度低是一个普遍现象。许多社区服务活动好不容易组织起来，参与者却总是一些"熟面孔"，这基本上是所有社区服务活动面临的难题。

（五）硬件服务场所建设亟待加强

近年来，随着全市基层基本公共服务设施建设加快推进，天桥街道社会公共服务体系建设取得显著进展，各社区办公和服务用房建设得到加强，城市社区服务站实现了全覆盖。但从现有情况来看，由于大部分是租赁房和自建简易房，各社区办公和服务用房建设也仅仅停留在基本达标的水平。虽然社区居委会的办公条件改善了，但为社区群众提供服务的场所却相应减少了。无论从结构还是功能上，社区服务场所都不能满足群众需求，社区服务设施也严重缺乏。

四 进一步推进天桥街道社区治理体系现代化建设的思考

（一）社区工作理念应进一步本土化

我国社区工作是伴随社区建设而兴起的，而社区建设是在全能政府"失效"和万能市场"失灵"的双重背景下发生的，是传统"单位制"趋于解体后出现的。社区工作落实在社区中，体现在各种社区组织建设以及社区服务的提供上。而其中所体现的价值内容是本土化社区工作价值的重要体现，也是获得政府认可和推动的一个契合点。长期以来，由于政府承担了社会事务的管理，人们也已经习惯有事情找政府；同时，单位制的效应，在中国本土的社会工作形式中，使人们形成了固定的意识，对社区以及社区工作缺乏一种存在意识。政府在资源划拨上投入少、比重轻、增长慢，特别是在完善社会工作制度上进展缓慢等问题不同程度地存在。政府和社会应树立本土化理念，逐步加大对社区工作的重视力度，通过更多地关注对社会弱势群体的救助，不断提升社会工作者的工资福利等，推动社区工作良性发展。

（二）完善社区治理结构

一是创新全响应网格化社会服务管理。天桥街道应加强顶层设计，推动形成"五位一体、四级联动"的全响应网格化工作体系，使服务管理更加精细。深入开展"访听解"工作，初步确立需求导向，使解决群众的问题和需求制度化、日常化，为实现全响应奠定坚实的基础。进一步明确街道的职责定位，整合协管员的力量，将更多的精力集中到整合区域资源、服务人民群众上来。进一步拓展驻区单位、社会组织对接民需的合作平台，有效弥补政府公共服务的不足。开展资源共享方面的探索，发动地区单位履行社会责任，使社会动员能力进一步增强，多元参与渠道进一步拓宽，多元治理呈现新气象。

二是加强居民协商自治。随着天桥地区经济社会的不断发展，街道面临社会公共服务不断增加和日益多元化的挑战。新形势下，除了要在社会管理和公共服务领域继续发挥政府的主导作用外，也需要寻找新的力量，途径之一便是加强居民协商自治。针对老旧小区长期形成的人员构成复杂、房屋产权不明晰等问题，应不断加强精细化管理；同时，大力发展并吸纳业委会、物业公司、楼管会、院管会等社会组织，把街道不该管和管不好的事项转移出来，合理构建地区事务治理结构，以适应新老小区群众对公共服务需求增加的客观需要，满足群众不断增长的多样化、个性化的需求。

三是分类培育社区社会组织。按照自治型、服务型、文娱型分类培育社会组织。自治型社会组织侧重于发动居民进行自我管理，提高社区自治水平。服务型社会组织侧重于组织辖区单位、社区志愿者、社区技能人才开展特色服务活动，提高为民服务水平。文娱型社会组织则侧重于培育壮大各文化团队，为居民日常休闲娱乐提供场所和设施，丰富居民的日常文化生活。

四是强化共驻共建基础。为了保持共驻共建活动的持续性，提高街道、社区统筹协调辖区资源联合响应服务居民的能力和水平，需要逐步建立和完善辖区单位参与共驻共建活动的激励保障机制。一方面，要培养社区共建意识。由于创建和管理社区是社区成员的共同事业，因此要统一思想、提高认识，使所有社区成员都承担起创建的责任。另一方面，要完善社区共建机制。建立严密有效的共建组织和工作机制，是凝聚社区成员共同为实现创建目标而努力的关键环节。建议区相关部门出台政策，对积极参与社区共驻共建活动的单位及职工给予奖励。同时，要深入开发社区资源。加强对社区资源的高度共享和有效利用，是社区共建成效的最佳体现。

五是注重引入专业社工服务。加强和专业社会工作机构的合作，引入专业社会工作人才，秉承"助人自助"理念，遵循社会工作专业价值和伦理规范，综合运用社会工作专业知识、方法和技能，开展困难救助、矛盾调处、权益维护、心理辅导、残疾人康复、青少年服务、为老服务、社区矫正等专业社会工作服务。社区主要以项目化运用、街道购买服务的方式来获得专业服务。专业社会工作机构以合同的方式，承接街道委托的社会工作服务项目，向街道相关部门派遣专业社会工作人才。

（三）完善社区治理保障机制

一是加强权责利相统一的基础保障。首先，理顺关系，明确职能。政府职能部门应该适应社区建设的需要，转变工作方式，转变"官本位"的思想，牢固树立起服务意识。理顺街道、政府职能部门与社区居委会之间的关系，明确其是"指导与协助，服务与监督"的关系，并非"领导与被领导"的关系。其次，权随责走，费随事转。坚持"谁办事，谁负责"的原则，对属于政府职能部门的工作确定需要社区配合的，按照费随事转即"谁办事，谁用费"的原则，由职能部门与社区共同完成，做到责权利配套到位。

二是加强社区服务基础设施建设。进一步增加政府投入，通过购买、租赁、改扩建等方式，稳步改善社区办公服务用房条件。在实现街道8个社区办公服务用房全部达到350平方米的基础上，增加老龄人口社区服务空间比重，调动最广泛的社区居民参与社区活动的积极性，并通过不断更新和完善基础设施，满足社区居民文化生活需要。针对老城区地理空间局促的困境，通过开发利用闲置资源搞活资源利用机制，如充分使用现有资源、不断挖掘潜在资源、合理使用自家资源、协商盘活社会资源等，不断强化社区办公和服务保障机制。

三是完善社工队伍激励保障机制。首先，完善考核制度，加强社工队伍的能力建设。丰富社工考核的形式和内容，细化考核指标，形成以居民、班子、科室、技能测评为主要内容的社工考核体系，确定每名社工考核的具体分值和考核等次，将考核成绩作为社工奖惩最重要的依据。其次，适当拉开奖金分配档次，调动社工工作积极性。对街道自行掌握发放给社工的补助、年终奖金，以社工考核成绩为依据，按考核分数、职务分档次发放，改变按人头平均发放的方式，加大对优秀社工的激励力度，促进实现社工管理的奖勤罚懒。最后，培养社工爱岗敬业的工作作风。成立社工俱乐部，激励社工开展自我管理、自我服务，以此为载体，开展演讲、征文、优秀社工评选以及各种文体活动，增强社工团队意识，使其更加热爱本职工作。

参考文献

中共中央、国务院：《中共中央国务院关于加强完善城乡社区治理的意见》（中发〔2017〕13号），2017年6月12日。

唐忠新：《社区治理国家治理的基础性工程》，《光明日报》2014年4月4日，第11版。

倪赤丹：《基层社区治理体系与治理能力现代化的路径选择》，《特区实践与理论》2015年第3期。

民政部办公厅：《民政部办公厅关于做好2018年全国社区治理和服务创新实验区工作的通知》（民办函〔2018〕23号），2018年1月25日。

高翔：《关于天桥地区社区建设的思考》，《西城决策与调研》2015年第21期。

石英豪：《2018扎实推进社区治理和服务创新 推动北京天桥街道基层社会治理工作走向善治》，中国网生活，http://life.china.com.cn/2018-04/16/content_67120.html，访问日期：2018年8月29日。

B.15
天桥街道以"党建+"激发基层活力

摘　要： 党的基层组织是党的全部工作和战斗力的基础，是党保持生命力和活力的基石。随着全面从严治党新常态向纵深推进，我国已经进入党建引领发展的新阶段。当前，西城区各街道在党建引领发展的道路上各有特色，初步形成了"党建+"推动城市基层党建创新的新格局。本报告将深度剖析天桥街道运用"党建+"推动基层党建的相关做法，总结归纳天桥街道在"党建+"模式运用中取得的成效，找出可以为其他街道、地区借鉴的经验和启示。

关键词： "党建+"　城市基层党建　党建创新　"大党建"

"党建+"指的是党建工作与其他领域的工作相互融合、结合的一种运行模式。该运行模式主要突出党建工作对其他领域工作的引领作用。"党建+"的核心在于党组织的领导核心和战斗堡垒作用，关键在于实现党建工作与中心工作的紧密结合，目的在于将党建工作的实际效能发挥到极致，从而实现"党建"与"某领域工作"相互促进，形成双赢局面，打造一个包括联通党群干群关系的主干线、服务广大人民群众的主阵地、凝聚党心与民心的主渠道的基层党组织工作模式。

一　"党建+"是新时期提升党建效能的重要创新

（一）"党建+"是解决党建与业务"两张皮"问题的具体举措

在新的历史条件下，世情、国情、党情发生了深刻变化，党的建设遇到许多新情况新问题，面临许多新考验新挑战。习近平总书记反复强调，各级党组织书记要牢固树立"抓好党建是最大政绩""抓好党建是本职、不抓党建是失职、抓不好党建是不称职"的理念。全面推行"党建+"工作，是贯彻中央全面从严治党要求的具体体现，是推进经济社会发展的根本保障，是解决党建与业务"两张皮"问题的具体举措。要深刻认识"党建+"理念的丰富内涵和重大意义，牢固树立"党建+"理念，增强推行"党建+"模式的思想自觉和行动自觉，切实全面推行"党建+"的各项工作，履行好抓党建的主体责任。

（二）"党建+"有利于进一步巩固基层党组织的领导核心作用

基层党组织是党的全部工作和战斗力的基础。中国共产党是一个有严密组织体系的有机整体。在这个组织体系中，如果把党比喻为一座高楼大厦的话，那么，基层党组织就是这座高楼大厦的地基，地基不牢固，整座高楼大厦就会坍塌。

"党建+"理念在基层党建工作中的落地生根，有利于开阔党建视野，将党建工作融入整体布局，以"党建+"为抓手，壮大各项事业，实现城市基层党建创新的跨越式发展。一方面，鼓励各项工作开展树立党建思维，积极与"党建+"相结合，推动党建工作与各项事业的融合发展，将党建作为基层治理创新共享重要平台，进一步强化以党建为核心来统揽基层工作，紧紧围绕基层中心工作、重点任务和常规工作共同谋划、部署、推进，形成党建一起抓、资源一起用、工作一起推，以融合、共享为特征的城市基层党建新模式，在各项工作中发挥基层党组织的优势。另一方面，有利于聚焦城市基层治理的现实需求和难点问题，找准党建工作与基层治理创新目标的契合点，通过精准沟通、精准服务，实现党建工作与基层治理创新的互促，增强城市基层治理创新融入党建的内生动力。"党建+"模式，进一步突出了基层党组织在各项工作中的组织领导作用和政治引领作用，有利于进一步巩固党的领导核心作用。

（三）把"党建+"作为强化党的政治引领功能、统筹推进各项工作的重要抓手

党的十八大做出创新基层党建工作，加强基层服务型党组织建设的重大部署。党的十九大提出，要把基层党组织建设成为宣传党的主张、贯彻党的决定、领导基层治理、团结动员群众、推动改革发展的坚强战斗堡垒。"党建+"的工作模式是对党建工作的创新，更强调以新的方式、思路、标准来推进党建工作、事业的发展，是全面从严治党的有效表现形式，是强化党的政治引领功能、统筹推进各项工作的重要抓手。在基层党建工作的推进过程中，要不断完善"党建+"工作机制，创新工作思路和模式，以新的举措、机制、载体不断优化基层党建工作，使"党建+"在"+"上更加体现出新意和特色。

二 天桥街道运用"党建+"激活基层党建活力

党的基层组织是确保党的路线方针政策和决策部署贯彻落实的基础。天桥街道党工委切实发挥基层党组织和广大党员在推动街道重点工作、重大任务中的战斗堡垒作用和先锋模范作用，坚持首善标准，强化使命担当，坚持落实管党治党责任，坚持"严"和"实"的精神引领作用，狠抓党建工作落实，不断强化党组织的政治、服务功能，将党建工作融入中心、日常工作的始终，使党建与基本工作深度融合，从而使党建与党的事业实现联动发展，积极探索"党建+"工作模式的方法和路径，团结带领广大党员积极投身提升区域发展品质的生动实践中，有力地推动了全面从严治党向最基层延伸。

（一）探索"党建+街巷治理"模式，提升基层党组织对重大任务的统筹协调功能

街道党工委充分发挥基层党组织的政治优势、组织优势和密切联系群众

的优势，将党员派到一线去、支部建在项目上，把基层各类组织和党员群众凝聚起来，用"疏解整治促提升"和"背街小巷整治提升"等专项行动成效来检验基层党组织的创造力、凝聚力和战斗力。

一是探索实践"红旗街巷"党建模式。通过党支部包街巷、党员和党员家庭亮身份、党员认岗认责、规范党员参与途径等措施，让党组织在街巷治理中亮出旗帜、让党员亮出身份、让街巷治理亮出成效，更让基层党组织的统筹带动、引领示范作用延伸到社区治理的神经末梢。

二是成立街巷治理文明劝导队党支部。采取"支部党员+骨干志愿者党员+公认领袖志愿者"的组建模式，在文明劝导队党支部的统筹领导下，集中社区各支部党员优势力量和社区领袖志愿者，分组包干按线路定时巡视街巷，内容包括督促垃圾清理、维护市容秩序、防火防盗安全守护、市民不良行为劝导、提供应急帮助等，带动和感染身边居民群众支持理解老旧小区街巷整治工作。

三是在服务中所有党员亮明身份承诺践诺。在街巷治理的劝导、清理、服务中，广大党员佩戴党徽、佩戴党员志愿者红袖标、穿上党员志愿者红背心，让群众切实感受到身边的党员在行动；面向群众公示红旗示范街巷、党员家庭文明承诺、党员示范街巷自治公约，让群众随时感受到党员在发挥表率示范作用。

（二）探索"党建+机制创新"模式，提升基层党组织对重点工作的服务保障作用

街道党工委扎实推进基层党组织建设，切实将社区党组织服务群众项目有效落地，建设服务型党组织，增强基层党组织整体功能，为全面提升区域发展品质提供坚强组织保证和服务保障。

一是充分发挥"1+8+N+X"区域化大党建融合作用。建构以街道重点任务为依托，社区党委统筹推进、社区党支部为先锋主体、社区党员志愿服务为助力的基层党建工作格局。依托街道"131"（"1"是指天桥街道党群服务中心，"3"是指天桥艺术大厦、太丰惠中、富力摩根等三个党建楼宇工作站，"1"是指天桥街道社会治理创新空间）党群服务阵地布局建立组织联结纽带，凝聚服

务合力；强化共驻共建、实现资源共享共赢，让基层党组织联系更加紧密、社会动员更加有力、推动工作更为顺畅、服务群众更为有效。

二是完善基层党组织"四个三级联动体系"建设。完善街道大工委、社区大党委、网格党支部层层抓落实的三级联动组织体系，建立街道党工委书记、职能部门负责人、社区党委书记共担共治的三级联动责任体系，健全街道跟踪问责问效督促检查、社区联席会沟通协调、居民协商议事民意表达的三级联动制度体系，搭建街道全响应服务中心、智慧社区信息化平台、百姓微信自媒体 App 的三级联动信息网络体系，实现加强统筹、上下联动、落实落细的效果。

三是探索"党群＋项目＋活动"的党建融合服务机制。融合街道党组织、工会、妇联、团委、统战、人大、社区多方力量、资源和经费，合力打造天桥街道"党建桥·桥汇四方"区域化党建创新项目、"红色先锋"社区党校学习基地项目、"红色卫士"建设美丽家园平安家园项目、"五色先锋 e 家亲"学雷锋金数据服务项目、"红色卫士邻里守望"天桥"党建＋"养老服务项目等 3 大类 18 个党组织服务群众项目，以活动凝聚力量、联结人心，助推天桥的建设实现发展可持续、环境高质量、文化有魅力、社区更和谐。

（三）探索"党建＋意识强化"模式，提升基层党组织对党员群众的教育管理功能

街道党工委从强化责任担当、丰富组织生活、培树先进典型等方面入手，强化提升基层党组织和广大党员的四个意识，特别是"红墙意识"，打造有执行力的服务型基层党组织和党员队伍。

一是强化党委从严治党的主体责任意识。街道党工委、社区党委领导班子从着力强化重大任务和重点工作的责任意识、责任传递、责任落实入手，层层传导压力，人人承担责任，事事坚决落实，以身作则、率先垂范，坚守责任、坚守正道、坚守初心，确保全面从严治党在基层落地生根。

二是牢固树立党员意识。通过深入学习习近平总书记视察北京重要讲话精神，开展树立和践行"红墙意识"大讨论、党员承诺践诺评诺等主题教

育学习活动，让每名党员认识到"我是一名党员、我要躬身践行、我要争做合格共产党员"，将自己的忠诚、担当、首善意识切实融入疏解整治、街巷治理、服务群众的工作中去，充分发挥党员在社区建设及联系服务群众中的优势作用。

三是激发党组织和党员争先创优意识。通过积极挖掘和推广落实中心工作中好的工作经验和做法、践行"红墙意识"主题演讲、制作"党员服务在天桥"公益微电影、凝聚党员力量献爱心等多种形式，激发党组织和党员争先创优活力，营造勇于创新、敢于担当、凝聚力量的浓厚氛围。

三 天桥"党建+"工作模式的成效

街道党委以辖区"党建+"工作实际情况为出发点，树立了"党建+"的创新理念，创新推进基层党建工作的思路、机制、手段，强化了全体党员的"大党建"意识。同时，将党建与中心事务工作紧密结合起来，并与民生事项、日常工作实现融合，更加突出党对各项工作的引领推动作用，明确"党建+"工作方向，聚焦"党建+"工作核心，突出"党建+"工作重点，从而不断增强"党建+"的工作实效。

（一）树立了"党建+"创新理念，强化了"大党建"意识

历年来，天桥街道在抓党建工作的过程中，注重总结分析先进的经验以及存在的短板，及时弥补短板，汲取经验，找出创新党建工作的方式方法。在推行"党建+"模式中，天桥街道党委以理论学习、作风改善、组织观念、工作责任为抓手，强化了"大党建"意识。在理论学习上，加强对"两学一做"的学习和教育，不断强化党员干部的理论武装，以理论知识支撑党员干部的工作实绩。在作风改善上，不断培养党员干部勤政廉洁、主动作为、勇于担当的优良作风。在组织观念上，不断强化党组织的战斗堡垒作用，强化党支部的组织意识；充分发挥党员的先

进模范作用，强化党员的身份意识。在工作责任上，做好年度工作计划，具体安排工作任务，确保在部署安排、过程管理、推进落实上从严推进，使指标清单、措施清单、责任清单、成果清单更加明确完善，找出新的工作亮点和特色。

（二）突出了"党建+"品牌效应，强化了载体运用

做好"党建+"实施工作的关键就是提供一个良好的工作平台。天桥街道在落实"党建+"工作的过程中，紧紧围绕"+"这个要素，搞明白"+"的内容以及如何"+"，充分考虑了工作的性质、目标、任务以及实际情况。认真落实基层党组织抓党建的主体责任，牢固树立"四个意识"，巩固强化"红墙意识"，以党建项目的实施为载体，以街巷整治提升中心工作为契机，深化服务型党组织建设和"两学一做"学习教育，推动社区治理的各项工作上水平。围绕以街巷治理为重点的年度中心工作，围绕重点民生实事工程如养老、互助志愿服务、社区治安等，围绕日常工作，把党建工作融入日常业务性工作中。在活动载体实施上，充分结合各党支部、业务科室，以及工会、妇联、团委、统战、人大、社区多方力量、资源和经费，通过开展"红色卫士邻里守望"天桥"党建+"养老服务项目等各类"党建+"活动，做到所有单位和党支部全覆盖，达到党的工作与业务工作深度融合。

（三）发挥了"党建+"统领作用，强化了工作推进

天桥街道党委把"党建+"纳入党建工作总盘子，通过"四个三级联动体系"的建设，强化了工作责任和考核标准，加强了责任监督，定期不定期进行督查和检查，并建立台账、报表，切实解决光靠嘴上功夫、重部署轻落实等突出问题。充分发挥好先进工作模范的带头作用，对先进模范进行奖励表彰，促进了"党建+"工作进一步落地。通过对各阶段"党建+"工作的落实，实现了"大党建"意识的不断强化、党建工作的不断深化，业务工作的成绩也不断提升。在街巷治理过程中高度重视党建的统领作用，

发挥了党组织在背街小巷环境整治提升行动中的战斗堡垒作用，细化党员在街巷治理过程中认岗定责，并规范党员参与街巷治理的流程，社区党员在宣传、劝导、志愿服务等方面发挥了重要作用，进一步体现了党组织的统领和带动作用。

四 "党建+"让天桥街道基层工作焕发活力的启示

（一）"党建+"最根本的是要加强党组织建设

"打铁还需自身硬"，加强党组织建设是落实"党建+"的基础，必须加强党的自身建设这个"主心骨"。在街道层面，必须进一步加强和深入推进服务型党组织的建设，在党的组织建设和党员队伍建设上持续发力。落实好主体责任，选优配强社区党委书记，建立健全党组织统筹抓、书记带头抓、分管领导具体抓和党务人员直接抓的"四级"党建工作责任体系。进一步完善"责任清单"，明确不同层次、不同类型党组织的工作职责，形成党委统一领导、班子成员各司其职的齐抓共管的局面。加强党务队伍建设。对党建工作的各项任务进行细化、量化，明确提出具体的时限和标准要求，使每个直接责任人肩上有任务、心中有压力，确保党的建设各项目标任务扎实有效推进。

（二）"党建+"最重要的是要先理清思路

"党建+"要出实效，首先必须搞清楚"加什么""怎么加""怎么抓"。"加什么"是"党建+"落实的基础，需要基层各级党组织进一步结合本地区、本部门工作的实际情况，在分析研判的基础上找准结合点，这样才能够"精准加"，避免眉毛胡子一把抓，生搬硬套。要突出优势导向、问题导向，进一步加强、规范传统和长期坚持的工作，"党建+"要"+优势""+问题""+传承"，进一步突出重点和优势，加出自己的特点和亮点。"怎么加"，需要进一步发挥党组织和党员的带动和示范作用，使党建和项目互相融合、促进。通过党组织统筹资源、协调组织、提供保障来为项目实施提供坚实的支持，党员要发挥榜样作用，带动群众共同参与其中。"怎么抓"，首先要注重实效，避免"中看不中用"，在项目运作上要简单易操作；其次要注重长效，要长期抓，确保项目的连贯性，避免"一阵风"；最后要注重全面，要最大限度地发挥党统领全局的作用，通过党组织和党员的引领作用，教育、带动、组织群众共同参与，形成合力，避免政府"一头热"，要让老百姓有获得感。

（三）"党建+"最核心的是要有考评体系

"党建+"效果好不好、实不实，要以考核督导作为"指挥棒"，需要建立一套相应的工作考核评价体系，以明确的目标和责任为导向，促进各层次党建责任人补齐自身短板，激发其进取动力。首先，从实际操作的层面上看，一方面，要注重考核的全面性，对思想建设、制度建设、作风建设、组织建设等党建基础的各方面都要考虑到；另一方面，还要把握考核重点，要结合"党建+"相关阶段工作任务的情况，设置相应的考核重点，根据重点进行考核。其次，注重量化考核与定性评价相结合。在做指标分解的过程中，不能只满足于笼统要求，必须遵循定量、定性相结合的理念，将上级考核与群众评议结合起来，赋予人民群众更多参与、监督机会。上级考核要注重形式与成效的统一，不能只看做过的工作、开展过的活动，必须要总结所做工作取得的成效和发挥的作用，总结实现工作创新的相关经验。群众评议要根据"党建+"相关工作的目标，组织党代表、政协委员、人大代表、老干部代表、群众代表等参与进来，采集不同工作层面、不同群体的具体评价，得出综合评价，客观了解"党建+"工作在相关领域的社会认可度。

（四）"党建+"强调党建与具体工作相结合

从"党建+"的内涵可以明确，"党建+"模式强调的是党建和具体工作相结合，党建工作与中心工作、重点任务、日常工作有机结合，真正发挥党建的统领作用，使党的建设和服务发展相互促进、相互融合。因此，基层党建工作不能和其他工作是"两张皮"。一方面，要通过基层党组织的战斗堡垒作用和党员的先行先试、模范带头作用带动党政机关和群众为各项工作共同努力和拼搏奋进。另一方面，要在各项工作的开展中，锻炼一支精良的党员队伍，在实践中锻炼和培养党员，完善党组织和党员队伍的制度建设。要适应新时期经济社会发展的需求，将党建工作的创新实践深度融合于经济、社会各领域，提升全社会的创新力和生产力，形成更广泛的以党建工作为引领的城市基层党建新形态。

（五）"党建+"最注重的是进行模式创新

"党建+"是新时期激活党建活力的一种全新探索，所以各地要注重创新，探索基层党建的新方法、新举措、新机制。要在继承党的优良传统的基础上，用全新的眼光审视新时期经济社会发展对党建提出的新要求和新趋势，进一步激发基层党建的活力和动力。如在当前信息化时代背景下，大数据、App等新媒体技术在"党建+"工作模式上的运用有极大的发展空间，从方法和手段上为推动"党建+"提供了丰富的技术载体和应用载体，信息技术手段的应用为"党建+"创新基层党建提供了更为广阔的思路和空间，有利于实现党建管理的精确化、智能化、科学化。此外，要注重项目化和品牌化运作，打造特色党建品牌，为各类资源参与和投入"党建+"提供平台；坚持问题导向，改革创新，着力在创特色、育亮点上下功夫，不断打造基层党建工作新品牌，不断推动"党建+"深入和持久地开展。

参考文献

宋茜：《推动实现党的建设与党的事业深度融合发展》，《江西日报》2016年6月6日，第A02版。

沈红屹：《准确理解把握"党建＋" 有效推动落实"党建＋"》，《宁波通讯》2016 年第 1 期。

唐晓清、潘立魁：《关于党的建设科学化的几点思考》，《理论探索》2011 年第 1 期。

韩强：《关于加强党建学科建设的几个问题》，《中共云南省委党校学报》2013 年第 5 期。

王鹤鹏：《运用"党建＋"激活基层工作"一池春水"——新常态下实现"党建＋"深度融合途径研究》，《经营管理者》2017 年第 6 期。

王长江：《当前推进基层党建理论与实践创新亟待探讨的几个问题》，《中共浙江省委党校学报》2016 年第 1 期。

刘希良：《五大发展理念引领基层党建工作的思考》，《桂海论丛》2017 年第 2 期。

钟宪章：《以基层党建创新引领和推动社会治理创新》，《理论导刊》2016 年第 11 期。

Abstract

It is essential for the development of the capital to establish an effective megacity governance system. As the core functional zone of the capital, Xicheng District has taken the lead to do a good job with "four concepts" and persisted in the strategic vision of carrying forward scientific governance in depth and improving the development quality in all aspects. The district has continuously reinforced the function as "four centers", strived to improve the level of "four services", and made important breakthroughs in urban governance capacity and urban development quality. Sub-districts play an irreplaceable role as the pioneer and main force of microscopic governance. 15 sub-districts of Xicheng District have coordinated various resources of respective areas based on their own development situations. Their practices include exploring the ways to establish the regional mode for Party construction, strengthening lean urban management, improving public services, refining the integrated enforcement system, and exploring innovative practices for grassroots governance. They have continuously injected new connotations into grassroots governance and provided duplicable and easy-to-operate live experience for grassroots organizations, and their experience and practices are of great importance for Chinese metropolises to improve concepts and find new ways to strengthen grassroots governance.

Based on the distinctive local folk culture, *the Development of Beijing's Sup-district Offices* No. 2: *Tianqiao Chapter*, carries out in-depth analysis on the measures taken by the sub-district in accordance with the requirements of the district and municipal governments to push for urban refined management with deep progress of scientific governance and comprehensive improvement of development quality as the main line; and summarizes its experience in piloting one station for several communities, innovating community governance, cultivating social organizations, uniting the army and the masses, controlling back streets, carrying out volunteer service, building a safe community and strengthening grassroots Party discipline.

On this basis, the author believes that the Tianqiao Sub-district shall put the people first, faithfully implement the guiding principles of the 19th CPC National Congress and the new Beijing Urban Master Plan, set high aims under the guidance of plans based on new situations of grassroots governance and regional cultural characteristics, make scientific plans for the functions of the sub-district, deepen the management system reforms, push for the shift of urban governance focuses and power to the grassroots, and highlight refined and smart management, in a bid to establish a highly efficient governance mechanism and realize "Street Whistling, Department Reporting".

Contents

I General Report

B. 1 Tianqiao Exploring the Way to Improve Urban Grassroots Governance / 001

Abstract: The city is the "locomotive" for building a well-off society in an all-round way and accelerating modernization, and it's also the center of political, economic, social and cultural activities. The level of urban governance is an important manifestation of a city's soft power and competitiveness. Exploring the urban governance system that matches the world's first-class harmonious and livable capital is an important development goal of Beijing, and an important guarantee for Xicheng District to comprehensively improve the city's living quality. In recent years, Tianqiao Sub-district has responded to the requirements of urban development, insisted on people-orientation, and aimed at meeting the needs of the people through identifying gaps and filling the gaps. In this way, the city's appearance has undergone tremendous changes and the people's satisfaction for urban governance and their sense of fulfilment have been continuously improved. Despite this, the survey shows that compared with the development requirements of the capital's core functional area and the Tianqiao Performing Arts Area, the level of urban governance in the Tianqiao area is far behind the expectations of the leaders and people. Based on the realistic foundation of the street and the shortcomings of development, this paper puts forward the key points and directions of Tianqiao Sub-district to improve the level of urban governance, in order to promote regional scientific governance and improve the quality of urban development.

Keywords: Tianqiao Sub-district; People's Needs; Urban Grassroots Governance

II Data Reports

B. 2 Regional Public Service Survey Report Based on Permanent Population of Tianqiao Sub-district　　　　　/ 026

Abstract: The access to public services is the need for the survival and development of citizens, and also the basic guarantee for the quality of life. It is of great significance to evaluate the quality of life from the residents' sense of gain and satisfaction with regional public services. The paper uses questionnaires to carry out the survey on the public service and living quality among permanent population in eight communities of Tianqiao Sub-district in Xicheng District, aiming to learn about the public services and peoples' satisfaction, reach conclusions and propose concrete suggestions on existing problems.

Keywords: Tianqiao Sub-district; Community Residents; Public Services; Living Quality

B. 3 Regional Public Service Survey Report Based on the Working Population of Tianqiao Sub-district　　　　　/ 041

Abstract: The working population is an important participant and promoter of regional development. Providing them with convenient, sustainable and high-quality public services is of great importance to optimizing the development environment and local service level of the region. To this end, after the first public service survey on the working population in the jurisdiction in January, 2015, the research team once again conducted a survey on the supply, participation and acquisition of public services among the working population in the sub-district. This report analyzes the five aspects of community service organization awareness, community service participation, regional life convenience, community basic public service satisfaction, and community public service demand. Based on the vertical comparison of the survey results, it draws some overall conclusions and proposes specific suggestions for existing problems.

Keywords: Tianqiao Sub-district; Public Services; Working Population

Ⅲ   Theory Reports

B. 4   Exploring the Path of Urban Refined Management　　　／061

Abstract: Urban refined management is the fundamental content of urban governance, which is related to the ability and level of urban governance, and determines the quality and image of a city. When inspecting Beijing, General Secretary Xi Jinping emphasized that: "urban management should be as elaborate as embroidery. The bigger the megacities, the more refined the management should be." The refined and scientific level of urban management reflects whether the urban functioning is more orderly, safer and healthier. This paper analyzes relevant theories of urban refined management, with Singapore and Chongqing as cases. Combined with the governance thinking of Tianqiao Sub-district to improve the level of urban management and refined experience, it analyzes the bottlenecks to be addressed and the ideas on how to improve urban refined management, offering theoretical guidance for further refined management of the city.

Keywords: Tianqiao Sub-district; Urban Governance; Refined Management

B. 5 Exploration and Practice of Separation Between Decision and Execution as Well as "Several Communities Under One Service Station" / 079

Abstract: The establishment of decision and execution separated communities is the requirement of transformation and adjustment of government-society relations as well as the inevitable result of transforming government functions and improving the community governance mode. It helps neighborhood committees to resume the function as grassroots mass autonomous organizations, and to focus more on serving the residents and improving community autonomy. In the past practice of one neighborhood committee under one service station, many regions failed to realize the separation of the two in organization, personnel and funds. Thus the contradiction between government administration and community autonomy still remained. In 2015, with the aim of further deepening community management system reform, Xicheng District launched the pilot programs of several neighborhood committees under one service station. This paper comprehensively summarizes the reform practice of the "several neighborhood committees under one service station" community governance system in Tianqiao Sub-district, analyzes the confusion and problems faced by the system reform, and proposes that the community governance system reform should focus on facilitating the life of residents, rationalizing the relationship between the government and neighborhood committees, and integrating service resources.

Keywords: Separation Between Decision and Execution; Community Autonomy; Community Governance System; Several Neighborhood Committees under One Service Station

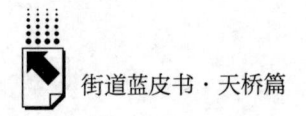

B.6 Study on the Role of Social Organizations in the Protection of Traditional Culture

—A Case Study on Tianqiao Folk Culture Association / 093

Abstract: China's cultural development has entered a new stage of development. The relationship between the government, cultural enterprises and social organizations is closer. The role of social organizations in the protection and development of traditional culture is becoming increasingly important. In order to better protect traditional culture and further release the potential of cultural creation, it is necessary to fully mobilize the whole society to participate in cultural undertakings, foster public cultural organizations, strengthen the development of trade associations, and mobilize the enthusiasm and creativity of the broad masses, social organizations, cultural enterprises, through a series of effective policies, give full play to the role of social organizations in resource protection, investment and financing, professional services and coordination and communication in the protection and development of culture, in a bid to promote the sound development of traditional culture in China. As the birthplace of Beijing-style culture and the cradle of folk art talents, Tianqiao Sub-district established the Tianqiao Folk Culture Association to revitalize and develop the folk arts and promote and better carry forward the folk culture of Tianqiao. Its purpose is to "protect the excellent traditional folk culture of Tianqiao, carry out the protection of intangible cultural heritages, build excellent cultural brands of Tianqiao, and promote the development of the Tianqiao Performing Arts Area", re-create the golden sign of "Tianqiao" and promote the excellent Chinese traditional culture.

Keywords: Tianqiao Sub-district; Social Organizations; Tianqiao Folk Culture Association; Traditional Culture

Ⅳ Survey Reports

B. 7 Survey on the Development of Quality Education in Tianqiao Sub-district　　／ 107

Abstract: Quality education is an educational model with Chinese characteristics formed after the reform and opening up. Its goal is to improve the overall quality of the educatees, pay attention to their virtues, practical and innovation abilities, and fully exploit the intrinsic potential of individuals. With the rapid economic development, there is a growing need for talents with innovation abilities for the socialist undertaking. It is imperative to promote the quality education model and cultivate high-quality talents for the modernization cause. In the comprehensive implementation of quality education, Tianqiao Sub-district exerts the role of cultural education to lead the fashion, unite the people, serve the society, and promote development. It insists on promoting cultivation with culture and strives to create a "soft environment" that is in line with the development of the capital, forming unique local culture-based educational characteristics. However, in practice, it is inevitable to encounter some problems. Based on the survey on the quality education conditions of Tianqiao Sub-district, this paper puts forward some suggestions for the problems encountered in implementation of the quality education in Tianqiao Sub-district.

Keywords: Tianqiao Sub-district; Quality Education; High-quality Talents; Cultural Education

B. 8 Survey on the Joint Army-civilian Efforts in Tianqiao Sub-district　　／ 121

Abstract: The joint army-civilian efforts are an important bond linking the army, the government and the people, which plays an important role in China's socialist development. As a model unit in promoting joint army-civilian efforts, Tianqiao Sub-district, in cooperation with the 9th Squadron of the Armed Police Force and the Dongjing Road Fire Squadron, carried out various forms of activities in this regard. By strengthening organizational leadership and formulating work plans for joint army-civilian efforts, it will further build and improve the working mechanism of joint army-civilian efforts. Through the "three major activities" with rich content and diverse forms, the platforms and channels will be provided to the resident army for participating in local undertakings, thus strengthening joint efforts of military and civilians and promoting the development of the region; efforts will be made to build the "five major projects" to integrate the resources of the jurisdiction to carry out the work of supporting the army and serve the resident army, in a bid to promote the harmonious and integrated development of the army and the people through two-way interaction. The Tianqiao Sub-district presents a good situation where the military and civilian share the "same breathing, common destiny, and heart to heart". Based on conducting surveys and summarizing relevant practices of Tianqiao Sub-district, this paper discusses the ideas and suggestions for further strengthening joint army-civilian efforts under the new situation.

Keywords: Tianqiao Sub-district; Joint Army-civilian Efforts; Volunteer Service; Two-way Interaction; Harmony Between the Military and Local People

B.9 Exploration and Reflection on the Construction of Social Governance Innovative Space in Tianqiao Sub-district / 134

Abstract: Since the 18th CPC National Congress, General Secretary Xi Jinping has put forward the new concept of innovative social governance in series of important speeches. The report of the 19th CPC National Congress further points out to "strengthen the building of the social governance system, improve the social governance system featuring party committee leadership, government accountability, social coordination, public participation, and guarantee by law, and improve the socialization, legalization, intelligence, and professionalization level of social governance. " Tianqiao Sub-district strives to build a supportive platform for street social governance innovation that integrates theory research on social governance innovation, organization guidance on innovation practice, planning of innovative public-welfare projects, organizational construction based on innovation hubs , as well as display of innovation achievements—the Tianqiao Sub-district Social Governance Innovation Space through exploring innovative social governance models, so as to support the development of social organizations, mobilize broad participation of community residents, and explore the community governance and service models that are consistent with local conditions.

Keywords: Tianqiao Sub-district; Social Governance; Innovative Space; Deliberation and Consultation; Social Organization

B. 10　Survey on the Management of the Group-renting Housing Problems in Tianqiao Sub-district　　　　／145

Abstract: With rapid development of China's economy and society, the scale of the city is expanding, and the floating population is gradually increasing, which heats up the house leasing market in the crowded urban space. While the accommodation seems to satisfy the living needs of low-income people and migrant workers, it has become a prominent problem that affects the regional image and brings security risks due to pursuit of profit maximization. Thus, it becomes an important part of urban governance to strengthen the control of urban diseases including the chronic problem of accommodation. Against the background of removal of non-essential functions of the capital and carrying out special control over accommodation, Tianqiao Sub-district pays attention to creating a harmonious and livable living environment, maintaining a beautiful homeland, centering around the clean-up and control over accommodation, and adhering to four mechanisms of "all-dimensional publicity and mobilization, long-term investigation on streets, high-frequency joint law enforcement, and normalized research and discussion". It also values the disclosure of residents, bans illegal accommodation in accordance with the law, and comprehensively promotes the construction of a safe street, so as to effectively improve the life quality of urban residents.

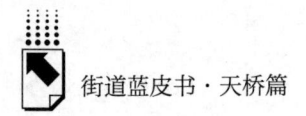

Keywords: Tianqiao Sub-district; the Group-renting Housing; Environmental Governance; Safe Neighborhood

V　Case Reports

B.11　The Practices of Tianqiao Sub-district in Carrying Out Community Volunteer Service and Activities　　　／155

Abstract: With the development of urbanization in China, the governments across the country have paid more and more attention to the development of community volunteer services. In the whole community building process, the role of community volunteer service has become increasingly prominent, and the operational and service mechanisms have been continuously improved in the implementation of volunteer service activities. Based on the realities and actual demands for community volunteer service, Tianqiao Sub-district of Xicheng District continuously explores the new forms and models of volunteer service and activities. Through the promotion of the ideas of "harmony, care and kindness", as well as the service idea of "enhancing your sense of happiness through helping others", it actively carries out the volunteer service activities such as respecting the elderly, helping the disabled and the poor, providing medical care, aiding students, implementing environmental protection, legal consultation, hairdressing, maintenance and public security patrols to promote the building of a harmonious community.

Keywords: Tianqiao Sub-district; Volunteer Service; Community Workers; Community Building

B. 12　Tianqiao Sub-district Promotes the Building of a Safe Community with "Eight Major Measures"　　／167

Abstract: Strengthening the construction of a safe community is of great significance for building a harmonious society. Tianqiao Sub-district takes the building of a safe Xicheng District as the goal, and the reform and innovation as the driving force, and adheres to the principle of service, public opinion and development- orientation. Through eight measures to promote the building of a safe community, such as establishing an indicator evaluation system, enhancing grassroots organizational leadership, strengthening the accountability of different departments, establishing the innovation platform of streets as well as promoting the building of group defense teams, it strives to create a peaceful, harmonious and livable environment for local residents and offers valuable experience for reference by other regions.

Keywords: Tianqiao Sub-district; Safe Community; Comprehensive Management and Stability; Harmonious Society

B. 13　Practice and Exploration of Leading Street Governance of Tianqiao Sub-district through Party Building Innovation　　／180

Abstract: The report of the 18th CPC National Congress proposed to innovate grassroots party building and consolidate the organizational foundation of the Party's governance. The Third Plenary Session of the 18th CPC Central Committee further proposed the general goal of deepening reforms, put forward the proposition of realizing modernization of the national governance system and governance capacity, and endowed the grassroots Party organizations with the new mission, new goals and new requirements. This paper takes the street management practice of Tianqiao Sub-district as an example, focusing on its Party-building innovation practices, especially its exploration of the models of temporary neighborhood Party branches and "Red Flag Streets", which enables the grassroots Party branches to play a leading and cohesive role in serving and governing the neighborhoods. In this way, they can effectively unite the people and give full play to the multiple participants in the governance of the neighborhoods.

Keywords: Party Building Innovation; Party Building Functions; Street Governance; Temporary Party Branches of Streets; "Red Flag Streets"

B.14　Practices of Tianqiao Sub-district in Promoting Community Governance and Service Innovation　/ 192

Abstract: The community is the basic unit of the national governance system and community governance is the basic project of national governance. Promoting community governance and service innovation is the prerequisite and necessary condition for realizing the modernization of the national governance system and governance capacity. Oriented towards the people and based on the needs of residents, it promotes the transformation of community governance and services to being non-administrative, social, and professional, and has achieved good results in mass participation, benefit, and satisfaction of the masses, which has strong reference significance for other regions. This paper comprehensively summarizes the exploration and practice of the Tianqiao Sub-district against the background of the building of the national community governance and service innovation experimental area in Xicheng District, and points out the main problems existing in the modernization of the community governance system. On this basis, it put forward the suggestions and ideas on the governance concept, structure and guarantee mechanism.

Keywords: Community Governance; Modernization; Community Self-governance; Service Innovation

B. 15 Tianqiao Sub-district Arouses the Grassroots Vitality with
"Party Building +" / 205

Abstract: The Party's grassroots organizations are the foundation of all the party's work and capacity, as well as the source of the Party's vitality and vigor. With comprehensive advancement of the new normal of strictly enhancing the Party's discipline building, China has entered a new development stage led by Party building. At present, the development of the neighborhoods in Xicheng District led by Party-building have formed distinctive characteristics, with the new pattern of Party-building + in grassroots Party-building innovation initially taking shape. The paper will carry out in-depth analysis of the Party building + practices taken by Tianqiao Sub-district to promote grassroots Party building, summarize the results achieved in the model and propose the experience and inspirations for reference by other neighborhoods or regions.

Keywords: Party Building +; Grassroots Party Building; Party Building Innovation; Greater Party Building

社会科学文献出版社　　**皮书系列**

❖ 皮书起源 ❖

"皮书"起源于十七、十八世纪的英国，主要指官方或社会组织正式发表的重要文件或报告，多以"白皮书"命名。在中国，"皮书"这一概念被社会广泛接受，并被成功运作、发展成为一种全新的出版形态，则源于中国社会科学院社会科学文献出版社。

❖ 皮书定义 ❖

皮书是对中国与世界发展状况和热点问题进行年度监测，以专业的角度、专家的视野和实证研究方法，针对某一领域或区域现状与发展态势展开分析和预测，具备原创性、实证性、专业性、连续性、前沿性、时效性等特点的公开出版物，由一系列权威研究报告组成。

❖ 皮书作者 ❖

皮书系列的作者以中国社会科学院、著名高校、地方社会科学院的研究人员为主，多为国内一流研究机构的权威专家学者，他们的看法和观点代表了学界对中国与世界的现实和未来最高水平的解读与分析。

❖ 皮书荣誉 ❖

皮书系列已成为社会科学文献出版社的著名图书品牌和中国社会科学院的知名学术品牌。2016年，皮书系列正式列入"十三五"国家重点出版规划项目；2013~2018年，重点皮书列入中国社会科学院承担的国家哲学社会科学创新工程项目；2018年，59种院外皮书使用"中国社会科学院创新工程学术出版项目"标识。

中国皮书网

（网址：www.pishu.cn）

发布皮书研创资讯，传播皮书精彩内容
引领皮书出版潮流，打造皮书服务平台

栏目设置

关于皮书：何谓皮书、皮书分类、皮书大事记、皮书荣誉、皮书出版第一人、皮书编辑部

最新资讯：通知公告、新闻动态、媒体聚焦、网站专题、视频直播、下载专区

皮书研创：皮书规范、皮书选题、皮书出版、皮书研究、研创团队

皮书评奖评价：指标体系、皮书评价、皮书评奖

互动专区：皮书说、社科数托邦、皮书微博、留言板

所获荣誉

2008年、2011年，中国皮书网均在全国新闻出版业网站荣誉评选中获得"最具商业价值网站"称号；

2012年，获得"出版业网站百强"称号。

网库合一

2014年，中国皮书网与皮书数据库端口合一，实现资源共享。

权威报告·一手数据·特色资源

皮书数据库
ANNUAL REPORT(YEARBOOK) DATABASE

当代中国经济与社会发展高端智库平台

所获荣誉

- 2016年，入选"'十三五'国家重点电子出版物出版规划骨干工程"
- 2015年，荣获"搜索中国正能量 点赞2015""创新中国科技创新奖"
- 2013年，荣获"中国出版政府奖·网络出版物奖"提名奖
- 连续多年荣获中国数字出版博览会"数字出版·优秀品牌"奖

成为会员

通过网址www.pishu.com.cn访问皮书数据库网站或下载皮书数据库APP，进行手机号码验证或邮箱验证即可成为皮书数据库会员。

会员福利

- 使用手机号码首次注册的会员，账号自动充值100元体验金，可直接购买和查看数据库内容（仅限PC端）。
- 已注册用户购书后可免费获赠100元皮书数据库充值卡。刮开充值卡涂层获取充值密码，登录并进入"会员中心"—"在线充值"—"充值卡充值"，充值成功后即可购买和查看数据库内容（仅限PC端）。
- 会员福利最终解释权归社会科学文献出版社所有。

卡号：588397833899
密码：

数据库服务热线：400-008-6695
数据库服务QQ：2475522410
数据库服务邮箱：database@ssap.cn
图书销售热线：010-59367070/7028
图书服务QQ：1265056568
图书服务邮箱：duzhe@ssap.cn

S 基本子库
SUB DATABASE

中国社会发展数据库（下设 12 个子库）

全面整合国内外中国社会发展研究成果，汇聚独家统计数据、深度分析报告，涉及社会、人口、政治、教育、法律等 12 个领域，为了解中国社会发展动态、跟踪社会核心热点、分析社会发展趋势提供一站式资源搜索和数据分析与挖掘服务。

中国经济发展数据库（下设 12 个子库）

基于"皮书系列"中涉及中国经济发展的研究资料构建，内容涵盖宏观经济、农业经济、工业经济、产业经济等 12 个重点经济领域，为实时掌控经济运行态势、把握经济发展规律、洞察经济形势、进行经济决策提供参考和依据。

中国行业发展数据库（下设 17 个子库）

以中国国民经济行业分类为依据，覆盖金融业、旅游、医疗卫生、交通运输、能源矿产等 100 多个行业，跟踪分析国民经济相关行业市场运行状况和政策导向，汇集行业发展前沿资讯，为投资、从业及各种经济决策提供理论基础和实践指导。

中国区域发展数据库（下设 6 个子库）

对中国特定区域内的经济、社会、文化等领域现状与发展情况进行深度分析和预测，研究层级至县及县以下行政区，涉及地区、区域经济体、城市、农村等不同维度。为地方经济社会宏观态势研究、发展经验研究、案例分析提供数据服务。

中国文化传媒数据库（下设 18 个子库）

汇聚文化传媒领域专家观点、热点资讯，梳理国内外中国文化发展相关学术研究成果、一手统计数据，涵盖文化产业、新闻传播、电影娱乐、文学艺术、群众文化等 18 个重点研究领域。为文化传媒研究提供相关数据、研究报告和综合分析服务。

世界经济与国际关系数据库（下设 6 个子库）

立足"皮书系列"世界经济、国际关系相关学术资源，整合世界经济、国际政治、世界文化与科技、全球性问题、国际组织与国际法、区域研究 6 大领域研究成果，为世界经济与国际关系研究提供全方位数据分析，为决策和形势研判提供参考。

法律声明

"皮书系列"（含蓝皮书、绿皮书、黄皮书）之品牌由社会科学文献出版社最早使用并持续至今，现已被中国图书市场所熟知。"皮书系列"的相关商标已在中华人民共和国国家工商行政管理总局商标局注册，如LOGO（ ）、皮书、Pishu、经济蓝皮书、社会蓝皮书等。

"皮书系列"图书的注册商标专用权及封面设计、版式设计的著作权均为社会科学文献出版社所有。未经社会科学文献出版社书面授权许可，任何使用与"皮书系列"图书注册商标、封面设计、版式设计相同或者近似的文字、图形或其组合的行为均系侵权行为。

经作者授权，本书的专有出版权及信息网络传播权等为社会科学文献出版社享有。未经社会科学文献出版社书面授权许可，任何就本书内容的复制、发行或以数字形式进行网络传播的行为均系侵权行为。

社会科学文献出版社将通过法律途径追究上述侵权行为的法律责任，维护自身合法权益。

欢迎社会各界人士对侵犯社会科学文献出版社上述权利的侵权行为进行举报。电话：010-59367121，电子邮箱：fawubu@ssap.cn。

社会科学文献出版社